France 2040
Fragments d'avenir

Sous la direction de Jacques Attali

France 2040
Fragments d'avenir

Préface d'Edgar Morin

Flammarion

ISBN : 978-2-0804-9126-8

PRÉFACE

L'emballement de la complexité

EDGAR MORIN

Penser le monde en 2040 est en réalité strictement impossible. Le nombre de paramètres est trop important pour qu'aucune prévision, aussi scientifique et péremptoire, soit valable. Personne ne peut dire ce que seront d'ici là les résultats des élections dans les derniers pays démocratiques, ni les caprices des dictateurs dans les pays totalitaires, de plus en plus nombreux. Personne ne peut dire si des guerres civiles ou interétatiques ne détruiront pas de larges parties de la population mondiale. Personne ne peut prévoir si des épidémies nouvelles ne viendront pas interrompre de nouveau l'activité humaine. Ni si des guerres numériques n'en finiront pas avec nos réseaux de communication.

Personne ne peut dire comment s'organiseront les interactions, les bifurcations et les boucles de rétroactions entre les millions de paramètres qui déterminent les évolutions des sociétés humaines, et encore moins de la nature. Personne ne peut dire non plus où et quand auront lieu de nouvelles tempêtes et de quelle puissance elles seront ; si des villes importantes seront touchées, voire détruites. Personne ne sait quelles auront été à cette date les conséquences de la destruction accélérée de la biodiversité, de l'artificialisation continue des sols. Personne ne peut dire non plus si le réchauffement climatique ne se sera pas emballé d'ici là.

C'est peut-être cela, le maître mot qui décrit le mieux ce qui nous attend dans les quinze prochaines années : l'emballement, c'est-à-dire l'accélération irréversiblement incontrôlable de phénomènes interdépendants aux conséquences potentiellement monstrueuses.

Sans prévoir avec probabilité la destruction de l'humanité dans les quinze prochaines années, on ne peut pas totalement l'exclure. Sans prévoir non plus la résolution par la science et la technologie des principales menaces qui sont devant nous, on ne peut pas ignorer l'ambiguïté de leurs développements.

Sans doute peut-on seulement dire que l'on sera encore dans une extrême incertitude.

L'important n'est donc pas de penser 2040, mais de penser ce que l'on peut faire ici et maintenant pour éviter un cours catastrophique.

Penser et agir dans l'incertitude. Tel devrait être le maître mot du moment. Le pire n'est jamais certain.

Résistant sous l'occupation contre le nazisme, je suis demeuré résistant à toutes les formes de barbarie. Penser et agir au cœur des incertitudes de notre devenir est un exercice utile pour tenter de comprendre le devenir de la France.

INTRODUCTION

Urgence d'agir

JACQUES ATTALI

2040, c'est demain matin. Une aurore à portée de regard. Les prémices de ce que sera alors le monde s'esquissent, s'annoncent avec une précision qui confine parfois à l'arrogance.

Les démographes, armés de leurs modèles statistiques éprouvés, savent déjà (ou croient savoir), avec une remarquable exactitude, ce que sera la population mondiale à cette échéance : par exemple, ils affirment que la population du Nigeria aura dépassé celle des États-Unis ; les urbanistes, nourris d'algorithmes et de projections, anticipent la croissance vertigineuse des mégalopoles, l'exode rural, la densification urbaine, les fractures spatiales ; les géopoliticiens expliquent qu'à cette date, la Chine sera la première puissance économique et militaire du monde, que l'Inde aura commencé à dire son mot, que le golfe Persique sera le cœur du pouvoir mondial ; les climatologues, scrutant les courbes des températures et les cycles du carbone, peuvent d'ores et déjà prédire, dans une certaine mesure, ce que seront les températures moyennes et extrêmes ainsi que la pluviosité à Paris, à Oslo, à Marrakech ou à Tokyo ; les géographes, en conjuguant les données marines et les modèles atmosphériques, évaluent déjà le niveau probable des mers sur les côtes africaines et indiennes ; les océanologues prédisent la hauteur et la salinité futures de chaque recoin des océans, témoins muets de notre dérèglement ; les technologues, quant à eux, s'avancent sans trembler : ils décrivent avec aplomb où en seront la puissance de calcul des ordinateurs, l'état de l'intelligence artificielle, l'éclosion de l'informatique quantique, les réussites de la génétique, de la biologie de synthèse, des médicaments du futur, des prothèses, des robots, des nanotechnologies, du biomimétisme ; certains d'entre eux vont même jusqu'à annoncer le taux de carbone que l'on saura alors extraire de l'atmosphère, en tonnes par jour, en molécules par souffle. Et d'autres que l'on aura atteint le seuil de l'intelligence artificielle absolue, supérieure à l'intelligence humaine, donnant accès au transfert de conscience et à une forme particulière d'immortalité.

On sait tout cela. Du moins, certains prétendent le savoir. Car, derrière cette accumulation prétentieuse de certitudes apparentes, se cache un malentendu fondamental : celui d'une tendance humaine naturelle, qui confond connaissance des tendances et maîtrise de l'avenir ; celui d'une humanité bercée par l'illusion que toute ligne droite, toute courbe exponentielle, ne peut que se prolonger indéfiniment, comme si rien ne devait jamais survenir pour en rompre le cours.

Pour avoir beaucoup écrit sur les diverses façons de prévoir l'avenir, depuis les plumes d'oiseaux jusqu'à l'IA, en passant par l'astrologie et la géo-histoire, pour avoir beaucoup utilisé les travaux des théoriciens de l'ordre par le bruit et ceux de l'antifragilité, de René Thom à Nassim Taleb, je sais que prévoir est presque impossible, et que le moindre choc peut tout remettre en cause. D'abord parce que tout ce qui est humain est mortel et parce que l'on peut, sans crainte de se tromper, prévoir que tout, même les civilisations les plus orgueilleuses, disparaîtra un jour.

Sans aller jusqu'à affirmer, comme le font Edgar Morin et quelques-uns des coauteurs de ce livre, que penser 2040 est impossible, il est certain que tout cela sera remis en cause par quelque événement. Certainement même avant 2040.

Quelque chose qui brisera ces lignes, tordra ces projections, renversera ces certitudes.

Un, ou des événements sombres s'annoncent en particulier : de grandes vagues migratoires, en réaction au climat ou aux conflits, pourraient renverser les prévisions démographiques, culturelles, linguistiques et religieuses ; des mutations idéologiques, des réveils religieux, des convulsions politiques pourraient faire voler en éclats les hypothèses politiques et culturelles les plus solides ; des entreprises planétaires pourraient prendre le pouvoir sur les États et imposer des normes techniques et sociales conformes à leurs intérêts, en négligeant ceux des nations et de l'humanité ; des progrès techniques inattendus, dans des domaines inattendus, pourraient venir tout bouleverser ; des innovations terrifiantes pourraient échapper aux humains les plus raisonnables ; nul ne sait si des guerres civiles ou interétatiques ne dévasteront pas des régions entières ; personne ne peut garantir que des pandémies nouvelles ne viendront pas suspendre de nouveau la marche du monde, ni que des attaques numériques n'effaceront pas nos communications, nos banques, nos mémoires ; nul ne sait non plus si l'IA ne prendra pas son autonomie à l'égard de ses créateurs humains, au point même de s'en prendre à eux ; ni quand surviendront les prochaines tempêtes, ni où elles frapperont, ni quelle sera leur violence. Nul ne mesure vraiment non plus les conséquences, en 2040, de l'effondrement accéléré de la biodiversité, de l'artificialisation des sols, de l'épuisement du vivant. Nul ne sait si, devant la lâcheté des classes politiques et la domination des forces du marché, de plus en plus au service de dictatures, quelques idéologies délétères ne surgiront pas du tréfonds des peuples et ne feront pas tomber les régimes les plus sages et les religions les plus pacifiques, les transformant en des monstres totalitaires, dont les femmes et les enfants seront les premières victimes. Nul ne sait si l'on n'aura pas, dans beaucoup de pays, renoncé à lutter contre les diverses formes de fragilité et si l'on n'en sera pas revenu à penser que toute différence est une menace, qui ne peut se traiter que par l'enfermement ou l'expulsion. Nul ne sait non plus si la prolifération probable des pays disposant de l'arme nucléaire ne conduira pas, dans ces quinze prochaines années, à s'en servir.

Sans sombrer dans un tel catastrophisme, il faut le dire clairement : on ne peut pas exclure la possibilité, même marginale, d'une catastrophe massive, remettant en cause tous les acquis des civilisations encore vivantes.

On peut aussi espérer des événements lumineux, aujourd'hui apparemment totalement improbables : d'ici 2040, les dictatures russe et chinoise pourront s'être effondrées, comme cela serait logique ; car rien ne résiste au désir de liberté des peuples ; nul ne peut affirmer que le pronostic, fait d'une façon péremptoire, en 1989, d'une démocratie bientôt généralisée n'aura pas été que retardé ; l'Europe aura peut-être réussi à se structurer ; on ne peut pas davantage exclure que la science et la technologie, portées par un sursaut politique et moral global, ne parviennent à surmonter une partie des périls qui nous menacent. On aura peut-être aussi trouvé un ou des moyens de capturer le carbone, par exemple par le plancton ; on aura peut-être commencé à comprendre les langages animaux, ce qui aura accéléré drastiquement le basculement nécessaire vers le véganisme On aura peut-être maîtrisé assez l'intelligence artificielle pour ne plus la craindre et la mettre au service de la santé et de l'éducation, en bouleversant radicalement la façon dont on délivre les soins et dont on enseigne ; on aura aussi peut-être compris avant cette date qu'il y a dans les sagesses profondes des peuples premiers, comme dans celles des paysans et des artisans d'aujourd'hui, des savoirs immenses qu'on aurait tort de négliger et qui sauveront bien des vies ; les luttes sociales auront, j'en suis certain, en bien des lieux, imposé une agriculture régénérative, une nourriture saine et une organisation du travail plus juste ; on saura ne plus acheter des biens inutiles, pour se les prêter les uns aux autres en cas de besoin ; on aura fait de la lutte contre l'incivilité une grande cause nationale. Comme on aura enfin pensé que l'hospitalité des étrangers doit s'accompagner de leur intégration réussie dans les mœurs du pays d'accueil ; comme enfin on aura réussi à lutter efficacement contre toutes les fragilités qui détruisent nos sociétés.

Quand tout cela aura-t-il lieu ? Nul ne le sait. Quel sera le résultat du choc ainsi provoqué ? Impossible de l'affirmer. Il suffira en tout cas de peu pour l'orienter dans un sens ou dans un autre : un événement, une lutte sociale, une bataille politique, une décision, une catastrophe, une erreur, un sursaut.

L'enjeu n'est donc pas seulement ici de penser 2040 comme un horizon d'observation ; il est de comprendre ce que nous devons faire, ici et maintenant, pour éviter l'accumulation des scénarios les plus sombres et l'emballement de la complexité ; pour faire advenir le meilleur. L'enjeu est aussi de comprendre que le discours sur l'avenir ne doit pas être une manière hypocrite de fuir l'urgence de l'action ; que la spéculation ne doit pas servir d'alibi à la procrastination, qui est un des pires ennemis de l'humanité.

Car, comme le dit aussi Edgar Morin et tant d'autres, le pire n'est pas certain. Les évolutions les plus positives sont possibles. À condition de les aider à advenir ; et pour cela de se mettre au plus vite, partout dans le monde, en économie de guerre pour résister et organiser le basculement de l'énergie fossile vers les énergies durables, de l'agriculture industrielle vers l'agriculture régénérative, de la dictature vers la démocratie, du gaspillage des ressources à l'abondance immatérielle ; et plus généralement de l'économie de la mort vers l'économie de la vie.

Et la France, dans tout cela ? Ce petit canton de l'univers, ce territoire fragile, ce pays unique, façonné avec patience au fil des siècles par des générations de paysans, d'artisans, de marins, d'ouvriers, d'ingénieurs, de juristes, de législateurs, de bâtisseurs, de médecins, de journalistes, de prêtres, d'officiers, d'artistes – célèbres ou anonymes – qui ont sculpté ses paysages, bâti ses monuments, transmis ses langues, enrichi ses coutumes. Ce pays qui, fait rare dans l'Histoire, n'a jamais été sérieusement abîmé par ses envahisseurs, même les plus barbares et les plus ignobles de ses occupants ; il les a même le plus souvent absorbés, digérés jusqu'à ce qu'ils fassent partie intégrante de son identité. Ce pays qui doit d'ailleurs à des conquérants son nom et beaucoup de ses mots, de ses lois, de ses recettes, de ses danses, de ses coutumes.

Peut-on, doit-on penser, à ce qu'il sera devenu dans quinze ans ? La réponse est évidemment oui. Parce que, même si les incertitudes sont légion, la seule manière de les apprivoiser est de penser les différents scénarios du long terme, de les imaginer, de les anticiper – non pour les subir, mais pour les maîtriser. Pour en débattre sans dogmatisme, sans certitude affichée, en fuyant ceux qui voudraient entraîner la France dans l'un ou l'autre des extrêmes, qui ont en commun de nier la réalité du monde.

La France n'est pas qu'une coquille de noix ballottée sur les mers du monde ; elle est encore une des plus grandes puissances d'aujourd'hui, avec des moyens considérables. Ses choix politiques ne se réduisent pas à plus ou moins d'immigration, ni plus ou moins d'impôt, ni plus ou moins de travail. C'est infiniment plus complexe que cela. Et même si son sort dépend étroitement de celui du reste du continent européen et de celui de la planète tout entière, cela ne dispense en rien les Français de *penser* et d'*agir*. Pour eux-mêmes et pour le monde.

Penser, parce que la France a encore une voix qui porte, une tradition intellectuelle, scientifique, artistique qui peut inspirer et dire au monde des vérités qui la dépassent. Penser parce que la politique ne se réduit pas à des combats de personnes ou d'appareils au service de personnes. Penser parce que rien n'est plus mortel dans ce pays que de croire que rien ne peut se faire sans une révolution, qui finit toujours par décevoir ou tuer ses enfants.

Agir, parce que la France peut encore peser dans les choix mondiaux et au moins européens ; elle peut aider à éviter les scénarios du pire ; elle peut proposer des modèles, expérimenter des solutions ; elle peut ouvrir des voies. Agir aussi parce qu'elle doit se préparer au pire, s'en protéger, s'adapter à ce qui ne pourra être évité.

Tel est l'objet de ce livre : faire le point, à l'automne 2025, avec quelques-uns des meilleurs esprits et des plus grands chercheurs, industriels, médecins, démographes, économistes, sociologues, climatologues, enseignants, stratèges et tant d'autres (rassemblés autour de l'équipe de France Positive, dirigée par Julie Martinez), que nous avons laissés libres, évidemment, de s'exprimer comme ils le souhaitaient (sans que je sois nécessairement d'accord avec tous leurs propos) sur ce que nous pouvons craindre, espérer, vouloir à l'horizon 2040. Et permettre à chacun de nos lecteurs, citoyen, élu, parent, entrepreneur, militant – politique, associatif ou syndical –, d'en tirer les conséquences pratiques et concrètes : ce que chaque Français doit faire seul ; ce qu'il peut faire avec les autres, dans sa famille, dans son entreprise, dans sa commune ; et ce qu'il peut légitimement attendre de la politique, si tant est qu'elle soit à la hauteur.

Ce livre s'inscrit par ailleurs dans l'action de France Positive, ce mouvement qui tente, depuis près de dix ans, d'aider à penser l'action publique en France et de proposer des réformes que les politiques n'ont plus ni le temps, ni la volonté, ni souvent la compétence de penser. Et encore moins de mettre en œuvre.

Les conclusions de ce grand travail collectif sont innombrables, enthousiasmantes, parfois contradictoires comme l'est la réalité elle-même. Elles démontrent que les Français ont tout à fait les moyens d'inverser dans les quinze ans les tendances les plus délétères. Elles fournissent le cadre intellectuel nécessaire à un programme politique, un programme pour 2027, que nous publierons par ailleurs un peu plus tard.

Car il faut comprendre ceci : la meilleure manière de bien vivre aujourd'hui, c'est de préparer une vie meilleure pour ceux qui viendront après nous. Pour que le présent ne soit pas un renoncement, mais un tremplin.

Rêver de France

François Hollande

Prévoir la France de 2040 est un exercice risqué mais fécond et je félicite France Positive d'avoir réuni de nombreux spécialistes pour réfléchir à ce que sera l'industrie, l'agriculture, la technologie, le travail, et le climat de la France dans quinze ans. Ce n'est pas si lointain. Il y a quinze ans, je proposais ma candidature à l'Élysée. Dans quinze ans, trois présidents se seront succédé, certains ou certaines après un ou deux mandats. Il n'est donc pas si difficile d'imaginer un horizon dont s'esquissent déjà les premiers contours.

Il est concevable d'imaginer ce qui nous attend, socialement, financièrement et politiquement, si l'on continue sur la ligne suivie depuis quelques années : sans action rapide d'ici là, la France sera alors plus inégalitaire, avec des accumulations patrimoniales d'une petite minorité, un tassement du pouvoir d'achat d'une très grande majorité, de nombreuses régions seront déséquilibrées par une métropolisation accrue et par des désertifications élargies, de nombreux quartiers populaires seront minés par le séparatisme ; la balance des paiements et la balance commerciale du pays seront installées dans des déficits chroniques et seule la protection de l'euro nous prémunira d'une quelconque crise de financement. La France sera toujours alourdie par une dette alimentée par les déséquilibres persistants de nos finances publiques et sociales, menacée chaque année d'une austérité douloureuse si les taux d'intérêt ne devaient plus être maîtrisés. Face aux périls de toutes sortes et aux difficultés d'intégrer une partie des nouveaux arrivants, notre pays sera tenté de fermer ses frontières aux migrants alors même que pour faire fonctionner son économie et ses services publics, les étrangers prennent une place croissante, dans un pays qui leur sera devenu hostile.

Je comprends, au regard de ce tableau sombre, que beaucoup n'écartent pas le scénario du pire. Il est vrai que, quels que soient les aléas de la vie politique, la France est riche, qu'elle s'est toujours remise de toutes les crises, même les plus honteuses et que les ressorts existent pour espérer d'ici 2040 un sursaut salvateur. Et il n'est pas faux de rappeler que la France s'est toujours relevée et qu'elle se relèvera toujours. D'autant plus qu'aujourd'hui elle est protégée par la solidarité européenne.

Mais est-on sûr que nos partenaires accepteront encore longtemps qu'elle soit un passager clandestin de la construction européenne, cumulant tous les déficits que les autres, même les plus fragiles, ont su résorber ? Il arrive un moment où un déclin même habilement retardé devient inéluctable si rien n'est entrepris pour l'enrayer par une action publique, forte, courageuse, mobilisatrice, socialement juste et écologiquement responsable.

Au plus tôt, la France aura besoin d'une refonte de son administration, d'une remise à niveau de son système éducatif et hospitalier, d'un réaménagement de son système fiscal comme d'une refonte de son organisation territoriale par un acte puissant de décentralisation.

Ces réformes sont non seulement nécessaires mais elles sont urgentes, vitales, pour faire que la France reste le pays de rêve qu'elle a longtemps été pour ses citoyens et aux yeux du monde. Elle devra affirmer ses ambitions énergétiques et environnementales. Elle aura à redéfinir les obligations qui doivent peser sur les citoyens pour maintenir la vie en commun. Elle devra fixer son rôle dans le monde.

La France le voudra-t-elle ? Confiera-t-elle son destin à des extrémistes, des populistes, des démagogues qui l'enfermeront au sein de ses frontières mentales et physiques ou au contraire à des forces politiques déterminées à agir sans craindre d'affronter les réalités les plus exigeantes, avec le sens de l'intérêt général, pour offrir un horizon vivable ?

C'est la grandeur de la démocratie que d'en décider. Mais c'est surtout la démocratie qui devient l'enjeu des consultations à venir.

Président de la République française de 2012 à 2017,
François Hollande est actuellement membre
du Conseil constitutionnel et député de Corrèze.

Vers une Europe stratégiquement autonome : réinventer son rôle dans un monde en mutation

ENRICO LETTA

Anticiper l'avenir est une exigence paradoxalement dictée par l'urgence du présent. Les premiers mois tumultueux du second mandat de Donald Trump ont brutalement mis en lumière la nécessité, pour l'Europe et la France, d'agir sur deux temporalités distinctes. D'une part, il s'agit de répondre aux crises immédiates déclenchées par Washington, qu'il s'agisse de menaces protectionnistes, du démantèlement du multilatéralisme ou du retrait stratégique des États-Unis. D'autre part, ces secousses imposent une réflexion en profondeur sur la transformation de l'ordre mondial et sur la place que l'Europe veut y occuper. Face aux turbulences actuelles et à venir, la question cruciale pour l'Europe à l'horizon 2040 est sa capacité à être réellement autonome et indépendante. Cette démarche est essentielle pour définir ses priorités, gérer efficacement ses ressources stratégiques et mettre en œuvre les réformes nécessaires.

Dans ce contexte, deux défis méritent une attention particulière. Le premier concerne la refonte de l'ordre international, où l'Europe doit repenser ses alliances et ses structures de coopération pour garantir la paix, la stabilité et le respect du droit international dans un monde où les rapports de force se reconfigurent. Le second défi, tout aussi structurant, porte sur la lutte contre le changement climatique, mise en péril par une

Amérique qui, en quelques années, a vu s'effondrer son engagement environnemental et a entraîné une fragmentation des efforts globaux.

Si l'Europe doit aujourd'hui se projeter sur deux horizons temporels distincts, c'est parce que la deuxième présidence de Donald Trump ne ressemble en rien à la première. Loin de n'être qu'une réédition des années 2017-2021, elle marque une rupture profonde, dont les répercussions s'inscriront bien au-delà du court terme. Ce que l'Europe vit aujourd'hui, ce n'est pas simplement un nouvel épisode de tensions transatlantiques ou un cycle politique plus agressif à Washington. C'est un basculement structurel qui redéfinit l'ensemble du cadre stratégique dans lequel elle évolue.

Cette prise de conscience est d'autant plus amère que l'Europe s'était persuadée, à tort, qu'un second mandat Trump serait gérable. L'expérience du premier avait installé une certaine résignation : les menaces les plus spectaculaires s'étaient souvent avérées être des postures négociables, les secousses avaient été contenues par les garde-fous institutionnels américains et, malgré la brutalité du style, la politique étrangère des États-Unis n'avait finalement pas rompu avec les lignes de force traditionnelles. Ce raisonnement, conforté par l'illusion que l'administration Biden avait refermé la parenthèse populiste, s'est révélé une erreur majeure.

Deux éléments expliquent pourquoi ce deuxième mandat ne peut être analysé comme une simple continuité du premier. Le premier est que Trump dispose désormais d'un véritable arsenal idéologique, soutenu par une équipe qui ne se contente plus de gérer le chaos de ses impulsions, mais qui vise à transformer durablement la politique américaine et son rôle dans le monde. Le deuxième élément concerne l'évolution de sa posture vis-à-vis de l'Europe. Si, lors de son premier mandat, l'Union européenne était surtout perçue comme un obstacle bureaucratique et un concurrent commercial, elle est désormais considérée comme un adversaire géopolitique à part entière. Loin d'être un simple effet de rhétorique, ce positionnement s'incarne dans des décisions concrètes : une remise en cause explicite de l'engagement américain dans l'OTAN, une instrumentalisation des divisions européennes et une remise en question des partenariats commerciaux.

Le danger principal serait de croire que ce nouveau paysage géopolitique est temporaire et qu'un futur changement d'administration à Washington ramènerait l'Europe à sa situation antérieure. Cette illusion d'un retour à la normale est sans doute l'un des plus grands risques actuels. L'histoire récente montre qu'une fois qu'un certain cap est franchi, il est rare que l'on revienne totalement en arrière. La seconde présidence Trump n'est pas un simple épisode, mais l'accélérateur d'un basculement qui était en germe depuis plusieurs années. Ce qui se joue aujourd'hui, c'est la capacité de l'Europe à comprendre que l'ancien monde est révolu et que le nouveau exige d'elle une transformation profonde.

Construire une Europe indépendante dans un nouvel ordre mondial

Face à un contexte de turbulence géopolitique, l'Europe a démontré qu'elle savait répondre aux crises immédiates avec rapidité et efficacité. En quelques semaines, l'Union a su mettre en place des mécanismes pour garantir la poursuite de son soutien à l'Ukraine malgré les hésitations de Washington et accélérer les discussions sur une défense européenne plus autonome. À travers une série de sommets d'urgence, notamment à Paris et Londres, puis lors d'un Conseil européen extraordinaire, elle a démontré sa capacité à s'organiser face à l'imprévu, à mobiliser des ressources et à donner une réponse coordonnée. Ce faisant, elle a dissipé en partie l'image d'une Europe incapable de se projeter dans l'action et de défendre ses intérêts dans un monde instable.

Mais gérer l'urgence ne suffit pas. L'efficacité dans la réaction doit maintenant se transformer en une capacité à structurer une vision de long terme. Si l'Europe a su s'adapter aux défis immédiats, elle doit désormais anticiper ceux qui façonneront le monde en 2040. Ce qui lui manque aujourd'hui, ce n'est pas la volonté d'agir, mais un cadre stratégique qui donne de la cohérence aux décisions présentes et prépare les prochaines étapes.

L'Union européenne ne pourra pas se contenter d'adapter à la marge ses instruments existants. Elle doit inventer de nouveaux cadres, de nouveaux outils, de nouvelles formes d'action pour répondre à la double contrainte du court et du long terme. Cette exigence impose de refonder sa politique étrangère, sa gouvernance économique et son modèle de développement, en assumant une ambition qui dépasse la simple gestion de crise et en atteignant une autonomie stratégique.

Comme mentionné au début du chapitre, deux enjeux apparaissent particulièrement décisifs pour déterminer le rôle de l'Europe en 2040 et sa capacité à se mouvoir de manière indépendante. Le premier concerne son aptitude à définir et défendre un nouvel ordre international, en prenant acte du fait que les principes sur lesquels reposaient les équilibres du XXe siècle sont en train de s'effacer. Le deuxième enjeu concerne l'urgence climatique. Ces deux défis sont fondamentaux, car ils conditionnent les autres mutations que l'Europe devra affronter d'ici 2040. La manière dont elle redéfinit son rôle dans le monde et dont elle structure son modèle économique et industriel pour répondre aux enjeux climatiques influencera toutes les autres dynamiques à l'œuvre : l'évolution des rapports avec les puissances émergentes, l'impact de l'intelligence artificielle sur l'économie, ou encore la gestion du vieillissement démographique. Derrière ces interrogations se pose une question essentielle : l'Europe peut-elle encore être un moteur de transformation globale, ou est-elle condamnée à être un espace subissant les décisions prises ailleurs ?

Dans un monde où les équilibres se déplacent, il est impératif de ne pas se laisser enfermer dans une gestion à court terme des crises successives. La nécessité de répondre aux urgences ne doit pas faire oublier que le véritable défi est ailleurs : il consiste à construire une vision de long terme qui permette à l'Europe et à la France de peser sur leur propre avenir.

Bâtir une Europe capable de peser sur la scène internationale

La question de la construction d'un nouvel ordre mondial est inséparable de la capacité de l'Europe à garantir sa propre sécurité et sa place dans le monde. Un acteur incapable de se défendre ne peut prétendre peser sur l'équilibre global, et c'est précisément là que réside l'un des principaux défis des décennies à venir. L'Union européenne ne pourra jouer un rôle structurant dans le monde de 2040 que si elle développe les instruments nécessaires pour protéger ses intérêts stratégiques et assurer sa souveraineté, tout en restant ancrée dans ses alliances, notamment au sein de l'OTAN.

La guerre en Ukraine a rappelé brutalement cette réalité. L'absence d'une défense européenne intégrée a laissé l'Union dans une posture de dépendance stratégique vis-à-vis des États-Unis, une situation qui, à terme, limite son autonomie et sa crédibilité internationale. Comme l'a bien souligné l'ancien président de la Commission européenne Romano Prodi, l'Europe aurait probablement dissuadé l'invasion russe si elle avait disposé d'une défense commune. Ce constat appelle à une transformation en profondeur : aujourd'hui, l'urgence impose d'augmenter les budgets nationaux et d'acquérir du matériel militaire, parfois auprès de partenaires extérieurs. Mais cette approche ne peut être temporaire. Sur le long terme, seules une base industrielle de défense européenne et une politique commune permettront d'assurer une autonomie stratégique réelle. La France a un rôle clé à jouer dans cette mutation, non seulement parce qu'elle est la seule puissance nucléaire de l'Union, mais aussi en raison de son industrie de défense, de son appareil de renseignement et de son positionnement diplomatique. Son engagement sera déterminant pour structurer les ambitions européennes en matière de sécurité et établir les bases d'une politique de défense crédible et efficace.

L'enjeu ne se limite pas à la dimension militaire ; il s'agit aussi de repenser un équilibre mondial capable d'assurer la stabilité tout en évitant de reproduire les erreurs du passé. Pendant des décennies, l'Europe a fondé sa stratégie sur l'idée que l'approfondissement des échanges économiques favoriserait la paix entre les nations et réduirait les risques de confrontation. Pourtant, l'évolution récente du monde montre que cette hypothèse ne tient plus. La Russie demeure une menace directe pour l'Union européenne malgré des années de rapprochement économique, tandis que les États-Unis, bien qu'alliés historiques, adoptent une approche de plus en plus transactionnelle et parfois expansionniste, comme l'illustre la question de la souveraineté sur le Groenland.

Cette remise en cause de l'ancien équilibre mondial ne signifie pas que l'Europe doive répondre par un repli sur elle-même. Il serait illusoire de penser que le néo-isolationnisme puisse constituer une alternative viable à la gouvernance des interdépendances. Ce dont nous avons besoin, ce n'est pas d'un retour en arrière, mais d'une nouvelle lecture de la mondialisation et du multilatéralisme, qui tienne compte des asymétries profondes qu'ils génèrent et des déséquilibres structurels qu'ils impliquent.

Les analyses menées ces dernières années ont montré que les interdépendances ne garantissent pas par elles-mêmes la stabilité, car elles sont inévitablement asymétriques. Les spécialisations à haute valeur ajoutée ou les industries stratégiques ne se répartissent pas équitablement entre les différents acteurs économiques. Elles se concentrent dans quelques pôles de production et de décision, donnant à certains États un pouvoir de levier considérable sur les autres, parfois jusqu'à en faire un instrument de coercition. Nous l'avons vu dans le domaine des semi-conducteurs, dans la gestion des matières premières essentielles à la transition énergétique ou encore dans les dépendances européennes aux fournisseurs extérieurs en matière de défense.

Face à cette réalité, l'Europe ne doit pas subir ces déséquilibres, mais travailler à structurer de nouvelles interdépendances, construites de manière volontaire et équilibrée. Il ne s'agit plus de supposer que les flux économiques garantiront naturellement des relations pacifiées, mais de définir des accords où les engagements sont clairs et assortis de garanties pour toutes les parties prenantes. Ce modèle repose sur une approche plus politique des interdépendances, inspirée du fonctionnement de la Communauté européenne du charbon et de l'acier (CECA), qui a posé les fondations de l'Union européenne en rendant interdépendantes les industries essentielles à la sécurité du continent.

Une telle approche ne peut évidemment pas être appliquée à l'échelle globale de manière uniforme. Elle exige une différenciation en fonction des niveaux de partenariat, de la convergence des intérêts et de la compatibilité des modèles économiques et politiques. Certains accords doivent être plus étroits, engageant des relations profondes avec des partenaires de confiance partageant des objectifs stratégiques communs. D'autres, au contraire, doivent être plus souples, adaptés à des États avec lesquels les coopérations doivent rester limitées à des domaines spécifiques. Il s'agit ainsi de sortir d'une vision binaire des relations internationales et d'adopter une approche plus flexible, capable d'ajuster le degré d'intégration en fonction des enjeux.

L'objectif principal est d'éviter une fragmentation du monde en blocs antagonistes, qui ne ferait qu'accentuer les tensions et réduire les marges de manœuvre diplomatiques. Il serait illusoire et dangereux de croire que l'Europe peut se contenter de commercer et de coopérer uniquement avec des démocraties libérales. L'histoire récente a démontré la nécessité d'entretenir des relations avec des États qui ne partagent pas pleinement nos valeurs. Mais cela ne signifie pas renoncer à nos principes ou céder à un relativisme moral qui les viderait de leur substance. Il s'agit plutôt d'identifier des domaines précis où une coopération est possible, dans des conditions maîtrisées, et de mettre en place des garanties qui empêchent ces interdépendances de se transformer en leviers de chantage.

La France a un rôle clé à jouer dans cette reconfiguration. Son histoire, marquée par des relations internationales étendues, lui confère une expérience diplomatique et une capacité de dialogue uniques parmi les États européens. Sa double identité de puissance industrielle et agricole en fait également un acteur central dans la structuration des nouvelles interdépendances économiques. Elle est capable d'initier et d'encadrer des accords commerciaux qui garantissent un équilibre des relations, mais aussi d'empêcher, si nécessaire, la conclusion d'accords désavantageux ou mettant en péril les intérêts stratégiques européens.

À l'horizon 2040, la question ne sera donc pas seulement de savoir comment assurer la sécurité de l'Europe, mais surtout comment penser un cadre international qui réduise au maximum les risques de conflits. Or, sur ce point, les réflexions restent encore largement insuffisantes. Trop souvent, les stratégies de défense et les mécanismes de protection sont conçus en réaction aux crises immédiates, sans véritable vision de long terme sur les conditions structurelles de la paix. Si l'Europe veut éviter d'être enfermée dans une logique de confrontation permanente, elle doit commencer dès aujourd'hui à poser les bases d'un ordre mondial qui, sans être naïf, offre des alternatives crédibles à l'affrontement systématique entre grandes puissances. C'est sans doute l'un des chantiers les plus ambitieux pour les décennies à venir et parmi ceux sur lesquels il reste le plus de chemin à parcourir.

Lutter contre le changement climatique : un levier pour l'indépendance énergétique et industrielle

Les préoccupations géopolitiques, souvent dominées par des réflexions sur la nécessité de renforcer la compétitivité économique et d'assurer un leadership industriel et technologique, ont progressivement relégué la lutte contre le changement climatique au second plan de l'agenda politique mondial. Pourtant, il s'agit de la seconde priorité stratégique que l'Europe et la France doivent affronter avec l'horizon 2040 en tête.

En 2024, la température moyenne mondiale a officiellement dépassé le seuil des 1,5 °C par rapport à l'ère préindustrielle, franchissant un point critique que la communauté scientifique considérait comme un seuil à ne pas atteindre. Ce dépassement n'a cependant pas provoqué le sursaut politique nécessaire. Loin de renforcer les engagements, la dynamique mondiale a vu les efforts climatiques de long terme sacrifiés sur l'autel des urgences géoéconomiques, qu'il s'agisse de la course aux matières premières, de la sécurisation des chaînes d'approvisionnement ou de la gestion des tensions commerciales entre grandes puissances.

L'incapacité à articuler une réponse politique qui intègre à la fois les défis immédiats et les impératifs du long terme a conduit à une forme de déni collectif du problème climatique. Il ne s'agit pas d'un rejet explicite, mais d'un report systématique des décisions nécessaires, sous prétexte que d'autres priorités s'imposent. Or, cette mise à distance du problème ne change en rien la réalité des faits : sans un changement radical de trajectoire, les conditions de vie sur la planète deviendront progressivement invivables, avec des conséquences environnementales, sanitaires, sociales, économiques et géopolitiques d'une ampleur difficilement contrôlable.

La lutte contre le changement climatique est donc inséparable de la reconfiguration de l'ordre international. Si l'Europe entend peser sur les transformations à venir, elle ne peut pas se contenter d'agir seule. La véritable question pour 2040 est celle de la construction d'une coalition internationale capable de prendre des décisions efficaces et coordonnées pour infléchir la trajectoire du développement mondial.

L'argument selon lequel l'Union européenne aurait un impact marginal sur les émissions mondiales et qu'elle ne devrait donc pas s'acharner sur une politique climatique qui risquerait de la pénaliser sur l'échiquier international repose sur une vision incomplète du problème. Toute transformation globale a besoin d'un moteur, d'un acteur capable de montrer la voie et de prouver qu'elle est praticable. L'Europe ne peut pas se contenter d'attendre que d'autres prennent l'initiative, car aucune autre puissance ne peut aujourd'hui jouer ce rôle à sa place.

Le premier levier pour bâtir une coalition internationale crédible est donc d'en prendre la tête. Mais pour être un leader, encore faut-il être exemplaire. L'Union européenne a dès lors une responsabilité historique : celle de maintenir son ambition climatique au plus haut niveau. Elle doit le faire sans opposer ses objectifs environnementaux à ses impératifs industriels et stratégiques, mais en les intégrant dans une même vision. La transition ne doit pas être perçue comme une contrainte, mais comme un levier structurant pour renforcer l'autonomie stratégique du continent et garantir sa prospérité à long terme. L'un des enjeux majeurs, comme je l'ai souligné dans mon rapport sur l'avenir du marché intérieur, est de mobiliser l'épargne privée et de l'orienter vers des investissements capables d'accélérer l'adaptation de l'économie européenne aux exigences du XXIe siècle.

Le second levier pour bâtir une coalition internationale efficace est de rallier d'autres acteurs autour de stratégies qui puissent être partagées, tant dans leurs objectifs que dans leurs instruments de mise en œuvre. C'est là que la tâche devient plus complexe. La transition énergétique repose aujourd'hui sur des secteurs stratégiques où les équilibres sont profondément asymétriques, à commencer par le rôle quasi monopolistique de la Chine dans l'extraction et la transformation des matières premières essentielles, la fabrication de batteries et le déploiement massif des technologies renouvelables. Cette réalité impose à l'Europe de penser son action non seulement en termes d'initiatives internes, mais aussi en structurant un cadre de coopération qui lui permette d'exister comme un acteur autonome dans la nouvelle économie mondiale.

Cette nécessité pousse à envisager une refonte des règles du jeu international. Il est peut-être temps de concevoir une nouvelle architecture institutionnelle, à l'image de ce que fut Bretton Woods au sortir de la Seconde Guerre mondiale. La réforme des grandes institutions financières multilatérales, telles que la Banque mondiale, le Fonds monétaire international et l'Organisation mondiale du commerce, semble aujourd'hui difficilement envisageable, notamment en raison de la posture ouvertement antimultilatérale adoptée par les États-Unis ces dernières années. Dès lors, une alternative pourrait être d'explorer la création de nouvelles structures internationales, spécifiquement orientées vers une croissance durable et équitable, capable d'articuler développement économique et lutte contre le changement climatique.

Un premier levier pourrait être la mise en place d'un Pacte multilatéral pour le climat et le commerce, qui fixerait des normes environnementales minimales aux échanges internationaux et conditionnerait l'accès aux marchés à des engagements concrets en matière de transition écologique. Inspiré du GATT, cet accord offrirait des incitations aux États qui respectent ces standards et établirait des mécanismes de sanction pour limiter le dumping environnemental. Loin d'être une simple déclaration d'intention, un tel cadre donnerait une orientation claire aux règles du commerce mondial en intégrant pleinement l'impératif climatique dans les dynamiques économiques internationales.

Une deuxième voie essentielle résiderait dans la création d'une Banque mondiale pour la transition écologique, conçue pour financer la transformation des économies vers un modèle bas carbone. À l'image de la Banque mondiale, elle aurait pour mission de mobiliser des capitaux à grande échelle et de les orienter vers les projets permettant une transition rapide et équitable. Elle apporterait un soutien financier ciblé aux pays en développement, en leur donnant les moyens d'accélérer leur adaptation aux exigences environnementales, tout en veillant à ce que ces investissements s'inscrivent dans une logique de convergence économique et climatique.

Il ne s'agit plus seulement d'ajuster les institutions existantes, mais bien de structurer un cadre complémentaire, capable d'intégrer les impératifs écologiques dans les mécanismes de régulation économique et financière à l'échelle mondiale. Si l'Union européenne et la France veulent peser sur cette transformation, elles devront porter cette initiative en mobilisant une coalition d'États déterminés à inscrire l'écologie au cœur du multilatéralisme économique.

Dans ce contexte, la France est particulièrement bien placée pour jouer un rôle moteur au sein de l'Union européenne. Son statut de place financière majeure, sa capacité d'innovation dans les technologies vertes et son poids industriel lui confèrent une légitimité particulière pour structurer ce processus. À cela s'ajoute une responsabilité morale qui lui est intrinsèquement attachée depuis l'accord de Paris de 2015, qui reste le cadre de référence de l'action climatique mondiale. À l'échelle européenne, elle peut impulser des initiatives permettant d'aligner ambition environnementale et leadership économique, en s'appuyant sur son influence diplomatique pour fédérer un réseau de partenaires autour de cette nouvelle dynamique.

Alors que les enjeux géopolitiques et la course au leadership technologique dominent l'agenda international, la lutte contre le changement climatique tend à passer au second plan. Pourtant, elle constitue, aux côtés de la sécurité, la seconde priorité stratégique de l'Europe et de la France à l'horizon 2040. Le dépassement du seuil des +1,5 °C en 2024 n'a pas provoqué le sursaut attendu. Les priorités géo-économiques – sécurisation des matières premières, chaînes d'approvisionnement, rivalités commerciales – ont relégué l'urgence climatique à un horizon toujours repoussé.

Conclusion

Les défis explorés tout au long de ce chapitre ne sont pas des projections lointaines, mais des réalités déjà à l'œuvre, redéfinissant les équilibres mondiaux et plaçant l'Europe face à des choix déterminants. Ces transformations sont d'une ampleur inédite, mais elles ne peuvent être considérées comme trop vastes ou trop complexes pour être abordées dès aujourd'hui. Il ne s'agit pas de simples « vastes programmes », mais d'urgences stratégiques qui appellent des décisions immédiates.

Si ambitieux soient-ils, ces défis exigent une action résolue et sans délai. Les choix que nous ferons dans les prochaines années seront cruciaux dans leur dimension la plus essentielle : ils engagent des questions de vie ou de mort. Après plusieurs décennies marquées par une relative insouciance, la politique internationale doit retrouver sa vocation première : préserver la paix et protéger des vies humaines, menacées tant par la guerre que par les conséquences irréversibles du changement climatique.

D'autres bouleversements majeurs se profilent à l'horizon, qu'il s'agisse de la révolution de l'intelligence artificielle ou des transformations démographiques qui redessineront le rapport entre les générations et les équilibres économiques. Ces transitions, si déterminantes soient-elles, ne pourront être abordées avec sérénité que si elles s'inscrivent dans un cadre mondial stabilisé et une trajectoire de croissance durable. Si l'Europe échoue à garantir cet équilibre, elle sera condamnée à naviguer de crise en crise, sans jamais trouver la capacité de mener les réformes indispensables à son avenir.

Ancien président du Conseil italien et doyen de l'IE University, **Enrico Letta** dirige l'Institut Jacques Delors et il est l'auteur du rapport *Bien plus qu'un marché* sur l'avenir du marché unique europeen.

La santé à l'horizon 2040 : vers une révolution holistique du corps et de l'esprit

STÉPHANE BANCEL

La cartographie intégrale de l'organisme : la révolution in silico

Dès le début des années 2010, l'analyse du génome humain a connu une démocratisation fulgurante. Les progrès en séquençage ADN ont permis de cartographier rapidement et à moindre coût les centaines de milliers de gènes humains. Grâce à l'intelligence artificielle (IA), ces cartes génomiques se sont enrichies d'informations sur l'ARN messager, les profils de protéines, et les métabolites présents dans l'organisme.

Un tournant décisif s'est opéré à la fin de la décennie 2020 : la combinaison entre IA avancée et débuts de l'informatique quantique. Ces deux leviers ont offert une capacité de calcul autrefois inimaginable, permettant la création de jumeaux numériques (des *digital twins*) pour chaque individu. Imaginez un modèle virtuel reproduisant à l'échelle moléculaire l'ensemble du fonctionnement d'un organisme, tenant compte de la génétique, de l'expression des gènes et des facteurs environnementaux.

Au début, ces jumeaux numériques étaient utilisés à des fins de recherche. Les laboratoires pharmaceutiques voulaient réduire le temps nécessaire aux essais cliniques, en simulant les effets d'un médicament sur des milliers de « copies virtuelles » de patients. Très vite, ces techniques se sont diffusées, d'abord dans les hôpitaux universitaires, puis dans les cliniques privées. En 2040, il est presque banal d'avoir accès à son *twin in silico* : un simple abonnement mensuel permet de mettre à jour votre profil génétique et métabolique en quelques clics.

L'humanité a acquis un pouvoir inédit : connaître presque instantanément ce qui se passe à l'intérieur du corps, repérer la moindre anomalie moléculaire, et l'analyser en fonction de facteurs comme l'âge, le mode de vie et l'environnement.

Parallèlement, l'essor des nanocapteurs ingérables ou implantables (micropuces capables de mesurer les paramètres vitaux en continu) a élargi encore l'étendue des données recueillies. Ces capteurs, intégrés à la fois à la circulation sanguine et à des dispositifs portables, fournissent une lecture en temps réel de l'état de santé. Ainsi la médecine a-t-elle quitté le champ de l'intervention ponctuelle pour embrasser une surveillance permanente. Tout au long de la journée, ces innombrables données alimentent un dossier médical virtuel, enrichi par l'IA qui y détecte les premiers signaux d'alerte.

Prévention et réversion des maladies

En 2040, effectuer un bilan complet de santé est aussi simple que de réviser sa voiture. Tous les trois ou quatre mois, de nombreuses personnes se rendent dans des centres spécialisés ou bénéficient de dispositifs à domicile permettant de collecter leurs données biologiques : prises de sang, analyses de salive, vérification du microbiote intestinal, imageries médicales de routine et même cartographie cérébrale.

Ces contrôles systématiques répondent à une philosophie radicalement nouvelle : la prévention active. Dès qu'une évolution soupçonnée pathologique est détectée (une prolifération cellulaire inhabituelle, par exemple), on enclenche un protocole de « réversion de la maladie naissante ». Dans la plupart des cas, il s'agit d'intervenir avant même que les symptômes n'apparaissent.

Pour cela, il faut une régulation de l'alimentation. Les centres médicaux proposent des régimes hyper-personnalisés, définis selon la cartographie moléculaire du patient. Les applications mobiles, dotées d'IA, suggèrent en temps réel des repas équilibrés et des compléments alimentaires adaptés pour rétablir l'équilibre métabolique.

Il faut également une optimisation du sommeil. Des capteurs placés dans la literie analysent la qualité du sommeil, ajustent la température et la luminosité de la chambre. Des protocoles spécifiques (éclairage ciblé, diffusion d'huiles essentielles, programmes de méditation guidée) contribuent à réparer l'organisme et à régénérer le système immunitaire.

Enfin, les exercices physiques doivent être conçus sur mesure. Les salles de sport de 2040 sont équipées de machines intelligentes qui adaptent l'entraînement aux besoins de chacun, en temps réel. Les vêtements connectés ajustent l'intensité et le rythme de l'effort, assurant un suivi cardio-respiratoire précis pour éviter toute blessure.

Le concept central, c'est la « trajectoire de santé ». Dès la naissance, voire in utero, chaque individu se voit proposer un accompagnement personnalisé visant à maintenir ou améliorer les fonctions physiologiques. Les médecins ne sont plus seulement des soigneurs : ils deviennent des « coachs de santé », guidant leurs patients au quotidien, aidés par des outils d'analyse prédictive.

Au-delà du mode de vie, cette prévention s'étend à l'épigénétique. On sait désormais qu'une part importante de l'expression des gènes est modulée par l'environnement, l'alimentation ou encore le stress. Les progrès réalisés après 2020 ont démontré comment, par de simples actions ciblées (changements d'habitudes alimentaires, entraînements physiques spécifiques, techniques de gestion du stress), on pouvait littéralement réécrire son profil épigénétique et stopper l'apparition de maladies chroniques : diabète, arthrose, troubles cardiovasculaires, etc.

Ce bouleversement a également engendré un nouvel écosystème économique. Des entreprises spécialisées proposent des abonnements de suivi santé, où l'on reçoit régulièrement des packs de compléments nutritionnels, des *guidelines* d'entraînement et des modules de thérapie digitale (sophrologie, réalité virtuelle immersive). La santé, jadis considérée comme un coût, devient un capital à préserver et à faire fructifier, tant pour l'individu que pour la société.

Du traitement curatif à la régénération personnalisée

Malgré l'essor de la prévention, il reste des cas où la maladie s'installe. Or, en 2040, le paradigme thérapeutique a considérablement changé. On ne se contente plus de soigner : on régénère.

- **Vaccins ARN messager individualisés contre le cancer**

Dès les premiers signaux d'une mutation cancéreuse, on prélève des cellules anormales pour en étudier précisément le profil moléculaire. L'IA produit alors une formule vaccinale unique, conçue pour stimuler le système immunitaire du patient contre ces cellules. Cette vaccination personnalisée s'accompagne souvent d'une thérapie génique ciblée, déployée via des vecteurs viraux inoffensifs, assurant la destruction spécifique des cellules tumorales.

- **Traitements spécifiques et médecine de précision**

Les médicaments ne sont plus standardisés : chaque molécule est adaptée en fonction du profil génétique et métabolique du patient. Les pharmacies en 2040 ressemblent à des laboratoires miniatures : elles synthétisent sur place, via l'impression 3D, les cocktails médicamenteux. Les doses sont calculées au microgramme près par un algorithme, réduisant considérablement les effets indésirables.

- **Organes artificiels et ingénierie tissulaire**

Pour remplacer un organe défaillant (cœur, rein, pancréas, voire vessie ou poumons), on recourt désormais à la bioimpression 3D. Cette technologie assemble des cellules souches prélevées sur le patient lui-même, afin de limiter tout risque de rejet. Les organes ainsi créés sont parfois améliorés : un rein artificiel peut intégrer un « filtre » supplémentaire pour protéger l'organisme de certaines toxines. Des cœurs « augmentés » incorporent des capteurs capables de moduler le rythme cardiaque de manière optimale, prolongeant de plusieurs décennies la durée de vie de l'organe.

- **Longévité et vigueur physique**

Grâce à ces avancées, l'espérance de vie dépasse aisément la barre des 100 ans. Non seulement les centenaires sont plus nombreux, mais ils restent actifs et en bonne santé. Les records sportifs tombent les uns après les autres : marathons en moins de deux heures pour des athlètes de 50 ans, compétitions de natation ou de cyclisme où les plus de 70 ans rivalisent avec les plus jeunes. Une nouvelle discipline a émergé : l'« ingénierie de la performance » (ou *perf-engineering*). Les athlètes combinent alimentation ultra-optimisée, implants cérébraux et exosquelettes discrets pour améliorer leur endurance et limiter les risques de blessure.

Cette médecine régénérative suscite toutefois des questions éthiques. Les coûts initiaux étaient très élevés et l'accès aux organes artificiels pas forcément équitable. Certaines sociétés ont eu tendance à se diviser entre « augmentés » et « non-augmentés ». Mais, au fil des années, les gouvernements ont pris la mesure de l'enjeu : la longévité accrue est un atout pour l'économie, si elle s'accompagne d'une bonne santé. Des réformes de la couverture sociale ont progressivement rendu la plupart de ces avancées accessibles au plus grand nombre, du moins dans les pays où la volonté politique l'a permis.

Vers un nouvel horizon humaniste de la santé

Le monde de 2040, certes marqué par de profondes inégalités, semble néanmoins avoir franchi un cap décisif : la santé n'est plus subie, elle se construit.

- **Le retour du « soin » au cœur de la société**

Les médecins et les soignants, devenus des « coachs » et des « partenaires de santé », revalorisent l'accompagnement humain. Bien que la technologie soit omniprésente, le soutien psychologique, l'empathie et l'écoute restent des piliers essentiels, sans quoi la prévention se résumerait à une suite de données anonymes.

- **La coopération internationale**

Des organisations transnationales, soutenues par des puissances publiques et privées, se consacrent à la mise à disposition de ces avancées dans les pays émergents. Les systèmes de jumeaux numériques et les organes artificiels sont progressivement déployés dans des zones autrefois délaissées. Il ne s'agit plus seulement d'une question de solidarité, mais aussi de stabilité mondiale : des populations en bonne santé constituent un facteur de paix et de prospérité.

- **La question éthique et philosophique**

Vivre au-delà de 100 ans en bonne santé, avec la perspective de briser des records sportifs et de repousser la sénescence, nous invite à repenser le sens même de l'existence. Comment gérer les carrières professionnelles, si l'on peut encore travailler à 90 ans ? Quelle place pour la retraite, pour la transmission entre générations ?

Certains voient dans cette longévité accrue une opportunité de poursuivre des projets humanistes, de partager davantage d'expériences et de savoirs. D'autres s'inquiètent d'une pression démographique sur les ressources de la planète et de déséquilibres intergénérationnels.

Les nouveaux défis du système de santé

- **La charge financière**

Même si les coûts ont baissé, l'ingénierie médicale reste chère. Les gouvernements doivent arbitrer entre de multiples priorités (sécurité, éducation, environnement).

- **La confidentialité des données**

Les dossiers médicaux numériques, les implants connectés et l'IA génèrent une gigantesque base de données. La protection de la vie privée devient un enjeu majeur, requérant de nouvelles formes de gouvernance mondiale.

- **Le risque de surmédicalisation**

À force de surveiller le moindre paramètre biomoléculaire, certains sombrent dans l'anxiété permanente, la « cyber-hypocondrie ». Des voix s'élèvent pour rappeler que l'incertitude fait aussi partie de la vie.

Ainsi, à l'aube de 2040, la médecine a-t-elle franchi un cap qui, trente ans plus tôt, aurait relevé de la science-fiction : chacun peut surveiller, modéliser et moduler son corps presque en temps réel, avec des moyens autrefois réservés à la recherche de pointe. Grâce à la conjugaison de l'IA, de l'informatique quantique et de la bio-ingénierie, nous sommes entrés dans une ère de médecine prédictive, préventive et participative.

Cette révolution en entraîne une autre : celle de notre rapport au temps, à la vieillesse et à la mort. Les êtres humains vivent plus longtemps, plus intensément, mais ils doivent faire face à l'inquiétude d'une existence prolongée dans un monde instable.

Il ne s'agit pas seulement d'accumuler des années de vie, mais de donner du sens à cette longévité, d'en faire un levier d'épanouissement individuel et collectif. La santé, désormais, ne peut plus être séparée de la question sociale et politique. Elle est ce bien commun autour duquel se reconfigurent nos sociétés.

La médecine du futur ne sera pas qu'une affaire de technologies sophistiquées et de protocoles cliniques. Elle devra reposer sur un nouvel humanisme, respectueux de la dignité de chacun et conscient de la richesse que représente la diversité des parcours de vie. C'est à cette condition que l'allongement de la durée de vie deviendra un véritable progrès pour tous, et non le privilège d'une minorité fortunée.

En 2040, l'espoir est là : voir naître une génération plus sereine, prête à optimiser sa santé sans en faire une obsession, et désireuse de s'investir dans des projets constructifs pour la planète. Une génération pour qui la science-fiction d'hier est devenue le quotidien d'aujourd'hui, et qui, loin de s'en effrayer, aspire à bâtir un monde équitable, solidaire et durable.

Entrepreneur, **Stéphane Bancel** est P-DG de Moderna, acteur central du développement des vaccins à ARN.

Le gaspillage

LUCIE BASCH

Je rêve d'une France de 2040 où nous serons collectivement fiers et heureux de vivre. Une France, rendue forte par une Europe, où nous avons compris que le fameux duel « fin du mois » – « fin du monde » n'est pas le bon. Une planète où nous aurons réconcilié les enjeux économiques, écologiques et sociaux. Un monde où nous aurons trouvé les solutions face aux nombreuses absurdités d'aujourd'hui et où nous aurons collectivement pris de nouvelles habitudes. Une nouvelle façon de vivre, ni moins bonne ni moins heureuse, juste différente, et où le triptyque « moi, les autres, le monde » fonctionne mieux.

Aujourd'hui, il est difficile de garder espoir tant les problèmes sont nombreux autour de nous. Nous nous sentons très régulièrement impuissants devant leur ampleur et leur nombre. J'ai pour ma part démarré ma carrière dans l'industrie agroalimentaire et j'ai rapidement réalisé que notre système alimentaire est malade. Sans même évoquer la qualité de notre alimentation, qui n'a fait que se dégrader au fur et à mesure que sa production s'est industrialisée, la quantité que nous jetons est impensable. Quarante pour cent de ce que nous produisons, de la fourche à la fourchette, est gaspillé chaque année. La production de cette nourriture représente à elle seule 10 % des émissions de gaz à effet de serre. En parallèle, près de 1 milliard d'êtres humains ne mangent pas à leur faim.

En France, ce gaspillage représente 10 millions de tonnes de nourriture par an, soit l'équivalent de 16 milliards d'euros jetés à la poubelle. Chaque Français jette 25 kilogrammes de nourriture chaque année, soit un repas par semaine par personne. Des chiffres qui donnent le vertige.

J'ai découvert cette réalité de l'intérieur. En 2014, fraîchement diplômée de Centrale Lille, j'ai commencé ma carrière dans les usines Nestlé, au Royaume-Uni. Ce que j'y ai vu m'a profondément marquée : le gaspillage était littéralement industrialisé, intégré dans les process de production. Une partie de ce que l'on produisait était directement destinée à la poubelle. C'était considéré comme normal, comme un coût nécessaire pour optimiser la production. Cette expérience a été un électrochoc : je ne pouvais pas accepter cette aberration, ni contribuer à perpétuer ce système.

Mais j'ai une conviction profonde : des solutions sont possibles. Face à ce constat, je me suis dit qu'il devait bien y avoir un moyen simple et accessible à tous pour lutter contre cette absurdité. J'ai alors décidé d'en créer un. Quand j'ai lancé Too Good To Go en 2016, beaucoup pensaient que le gaspillage alimentaire était une fatalité. On me disait que c'était « trop compliqué », que « les gens ne changeraient pas leurs habitudes ». Neuf ans plus tard, nous avons sauvé plus de 450 millions de repas – soit quatre repas par seconde –, connecté 100 millions d'utilisateurs avec leurs commerçants de quartier dans 19 pays, et prouvé qu'une autre façon de consommer était possible.

Cette réussite montre que lorsqu'on donne aux gens des solutions concrètes et accessibles, ils s'en saisissent massivement et peuvent contribuer à lutter contre un problème de société.

Le changement est déjà en marche. Je le vois tous les jours : les consommateurs sont de plus en plus nombreux à se poser des questions sur la qualité et la traçabilité de leur alimentation.

Imaginer la France de 2040, c'est se projeter dans un monde qui aura su faire des choix courageux. C'est voir un pays qui aura mis fin au gaspillage alimentaire, non pas par une interdiction brutale, mais en rendant chaque acteur responsable et fier de participer à la solution. Cela signifie des supermarchés où les stocks sont mieux gérés et les invendus redistribués, des agriculteurs justement rémunérés, des citoyens sensibilisés et acteurs d'une consommation sobre et engagée.

Certains pays nous montrent la voie. Au Danemark, le gaspillage alimentaire a baissé de 25 % en une dizaine d'années grâce à une mobilisation massive. En Italie, la loi Gadda a permis de faciliter le don des invendus, renforçant ainsi les solidarités locales. En France, des avancées majeures ont été réalisées, notamment avec la loi Garot en 2016 et, plus récemment, la tenue des États généraux du gaspillage alimentaire à l'Assemblée nationale. Cet événement a rassemblé tous les acteurs de l'écosystème pour faire le bilan et ouvrir un nouveau chapitre de la lutte contre le gaspillage.

Des progrès significatifs ont également été faits sur les dates de consommation, dont la mauvaise compréhension reste responsable de 20 % du gaspillage alimentaire. En réunissant l'ensemble des parties prenantes, nous avons permis l'adoption d'un décret instaurant une mention spéciale pour mieux sensibiliser les consommateurs. Aujourd'hui, la recommandation de Too Good To Go – « Observez, sentez, goûtez » – figure sur plus de sept milliards de produits.

La preuve que l'on peut avancer ensemble : en combinant expertises et actions, à tous les niveaux – local, national, européen –, nous pouvons à la fois faire évoluer la réglementation et transformer nos habitudes au quotidien.

Le défi, c'est que nous avons toujours un temps de retard. Il est urgent d'accélérer massivement la transition alimentaire et de prendre les bonnes décisions dès maintenant, car la situation ne cesse de s'aggraver. Le dérèglement climatique menace déjà nos productions agricoles : sécheresses à répétition, rendements en baisse, sols appauvris, biodiversité en péril… Et pourtant, nous continuons de gaspiller près de la moitié de ce que nous produisons.

Le défi démographique est aussi immense : comment allons-nous nourrir 68 millions de Français alors que 50 % de nos agriculteurs partiront à la retraite d'ici 2030 ? Comment préserver notre souveraineté alimentaire ?

Il faut commencer par l'essentiel : le futur de notre alimentation dépend du sort de celles et ceux qui travaillent chaque jour pour nous nourrir. Permettre une juste rémunération des agriculteurs est essentiel et change des vies. J'en ai été directement témoin en rencontrant de nombreux agriculteurs incroyables de talents, de détermination et d'humanité grâce à C'est qui le patron, une coopérative hors du commun fondée par Nicolas Chabanne.

Concrètement, une juste rémunération leur permet de gagner leur vie, d'embaucher des salariés, d'envisager des week-ends et des vacances (comme la plupart d'entre nous), de préparer l'avenir de leurs exploitations en investissant notamment dans des pratiques plus durables, de permettre et de donner envie à la nouvelle génération de s'installer pour reprendre ce flambeau nécessaire et noble !

Pourtant de nombreux agriculteurs peinent encore à se faire entendre et à obtenir la reconnaissance qu'ils méritent.

La beauté du modèle de C'est qui le patron est de redonner le pouvoir aux consommateurs en proposant d'acheter des produits solidaires qui rémunèrent plus justement les producteurs.

Concrètement, nous pouvons tous, en tant que consommateurs, participer à la démarche en votant pour le cahier des charges des produits et en allant vérifier sur le terrain sa bonne mise en pratique. Aujourd'hui, on compte plus de 15 millions de consommateurs sociétaires en France qui agissent grâce à leurs achats, et la brique de lait est devenue la plus vendue du rayon !

Il faut voir au-delà de la seule question alimentaire. L'antigaspillage est une porte d'entrée vers un mode de vie plus durable : il nous apprend à mieux valoriser les ressources, à repenser nos modes de consommation et à redonner du sens à la production. Mais pour réussir cette transition, c'est tout notre modèle économique qui doit évoluer. Les entreprises ont un rôle clé à jouer et doivent accélérer leur transformation de façon radicale.

C'est tout l'enjeu de la Climate House, cofondée par 80 entrepreneurs que je suis fière de représenter en tant que présidente. Ce lieu unique permet de mutualiser les compétences, d'accélérer les changements et d'expérimenter des solutions concrètes. Nous y réunissons des mondes qui, d'ordinaire, se croisent peu : entrepreneurs, dirigeants associatifs, fonds d'investissement, scientifiques, activistes, artistes… Nos parcours sont différents mais nous partageons une même conviction : pour réconcilier écologie et économie, il faut faire ensemble. Trop longtemps opposées, ces deux forces doivent désormais s'aligner.

Malgré le temps long et parfois la complexité à se transformer, il est désormais essentiel de réconcilier le modèle économique de nos entreprises avec les enjeux écologiques et sociaux. C'est ce triptyque gagnant qui permettra aux entreprises de passer du rôle d'acteurs uniquement économiques à de véritables initiateurs et catalyseurs de progrès sociétaux.

Pour réussir cette transition aussi difficile qu'inévitable, il faut réapprendre à collaborer ensemble pour changer les choses en profondeur, et à large échelle. C'est pourquoi le pouvoir politique est indispensable dans la réussite de la transition : pour réglementer les absurdités, obliger les réticents et récompenser les pionniers du changement.

En tant qu'entrepreneure, je sais que les entreprises n'ont plus le choix, elles doivent continuellement innover si elles veulent rester pertinentes, au vu de la pression sociale et environnementale. Nous savons aujourd'hui que certains modèles n'existeront plus demain. C'est aussi une question de pragmatisme économique.

C'est maintenant qu'il faut avoir le courage de sa lucidité. C'est maintenant qu'il faut opérer cette bascule.

L'entrepreneuriat à impact est pour cela une formidable force pour réaligner la performance économique de son modèle d'entreprise avec les enjeux écologiques et sociaux.

Non, la transition écologique n'est pas une contrainte, c'est une opportunité. Une opportunité de réinventer notre façon de produire, de consommer, de créer nos entreprises de demain, de vivre ensemble. Parce que c'est la seule voie qui nous permettra de construire un avenir désirable pour tous.

C'est aussi ce qui a donné naissance à Poppins, ma nouvelle aventure entrepreneuriale dix ans après Too Good To Go : une application pour rendre le partage facile et fiable.

Dans une société de consommation excessive, où les Français possèdent en moyenne 2,5 tonnes de matériel (l'équivalent d'un hippopotame), dont 30 % reste inutilisé, Poppins offre une alternative concrète à l'absurdité de la propriété individuelle : faire du partage – c'est-à-dire de la location, de l'emprunt, du prêt – un nouveau réflexe et remettre du bon sens dans nos habitudes de consommation. Parce que nos ressources sont précieuses et que le modèle de l'accumulation à tout prix appartient au passé.

L'application regroupe toutes les options possibles : voisins, magasins de location, bibliothèques d'objets, centres de prêts permettant d'emprunter ou de louer autour de vous tout ce dont vous avez besoin : tente, vélo-cargo, robot de cuisine, siège bébé, et bien plus encore. Un impact positif à tous les niveaux : une telle pratique libère de l'espace, réduit notre impact sur la planète et fait du bien à notre porte-monnaie. Moins de neuf. Plus de bon sens.

Car c'est aussi ça, le défi : montrer que la société écologique de demain est plus désirable que celle d'aujourd'hui. Qu'elle donnera envie à chacun de s'embarquer pleinement dedans. Qu'elle créera plus de lien social, plus de bon sens, plus de reconnexion à soi, aux autres et à la nature.

Ma France rêvée pour 2040, c'est un pays qui aura su faire de la transition écologique une opportunité de réinventer son modèle économique et social. Une France où le gaspillage sera devenu l'exception, non la norme. Où les agriculteurs seront justement rémunérés pour leur travail et leur contribution. Où manger sainement ne sera plus un privilège, mais un droit accessible à tous. Où l'on ne surconsommera plus des biens que l'on utilise à peine. Où le partage deviendra un réflexe quotidien. Où l'on profitera de nos villes comme d'une belle opportunité pour être en lien et maximiser l'utilisation de nos ressources. Où s'émerveiller du vivant sera une occupation privilégiée de notre temps libre, qui nous permettra de nous connecter à nous-même.

Je reste profondément optimiste. Quand je vois l'énergie de tous ces entrepreneurs qui innovent pour un monde plus durable, ces millions de citoyens qui transforment leurs habitudes, ces politiques publiques qui avancent dans la bonne direction, je sais que le changement est possible. Il est même déjà en marche.

La transition écologique est avant tout une aventure collective. Aidons-nous les uns les autres, partageons les bonnes pratiques, ne nous jugeons pas, mais inspirons-nous pour relever ce défi collectif.

2040 n'est pas si loin. Les décisions que nous prenons aujourd'hui façonneront la France de demain. Alors osons. Osons bousculer les modèles établis. Osons faire confiance à l'intelligence collective. Car quand on donne aux humains la possibilité d'agir pour un monde meilleur, ils nous surprennent toujours par leur capacité à se mobiliser.

Ingénieure, **Lucie Basch** est la cofondatrice
des applications Too Good To Go et Poppins,
et la présidente de Climate House et de Plantation Paris,
espaces dédiés à la transformation des entreprises.

Alimentation 2040 : remettre la table au centre

Cécile Béliot

Nous sommes en 2040. L'alimentation a enfin retrouvé son rôle de levier de transformation systémique. En quinze ans, elle est redevenue un point d'articulation critique entre la santé, l'environnement, la justice sociale, la souveraineté et le climat. Pour la première fois aussi, elle est reconnue comme un droit humain. Pour en arriver là, nous avons agi, collectivement.

Il y a quinze ans, les défis qui pesaient sur notre modèle alimentaire paraissaient insurmontables. Les effets conjoints du dérèglement climatique, de l'épuisement des ressources, des crises sociales, de la montée de la précarité et de l'explosion des maladies chroniques s'aggravaient les uns avec les autres. Ils se concentraient sur la disponibilité, menacée, pour chacun d'une nourriture saine et durable.

Nous avions dépassé les limites physiques de notre planète : chaque année, l'humanité consommait l'équivalent de 1,7 planète pour satisfaire ses besoins[1]. Une cadence insoutenable qui creusait notre dette écologique et mettait en péril les équilibres naturels essentiels à notre alimentation. À force de mécaniser, de délocaliser, de transformer, nous en avions fait un contributeur de premier plan aux émissions mondiales de gaz à effet de serre. L'alimentation, condition critique de notre survie organique, était devenue une menace pour elle-même et pour nous.

1. Global Footprint Network.

Mais il y a quinze ans, nous avons aussi fait le pari de réinventer notre modèle alimentaire, de la ferme à l'assiette, pour lui rendre sa nature de force équilibrante au cœur de nos projets de sociétés. En établissant un nouveau contrat social et écologique, nous avons collectivement fait le choix d'une autre voie, plus exigeante. Quinze ans après, pari tenu.

En 2040, la France est devenue un modèle d'alimentation durable, inclusive et préventive. Ce changement, nous l'avons coconstruit : agriculteurs, entreprises, scientifiques, citoyens, pouvoirs publics, enseignants, soignants. Nous avons fait cause commune.

Parce que, au-delà de nourrir, il s'agit de soigner, de relier, de préserver, de transmettre.

Une alimentation issue d'une agriculture régénératrice et fière

La révolution agricole a été culturelle bien avant d'être technique. Aujourd'hui, la France cultive différemment : elle nourrit sans appauvrir et soigne la terre autant que ceux qui s'y consacrent.

La transition vers des modèles régénératifs s'est opérée en profondeur. Nous avons abandonné les engrais issus de la pétrochimie pour privilégier des fertilisants biologiques, des pratiques agroécologiques et la rotation culturale intelligente. Les techniques de micro-irrigation, adaptées au réchauffement climatique, ont permis d'optimiser l'eau sans sacrifier les rendements. L'élevage des animaux, ancré dans les territoires, valorise les prairies, respecte les cycles naturels.

En 2040, notre souveraineté alimentaire est finalement reconstruite dans toutes les filières, grâce aux efforts conjoints des acteurs agricoles et des entreprises responsables, soutenus et encouragés depuis quinze ans par des politiques publiques ambitieuses. La souveraineté n'est plus un isolement, mais une autonomie résiliente, locale et qualitative.

Au cœur de ce succès, il y a la revalorisation des agriculteurs, leviers incontournables de la transition agricole et premiers artisans de notre santé tout comme de notre autonomie alimentaire. Au sein du Groupe Bel, en 2025, cela se traduisait déjà concrètement, depuis huit ans : nous avions alors refondé notre relation avec les éleveurs laitiers, en coconstruisant avec eux un prix du lait annuel qui prenne en compte les coûts de production et les investissements nécessaires pour mettre en place des pratiques durables comme la mise aux pâturages et l'alimentation sans OGM. Les grands principes de ce partenariat ont permis à de nombreuses exploitations de se transformer et de se transmettre, plutôt que de disparaître, sous l'impulsion conjointe de l'Association des producteurs de lait Bel Ouest (APBO) et du Groupe Bel.

Une alimentation qui soigne, relie et fait vivre mieux

Ce changement s'est poursuivi dans les assiettes.

Il y a quinze ans, l'alimentation était inégale en qualité, en quantité, en accessibilité. Un quart de la population mondiale n'avait pas régulièrement accès à une alimentation saine. Et alors que des carences subsistaient dans certaines régions du monde, d'autres connaissaient une hausse du surpoids, de l'obésité, du diabète ou des maladies cardiovasculaires. On comptait à peu près autant de personnes souffrant d'obésité que de sous-nutrition – environ 800 millions – preuve saisissante d'un système alimentaire mondial déséquilibré.

L'alimentation ne pouvait plus être pensée en silos et la responsabilité du changement devait s'appliquer à tous les maillons de la chaîne. Le Groupe Bel y a pris part à travers sa mission : s'engager pour une alimentation plus saine et responsable pour tous.

Pour éviter le piège d'une alimentation à deux vitesses où les déséquilibres se creusent, nous nous sommes engagés dans une double révolution.

Une révolution nutritionnelle, d'abord. Les industriels comme Bel avaient diversifié leurs gammes en fonction de l'évaluation de la situation nutritionnelle, des besoins et des habitudes dans leurs régions d'activité. Bel développait déjà des produits enrichis en vitamines dans les zones à risque de carence comme l'Inde ou le Maghreb, ou les allégeait en sel dans les pays occidentaux. En quinze ans, le groupe est allé encore plus loin en se positionnant comme pionnier de la santé préventive, agissant sur des apports nutritifs ciblés en fonction des besoins identifiés des populations dans différentes zones du monde.

Pour que notre modèle redevienne durable, il a aussi fallu rééquilibrer notre régime alimentaire, qui était alors trop carné. L'alimentation française quotidienne en 2040 est végétale, riche en fibres et en micronutriments, et agréée de protéines issues de sources variées : des animaux, des plantes, mais aussi des nouvelles fermentations, qui ont permis de diversifier les apports tout en réduisant notre impact environnemental.

Une révolution sociale, ensuite, à travers la reconnaissance d'une alimentation équilibrée comme droit humain fondamental. Pour y parvenir, nous avons agi à la racine du problème, en mobilisant simultanément une série de leviers éducatifs, culturels, socio-économiques et réglementaires. Des aides ciblées comme le chèque alimentaire sur des produits frais, fruits et légumes, ont permis de soutenir les foyers les plus vulnérables. Nous avons adapté la fiscalité pour rendre les produits sains plus accessibles et pénaliser les produits plus néfastes (ceux sucrés par exemple). Le soutien aux circuits courts et aux commerces de proximité, notamment dans les zones rurales ou les quartiers prioritaires, a entraîné une réduction des « déserts alimentaires ». Mais surtout, nous avons changé notre regard : les inégalités alimentaires sont devenues un indicateur de justice sociale, au même titre que l'accès à la santé, au logement ou à l'éducation.

L'éducation à la cuisine, au goût, la culture du lien

L'école a joué un rôle fondamental dans cette transformation, car transformer l'alimentation n'implique pas seulement de changer le contenu de l'assiette. C'est aussi changer la façon dont on apprend à manger, à cuisiner, à comprendre la nature, la saisonnalité.

En 2040, les enfants ne sont plus coupés de la nature : ils la cultivent. Ils comprennent le rythme des saisons, le lien entre biodiversité et alimentation, le rôle du sol et des insectes, l'importance de l'équilibre alimentaire. Ils apprennent à goûter, à trier, à composter. Chaque établissement scolaire dispose désormais d'un jardin pédagogique, d'un espace cuisine, d'ateliers de saison. On y enseigne l'origine des aliments, le respect de la terre, l'art de cuisiner, la joie de partager. La lecture, les mathématiques, la chimie s'apprennent notamment à travers les recettes de cuisine ! Manger est redevenu un acte de savoir et un acte culturel. Chez Bel, nous avons participé à cette métamorphose à notre échelle, en apportant un savoir-faire historique de l'entreprise : promouvoir une alimentation saine en la rendant ludique et éducative... et toujours gourmande. Quoi de meilleur qu'une portion de Vache qui Rit dans une soupe de courgettes, qu'une bonne portion de lait Babybel et de fruit Pom'Potes après le sport ?

Nous avons aussi repensé la manière dont nous partageons les repas. Alors que les foyers français se sont réduits sous l'effet de l'évolution démographique, que la solitude s'est accrue, l'idée d'installer dans chaque immeuble une cuisine et une salle à manger collective s'est imposée comme une évidence. Ces lieux font désormais partie du quotidien : ils rassemblent les générations, favorisent l'entraide et rompent l'isolement.

L'alimentation n'est-elle pas depuis toujours la meilleure manière de créer du lien entre les individus et de transmettre une culture vivante ?

Une alimentation optimisée par la technologie et la data

En 2040, la technologie est au cœur de l'alimentation. Cette nouvelle ère alimentaire s'appuie sur des innovations de pointe. Les données, de plus en plus précises et faciles à analyser grâce à l'intelligence artificielle, ont permis de produire de quoi nous nourrir plus justement, avec moins de ressources. Les exploitations et les usines connectées mesurent en temps réel les besoins en eau, en nutriments, en énergie. La logistique est optimisée.

En bout de chaîne, le gaspillage alimentaire ne représente plus, comme dans les années 2020, presque 10 millions de tonnes de nourriture jetées chaque année. La conscience collective est hypersensible au sujet, les déchets alimentaires sont fortement taxés, des poubelles privées aux restaurateurs dont les contenus d'assiette sont adaptés à la demande.

Grâce à une gestion fine et anonymisée des données de santé, l'alimentation s'est aussi personnalisée. Elle s'adapte aujourd'hui aux besoins physiologiques, au métabolisme de chacun : enfants, seniors, femmes enceintes, personnes malades ou fragiles. Cette personnalisation ne crée pas d'inégalités – au contraire, elle garantit à chacun une alimentation adaptée.

Les obstacles d'hier, les leviers d'aujourd'hui

Nous ne sommes pas arrivés là par hasard. Transformer notre modèle alimentaire a exigé de déconstruire des habitudes anciennes, culturelles ou économiques, parfois profondément ancrées. Il a fallu faire évoluer les métiers, les recettes, les goûts. Il a fallu aussi surmonter une fracture croissante entre les citoyens urbains – de plus en plus éloignés de la nature – et la préservation de nos terres arables.

Pour y parvenir, la pédagogie a été notre arme la plus puissante. Pédagogie des enjeux, des impacts, des gestes utiles. Pédagogie et engagement des consommateurs, mais aussi pédagogie auprès des décideurs, des partenaires commerciaux, des distributeurs.

Nous avons également appris à travailler autrement, en coalition. Des initiatives comme les Ferments du Futur ont rassemblé chercheurs, entreprises et start-up pour inventer de nouvelles solutions. Agir ensemble, dans une logique d'ouverture et de transparence, s'est révélé bien plus puissant que l'addition des efforts individuels.

2040, début d'une nouvelle ère

Depuis quinze ans, il a fallu convaincre, démontrer, investir, accompagner. Nous avons compris que l'alimentation ne devait plus être traitée comme une commodité, mais comme un pilier structurant de notre société, comme un levier transversal de transformation sociale, environnementale, économique et sanitaire. Elle est au service du vivant. Elle est aussi notre premier rempart pour la paix sociale.

Et dans cette transformation, les entreprises ont eu un rôle de premier plan à jouer en assumant leur responsabilité, en transformant leur modèle, en réconciliant compétitivité et impact, ainsi qu'en mettant leur capacité d'innovation au service d'un projet collectif.

Nous avons remis la table au centre. Au centre de nos modes de vie, de nos choix de société et de nos modèles industriels. Cette France de 2040 n'est pas parfaite, mais elle est profondément vivante. Elle a faim d'avenir. Et elle sait désormais comment le nourrir.

Directrice générale du Groupe Bel depuis mai 2022, **Cécile Béliot** pilote la stratégie de croissance agroalimentaire durable, l'innovation et le rayonnement international des marques.

La méritocratie : une fiction qui a de l'avenir

Gérald Bronner

La France de 2040 devra poursuivre un idéal méritocratique rénové, conscient des déterminismes sociaux mais refusant de s'y soumettre totalement.

Dans la plupart des cultures humaines, les récits explicatifs du destin social des individus s'ancrent profondément dans leurs origines. Parmi les plus anciens, on trouve ceux qui légitiment la place d'un individu dans l'ordre social par son lignage, son ascendance ou son appartenance héréditaire à un groupe. Ce type de justification a dominé dans les sociétés traditionnelles, où l'essentiel des fonctions sociales se transmettait par la filiation. Malgré l'apparente irrationalité de ce principe, il a perduré. À l'inverse, les régimes démocratiques ont promu un autre récit : celui de l'émancipation individuelle, où chaque personne, indépendamment de son origine, est censée partir du même point pour construire son avenir grâce à son travail et à son talent. Ce paradigme peut être qualifié de « méritocratique » depuis que Michael Young, un sociologue britannique, très lié au Parti travailliste, en a proposé l'usage dans les années 1950. L'idée que le mérite est la boussole qui oriente les destins dans les démocraties a été notamment mise à l'honneur au XXe siècle. En témoigne l'expression « République des professeurs », popularisée par Albert Thibaudet grâce au titre d'un livre où il faisait l'éloge des cadres de la République, boursiers méritants récompensés pour leurs efforts et leurs talents, face aux héritiers dont la position venait de quelques privilèges dus à leurs ascendants.

Cependant, croire que l'égalité des droits entraînerait mécaniquement l'égalité des chances a relevé d'une illusion qui a été largement dévoilée par la sociologie du XXe siècle. Les travaux de Pierre Bourdieu, de Jean-Claude Passeron ou encore de François Dubet révèlent une persistance des inégalités sociales en France et de leur reproduction.

La méritocratie, censée être une voie d'émancipation, nous fait collectivement prendre le risque de devenir un système de légitimation de ces inégalités qui culpabilise ceux que le système éducatif n'a pas promus. Michael Sandel, professeur en philosophie politique à Harvard et auteur de *La Tyrannie du mérite*, critique cette tendance à considérer le diplôme comme unique indicateur de valeur sociale. L'idéal méritocratique, lorsqu'il se rigidifie, engendre du ressentiment chez ceux qui n'ont pas réussi, non parce qu'ils ont manqué de talent ou d'effort, mais parce qu'ils ont été désavantagés dès le départ.

Ce ressentiment peut se transformer en colère sociale, alimentée par des récits populistes ou conspirationnistes. Les travaux de chercheurs comme Joseph Uscinski, Joseph Parent ou Kenzo Nera montrent que, face à un sentiment de perte de contrôle, les individus cherchent des explications intentionnelles aux injustices qu'ils vivent. Les théories du complot offrent alors une grille de lecture rassurante et valorisante : si je n'ai pas réussi, ce n'est pas à cause de mon incapacité, mais parce que des puissances cachées m'en ont empêché.

Certaines critiques plus radicales, comme celles de Chantal Jaquet, voient dans le mérite une construction idéologique destinée à perpétuer l'ordre social sous couvert de justice. Selon cette perspective, la réussite d'un « transfuge de classe » est instrumentalisée pour renforcer l'idée que tout est possible… si on le mérite. Le reste de la population est ainsi maintenu dans la résignation ou culpabilisé. Toutefois, une telle analyse repose souvent sur l'attribution d'intentions stratégiques à des systèmes abstraits, ce qui révèle un biais fréquent : notre propension à interpréter les phénomènes sociaux comme s'ils étaient guidés par des volontés.

Ce biais n'est pas anodin. Il alimente les visions complotistes du monde et sape les récits collectifs tels que la méritocratie. En réalité, si cette dernière est critiquable dans sa mise en œuvre, elle n'en reste pas moins une fiction utile, comme le souligne Dubet. Elle continue de susciter l'adhésion d'une majorité de citoyens, notamment parce qu'elle offre un horizon d'espérance, même imparfait. Renoncer à cette fiction reviendrait à promouvoir un fatalisme social profondément démobilisateur.

Et c'est peut-être sur ce point que nous devons réfléchir profondément à ce qui pourrait fonder un contrat social dans notre avenir proche, en 2040. À mesure que l'automatisation, l'intelligence artificielle et la transformation numérique modifient en profondeur les conditions d'accès aux ressources symboliques et matérielles, l'idée selon laquelle les efforts individuels doivent être justement récompensés pourrait acquérir une portée nouvelle. Dans une société de plus en plus régie par des logiques d'évaluation automatisée, la perception d'un ordre méritocratique fondé sur l'équité devient une condition essentielle de la légitimité des institutions.

Plutôt donc que de considérer que la notion de mérite est poussiéreuse, il serait urgent que la pensée politique explore la façon de la réhabiliter et de faire en sorte qu'elle tienne mieux ses promesses. Le débat public ne s'oriente pourtant pas dans cette direction. Au contraire, le récit méritocratique, et même la notion de mérite, est attaqué de toute part aujourd'hui, y compris par une partie de la gauche. N'a-t-on pas entendu Olivier Faure, alors secrétaire du Parti socialiste évoquer, lui aussi, la « *tyrannie du mérite* » ?

La question que personne ne se pose est : quelle est l'alternative narrative ? Ceux qui conduisent au bûcher politique la notion de mérite n'ont pas d'autres récits à proposer que celui du fatalisme social, c'est-à-dire l'idée qu'à de rares exceptions consolantes près, les inégalités sociales ont vocation à se reproduire. Il s'agit d'un récit commode pour inspirer une forme de rage politique, nous l'avons vu, mais il engendre possiblement des effets pervers et notamment celui de se muer en prophétie autoréalisatrice.

Une recherche récente donne de nouveaux arguments à cette crainte. Conduite par trois économistes, Rustamdjan Hakimov, Renke Schmacker et Camille Terrier, elle porte sur 2 000 élèves de terminale en France juste avant la date limite fixée par Parcoursup pour émettre des vœux d'orientation. Il s'agit d'évaluer la confiance en eux-mêmes de ces élèves. Sans surprise, l'étude montre, comme plusieurs autres avant elle, que les enfants d'origine modeste – y compris les meilleurs élèves – souffrent d'un manque de confiance. Or, les choix d'orientation sont justement impactés statistiquement, à moyenne générale égale, par cette estime de soi. Lorsqu'elle est faible, elle conduit à des options moins ambitieuses. Mais, après tout, étant donné leurs plus faibles chances de réussite, n'est-il pas raisonnable, pour les enfants d'origine modeste, d'ambitionner plus bas ? Ce sont les effets que l'on peut craindre et que l'on observe d'un fatalisme social latent. Ces trois chercheurs ont poussé plus loin leurs investigations : ces jeunes issus des catégories modestes évaluent-ils convenablement la position qu'ils occupent dans la hiérarchie de Parcoursup ? La réponse est non : ils se sous-estiment, là aussi. À ce point, les chercheurs leur offrent de connaître leur position réelle. Informés convenablement et parvenant à se défaire d'une vision pessimiste de leurs capacités, ces jeunes corrigent leurs choix d'orientation en réduisant notablement les inégalités d'ambitions initiales. Les représentations de soi-même et les fictions auxquelles nous nous attachons pour imaginer notre destination ne sont donc pas sans influence sur la reproduction des inégalités. On peut ainsi s'interroger : quel intérêt y a-t-il à démolir le mythe républicain du mérite pour lui substituer un fatalisme tout aussi fictionnel mais plus instrumentalisable politiquement ? Les conséquences de ce fatalisme me paraissent – même au regard des valeurs que prétendent défendre ceux qui le portent – effrayantes. Non seulement il propose une assignation à résidence sociale mais il risque de décourager la production de l'effort, notamment scolaire, étant entendu que, pour incertaines que soient les chances de réussite, elles ne peuvent puiser leur source que là. Il faut veiller à ce que l'inégalité des chances ne se transforme pas – ce qui serait une double peine – en inégalité des espoirs.

Les travaux de Gustav Jahoda concernant les Ashanti du Ghana apportent un éclairage particulièrement édifiant sur l'impact des récits sociaux et des identités assignées. Chez les Ashanti, chaque individu reçoit un prénom en fonction du jour de sa naissance, chaque jour étant associé à des traits de caractère spécifiques, positifs ou négatifs. Ainsi les personnes nées le lundi, appelées Kwadwo, bénéficient-elles d'une réputation très positive : elles sont considérées comme aimables, sociables, dotées d'un bon caractère. À l'inverse, les Kwaku, nés un vendredi, souffrent d'une image sociale négative, associés à des comportements agressifs et récalcitrants. Jahoda a constaté que cette attribution symbolique influençait objectivement les trajectoires sociales, au point que les Kwaku étaient significativement plus nombreux devant les tribunaux que les Kwadwo ! Ces résultats troublants illustrent puissamment le mécanisme de la prophétie autoréalisatrice, où l'identité sociale imposée à la naissance conditionne durablement les comportements individuels et leur destin social. Ainsi les individus deviennent-ils les acteurs involontaires d'une identité qu'ils n'ont pas choisie, mais qu'ils finissent par incarner.

Les récits fatalistes dont le pessimisme est parfois confondu avec du réalisme enferment une partie de notre jeunesse dans un récit qui, en diminuant leurs espoirs, les diminue eux-mêmes. En effet, certaines expériences montrent que la fréquentation de thèses déterministes est de nature à affaiblir les contraintes morales que l'individu aurait sans doute respectées sans cela. Deux psychologues, Kathleen Vohs et Jonathan Schooler, informés par plusieurs études du fait qu'altérer le sens de la responsabilité d'un individu pouvait modifier sa conduite, ont conçu une expérimentation pour en savoir plus. Ils ont proposé à deux groupes de volontaires la lecture d'un passage de *L'Hypothèse stupéfiante*, un livre de Francis Crick, prix Nobel de médecine et co-découvreur des structures de l'ADN. Le premier groupe devait prendre connaissance de quelques pages dans lesquelles l'auteur défendait une vision très déterministe de la pensée humaine, en allant jusqu'à conclure que les individus ne sont qu'un « paquet de neurones ». Le second groupe était confronté à un passage beaucoup plus neutre du même livre. On proposait ensuite à chacun des groupes un jeu où il était possible de tricher ; dans ces conditions, le premier groupe se montra significativement plus enclin à frauder. Ce résultat pourrait sembler anecdotique, mais il a été reproduit plusieurs fois. Baumeister, Masicampo et DeWall ont, en effet, montré que la lecture de textes déterministes facilitait les tendances à l'agressivité et altérait le sentiment de compassion et la volonté d'aider autrui.

Ces récits, s'ils amplifient l'inégalité des espoirs, n'établissent pourtant pas des règles d'airain indépassables. Aucun sociologue, quelle que soit sa sensibilité programmatique, ne doute de l'influence que l'environnement social peut avoir sur un individu mais tous n'acceptent pas la vision forte que s'en faisait Pierre Bourdieu pour qui l'habitus représentait les déterminations collectives qui s'inscrivent sous une forme inconsciente et hors d'atteinte de la volonté des sujets. En somme, l'esprit humain serait gouverné par des mécanismes causals aveugles, par « une forme de pouvoir qui s'exerce sur les corps en s'appuyant sur des prédispositions préalablement constituées qu'il déclenche comme des ressorts », comme l'exprime lui-même l'ancien professeur du Collège de France dans de nombreux textes.

Des études sur la réalité virtuelle autorisent à revisiter ce concept clé de la sociologie. Le but des chercheurs qui les ont produites n'était pourtant pas de contrarier les mânes de Bourdieu. La découverte de ce qu'ils ont nommé l'*effet Proteus* est, cependant, de nature à nous faire réfléchir sur les interprétations *sociologisantes* trop simplistes. L'effet tire son nom du dieu métamorphe Protée, qui a fourni un radical en latin à l'origine du terme *protéiforme*. De quoi s'agit-il ? Il a été découvert, en 2007, par Nick Yee et Jeremy Bailenson, deux chercheurs de l'université de Stanford. Ils se sont demandé si la forme des avatars choisis dans un monde de réalité virtuelle pouvait modifier certaines de nos dispositions ? Pêle-mêle, les deux chercheurs ont constaté que, selon l'apparence physique choisie, ou même la taille de l'avatar, les conduites sociales étaient différentes. Ainsi un sujet incarné par un avatar séduisant avait-il tendance à se rapprocher physiquement plus des autres avatars dans le monde virtuel qu'il ne le faisait avec un autre type d'identité. Plus intéressant encore, dans des jeux qui consistaient à se partager une part d'argent, la somme que chacun s'attribuait avait tendance à être proportionnelle à la taille de l'alter ego numérique. Les avatars plus petits toléraient plus facilement des partages déloyaux en leur défaveur.

Cet effet prend un tour plus étonnant encore si l'on endosse l'apparence d'un génie comme Léonard de Vinci. En effet, une étude collective a montré que lorsque les sujets volontaires pour s'immerger dans le monde virtuel prenaient l'apparence de Léonard de Vinci, ils manifestaient de façon évidente de meilleures capacités créatives et d'innovation ! Anatole Lecuyer, chercheur à l'Inria, a justement participé à cette étude et revient lors d'une conférence TedX donnée en 2021 sur un effet Proteus assez similaire. Cette fois, il était proposé d'incarner le célèbre physicien Albert Einstein. On constate alors que les sujets de l'expérience augmentaient notablement leurs capacités à résoudre des énigmes et toutes sortes de tâches cognitives... Comme si le fait d'incarner un génie vous rendait plus intelligent.

La réalité virtuelle a aussi été convoquée pour évaluer la modification des stéréotypes dans un monde alternatif. Plusieurs recherches ont montré que, lorsque des sujets d'expérience dans le métavers intégraient un corps différent, du point de vue du genre, de l'ethnie aussi bien que de l'âge, les préjugés associés à ces caractéristiques avaient tendance à s'effacer très significativement.

Plutôt que d'en avoir une interprétation magique, on peut sans doute comprendre l'effet Proteus comme l'intégration des attentes sociales réciproques qui sont liées à une apparence et aux stéréotypes qui s'y attachent. Mais la possibilité même de cet effet devrait aussi nous faire envisager que les processus de socialisation qui ont précisément inscrit certaines dispositions dans notre personnalité ne ressemblent certainement pas à des ressorts qui s'imposeraient à nous sans que nous puissions y faire grand-chose.

Le caractère instantané des modifications des choix et des préférences des sujets de l'effet Proteus montre l'existence d'une grande plasticité identitaire. Celle-ci place les individus au carrefour des possibles, plutôt que dans un imaginaire champ électromagnétique où ils ne seraient que de la limaille de fer.

C'est une autre façon de constater que les récits que nous nous faisons sur nous-mêmes peuvent être déterminants : la bonne nouvelle est qu'ils ne le sont peut-être pas comme le carcan qu'ont imaginé les défenseurs d'une certaine vulgate sociologique. Ils exercent une influence sur notre parcours parce qu'ils affectent notre cognition et pour cette même raison nous pouvons avoir avec eux un rapport stratégique et plastique. C'est peut-être la source principale à laquelle devrait s'alimenter la légitimité renouvelée de la notion de mérite.

Sans cette fiction régulatrice, le risque est grand de tomber dans un fatalisme social paralysant, où les individus cessent d'espérer et d'agir, convaincus que leurs destins sont déjà écrits. La fiction méritocratique, malgré ses imperfections et ses limites pratiques, conserve cette vertu fondamentale de maintenir ouvert l'horizon des possibles et de stimuler les individus à dépasser leurs conditions initiales. Ainsi la France de 2040 devra-t-elle poursuivre un idéal méritocratique rénové, conscient des déterminismes sociaux mais refusant de s'y soumettre totalement. En combinant une reconnaissance honnête des inégalités réelles avec une valorisation constante de l'effort individuel et du talent personnel, nous pouvons espérer construire une société qui, loin de renoncer à l'idéal républicain du mérite, saura lui donner une nouvelle vitalité, porteuse d'espoir et d'action pour tous ses citoyens.

Sociologue, **Gérald Bronner**
est membre de l'Académie des technologies
et ses travaux portent particulièrement
sur les croyances collectives et les biais cognitifs.

Le leadership mondial des entreprises françaises en matière de responsabilité sociale

AGATHE CAGÉ

2040 : du fait des tensions géopolitiques globales, de la concurrence accrue pour l'utilisation de ressources limitées, du dépassement des neuf limites planétaires, des dynamiques de délitement démocratique et social et de la polarisation des sociétés civiles, les entreprises évoluent depuis plus d'une décennie sous pression constante.

Dans cet environnement dégradé, la performance des entreprises françaises est saluée. Elles tirent leur force du leadership mondial qu'elles ont acquis en matière de responsabilité sociale. En faisant preuve d'agilité de pensée et d'action et en intégrant les enjeux de responsabilité sociale au cœur de leurs stratégies et de leurs modèles d'affaires, les entreprises françaises ont créé un nouveau multiplicateur de valeur. Leur valeur sociale et leur valeur environnementale sont des vecteurs de puissance de leur valeur économique et financière. Innovantes par choix dans leurs relations aux écosystèmes et aux territoires, structurellement résilientes, en phase avec les aspirations des salariés et plus largement de leurs parties prenantes, elles parviennent méthodiquement à avoir plusieurs coups d'avance sur la concurrence dans des économies où la capacité d'anticipation et d'adaptation est un facteur clé.

Un leadership dans la mutation des modèles d'affaires

En 2027, conformément à une décision prise six ans auparavant, les Laboratoires Expanscience mettent fin à la commercialisation des lingettes jetables pour bébés Mustela, marché en pleine croissance qui représentait jusqu'ici 20 % de leur chiffre d'affaires en France (et 2 % à l'international). Le groupe pharmaceutique et dermo-cosmétique français prend ainsi un virage serré avec douceur. Le temps long de la mise en œuvre de sa décision stratégique lui a laissé le contrôle sur les conséquences de ce renoncement. Il ne s'agit pas d'une perte de marché mais d'un repositionnement fait au nom du futur des hommes et de la planète. Les Laboratoires Expanscience produisent désormais de la valeur ailleurs ; leurs nouvelles offres ont rencontré ou créé des marchés. Pendant que le groupe français conçoit des produits non seulement innovants mais également en phase avec les défis du futur, ses anciens concurrents continuent de vendre des lingettes jetables pour bébés comme si ce marché allait rester indéfiniment hermétique aux enjeux de protection de la santé globale (One Health) et aux évolutions des exigences des parties prenantes.

Intégrer la durabilité dans l'équation stratégique ne revient pas seulement à prendre soin de préserver l'intégrité des écosystèmes. Cela participe aussi pour l'entreprise de sa capacité à s'assurer une activité dans le futur en assumant à court terme une responsabilité de l'offre sur la demande. La mutation du modèle d'affaire est un levier, entre autres, pour garantir la pérennité d'une activité. C'est un défi conduisant à se concentrer sur la création et la conquête de nouveaux marchés alignés avec sa raison d'être pendant que certains concurrents restent focalisés sur l'exploitation d'un marché condamné à plus ou moins brève échéance du fait de ses impacts négatifs. Au risque pour ces derniers d'être dépassés au moment de prendre à leur tour le virage, sous pression économique, réglementaire ou activiste, ou du fait de la disparition de leurs ressources de production.

Les entreprises françaises tirent parti d'une capacité à très haute valeur ajoutée lorsqu'elles font le choix d'assumer pleinement leur responsabilité sociale : transformer un renoncement en une impulsion et une opportunité. La dynamique, initiée dans la période pré-Covid par quelques précurseurs, s'étend ensuite à de nouveaux acteurs et secteurs, et s'accélère à la fin de la décennie 2020. Les modèles économiques de production sont complétés par des modèles de location et des offres de service qui élargissent les segments de clientèle ; le service de réparation des sneakers proposé depuis 2020 par Veja répare les baskets vendues par la marque française mais aussi celles achetées auprès d'autres marques. Des entreprises interrogent leur stratégie de performance. Dans les secteurs de la gestion, de la production et de la distribution de ressources, elles passent d'une logique de volume à une logique de fourniture de solutions et de préservation des ressources. Renverser les logiques traditionnelles est un vecteur d'innovation et de redynamisation de la performance à long terme. Même si les nouveaux modèles prennent du temps à s'imposer (ça a été le cas pour l'énergéticien français Engie), ils font souvent la différence après quelques années. Il ne faut par ailleurs pas s'y tromper. Certains modèles d'économie de la fonctionnalité et d'économie circulaire reposent sur des innovations technologiques de pointe. C'est ainsi une filière mondiale pour la collecte et le recyclage de poêles et de casseroles, appuyée sur le dépôt de trois brevets, que le groupe français SEB, numéro un mondial dans le domaine du petit équipement domestique, a lancée en janvier 2025.

Bien évidemment, la mutation d'un modèle d'affaires, lorsqu'elle entraîne un renoncement à la mise sur le marché de certains produits et services ou un ralentissement de celle-ci, n'est réalisable que si elle reçoit l'adhésion de l'actionnariat. La disposition de l'actionnariat à accepter, ou non, de prendre en compte le paramètre « avenir » dans ses exigences vis-à-vis des entreprises matures détermine le champ des possibles de l'évolution des modèles. L'économie du deuxième quart du XXIe siècle n'est toutefois pas celle du début du siècle. Les entreprises ont aujourd'hui autant qu'hier besoin de visibilité pour se projeter, investir et parier sur le développement réussi d'innovations, mais il n'y a plus de visibilité réelle qui n'intègre les problématiques relatives à l'impact social, à l'empreinte territoriale, à la protection de la santé globale, à la préservation des ressources et aux limites planétaires. Si l'intégration du paramètre « avenir » limite le plus souvent la rémunération du capital à court terme, elle contribue à la consolidation des grands groupes à moyen et long terme tant ce paramètre constitue une invitation à la créativité, à la transformation, à faire émerger les industries, les produits, les services de demain. Tant il constitue, autrement dit, un accélérateur de vision stratégique.

Le paramètre « avenir » est aussi pour une entreprise un formidable levier pour renforcer sa puissance de marque, et ce pour deux raisons principales. Son intégration dans l'équation stratégique de l'entreprise constitue tout d'abord, pour les parties prenantes, une garantie de la sincérité des engagements pris à court terme par l'entreprise dans les différents volets de sa politique de responsabilité sociale (préservation des écosystèmes, neutralité carbone, diversité et inclusion, bien-être des employés, respect des droits fondamentaux, etc.). Cette garantie pèse lourd dans un contexte où transparence, probité et démonstration concrète du respect des engagements sont des facteurs de plus en plus différenciants pour les marques. Deuxièmement, le paramètre « avenir » appelle à penser au-delà des modèles traditionnels de production de biens et de services et, par conséquent, constitue une incitation à élargir l'horizon de ce que l'entreprise peut apporter à ses clients. Or les marques les plus puissantes sont justement désormais celles qui se positionnent au-delà de la vente de produits et services, et investissent dans la création d'écosystèmes globaux de satisfaction des besoins.

Un leadership dans le renouveau des marques employeurs

Le leadership mondial que les entreprises françaises ont acquis en 2040 en matière de politique de responsabilité sociale est également fondé sur le renforcement de leur attractivité en tant que marques employeurs dans un contexte marqué jusqu'au début de la décennie 2030 par une situation concurrentielle forte du fait des équilibres démographiques.

Le triptyque des transformations (en cours et à venir dans les prochaines années) de la relation de travail au sein des entreprises est plutôt bien connu. Tout d'abord, les salariés expriment, toutes générations confondues, de nouvelles aspirations qui prennent la forme d'une vigilance croissante quant aux équilibres entre vie personnelle et vie professionnelle, d'une recherche accrue de sens et d'une attention soutenue à leur bien-être au sein des organisations. Deuxième dimension du triptyque, les collectifs professionnels doivent se réinventer en permanence pour continuer à créer du commun malgré les forces de fragmentation que représentent la plateformisation du travail, le développement de la pluriactivité et, là où il est pratiqué, le travail à distance. Enfin, l'accélération de la dynamique de polarisation des emplois du fait de la diffusion des technologies d'intelligence artificielle et les profondes transformations des métiers provoquées par celle-ci fragilisent les parcours de carrière (et par rebond les parcours de vie), et rendent indispensables de nouvelles formes de protection des collaborateurs et anciens collaborateurs des entreprises.

Les entreprises françaises tirent pleinement partie de la productivité de leurs salariés, qui est parmi les plus élevées au monde même si sa croissance a connu une phase de ralentissement après la pandémie de Covid-19. En France, la productivité horaire a augmenté de 2,5 % en moyenne annuelle entre 1890 et 2022, soit plus que le PIB par habitant qui a, lui, progressé de 1,8 %. Les infrastructures remarquables du pays, la qualité de ses filières de formation, ses savoir-faire d'exception sont autant d'atouts dont les entreprises tirent avantage depuis toujours. En y associant une politique de responsabilité sociale élargie à la qualité de vie globale des collaborateurs et de leurs familles, c'est-à-dire attentive à leur accès à un logement, des transports, des loisirs, des conditions de santé et d'alimentation de qualité, elles se protègent en partie du fort manque d'engagement des employés que l'on observe au niveau mondial.

Moins d'un employé sur quatre se déclarait véritablement engagé en 2024 selon le *State of the Global Workplace Report* de Gallup. La même année, le groupe français Michelin instaurait un socle universel de protection sociale et un salaire décent (correspondant aux standards de l'ONG Fair Wage Network) pour l'ensemble de ses salariés mondiaux permettant de subvenir aux besoins d'une famille de quatre personnes et de constituer une épargne de précaution. Deux groupes français l'avaient précédé en ce sens : Danone et L'Oréal, qui a appliqué la mesure à ses salariés à partir de 2020 et annoncé l'appliquer aux employés de ses fournisseurs stratégiques à partir de 2030.

Assumer une responsabilité élargie vis-à-vis de ses collaborateurs est un indicateur d'autant plus fort de la qualité de sa marque employeur que les nouvelles relations au travail, caractérisées par l'essor de la pluriactivité et l'attachement à préserver la vie personnelle, rendent anachroniques les rétributions symboliques et matérielles directement associées au lieu d'exercice de celui-ci. Les multinationales américaines qui investissent à nouveau dans le confort des bureaux pour mettre fin au télétravail, après avoir inventé les environnements professionnels divertissants intégrant poufs, *baby-foot* et consoles dernier cri des années 2000 et 2010, ont cette fois un temps de retard. Donner un aspect « maison » ou *cocooning* au bureau en y autorisant la présence d'animaux domestiques et en y multipliant plantes vertes et canapés, ou offrir à tout moment de la journée des *free lunchs* pour inciter les collaborateurs à rester présents le plus longtemps possible, ne sont plus des leviers efficaces pour lutter contre le *turn-over* et le désengagement quand les salariés construisent leurs équilibres en dehors de leur temps de travail. Leur assurer une qualité de vie globale décente s'appuyant sur une vision élargie de la responsabilité sociale de l'entreprise, si.

Pour attirer et conserver les talents, les entreprises doivent penser du point de vue de leurs collaborateurs. Cela implique de s'attacher à prendre en compte la réalité, la diversité et la complexité de leurs vies, de leurs attentes et de leurs engagements en dehors de l'entreprise. Les politiques de responsabilité sociale qui intègrent la qualité de vie des salariés comme un axe stratégique positionnent les entreprises qui les portent comme des marques employeurs de plus en plus recherchées. L'attention à la qualité de vie globale de ses collaborateurs suppose pour une entreprise de s'engager à la fois en matière de rémunération, de soutien sur le long terme apporté aux salariés, de développement des compétences et d'attention portée aux territoires. Elle contribue à créer de l'attachement à l'entreprise dans un contexte où le désengagement des salariés et l'affaiblissement des liens au travail représentent un coût croissant pour la majorité des sociétés.

Un leadership dans les modèles de redistribution des bénéfices

Troisième champ du leadership mondial gagné par les entreprises françaises en matière de politique de responsabilité sociale : l'innovation dans les mécanismes de partage de la valeur.

Les précurseurs des nouveaux modèles de redistribution des bénéfices sont à la fois nord-américains, suédois, allemands, danois, français, suisses, etc. L'entreprise française Pierre Fabre est détenue à 86 % par une Fondation reconnue d'utilité publique dont Pierre Fabre a fait son légataire universel en 2013, à 9,5 % par ses collaborateurs et à 4,5 % en autocontrôle. En 2019, un quart des titres détenus par la holding familiale française Bureau Vallée est cédé à un fonds de dotation. En 2021, Compagnie Léa Nature crée un fonds de dotation actionnaire. En 2022, le fondateur de Patagonia, l'Américain Yvon Chouinard, annonce transférer 100 % de ses actions avec droit de vote au Patagonia Purpose Trust et 100 % des actions sans droit de vote à l'organisation à but non lucratif Holdfast Collective ; tous les ans, le bénéfice excédentaire de Patagonia est distribué à celle-ci sous forme de dividendes. La Suède, le Danemark, l'Allemagne comptent un millier de fondations actionnaires (dont les fondations Ikea,

Novo Nordisk, Lego, Bosch, etc.) finançant avec les dividendes des entreprises des missions d'intérêt général ; la Suisse plus d'une centaine (dont la fondation Rolex) ; la France seulement encore une poignée.

Si la France reste en marge de la dynamique des fondations actionnaires, notamment du fait de son droit des successions, plusieurs de ses entreprises contribuent à renouveler l'appréhension traditionnelle de la notion de dividendes. En créant un dividende sociétal (le Crédit Mutuel Alliance Fédérale en 2023), un dividende écologique (la MAIF en 2023) ou encore un dividende social (le groupe Ircem en 2024), elles défendent une conception de l'actionnariat qui dépasse les investisseurs en capital. Elles y incluent que la planète et les acteurs de leurs territoires d'implantation contribuent également à l'activité des entreprises, et donc à leur capacité à générer des bénéfices nets. Verser une partie de ceux-ci au profit de la solidarité climatique, de la préservation et de la régénération de la biodiversité (engagement pris par la MAIF), du changement des modèles de production, de l'inclusion bancaire et de grandes causes (engagements pris par le Crédit Mutuel) ou encore d'actions sociales et d'investissements à impact social (engagements pris par l'Ircem), c'est associer dans le partage de la valeur facteurs de production, protection de la planète, responsabilité de solidarité et protection des générations futures.

Les entreprises qui imbriquent ainsi de manière indissociable création de valeur économique, création de valeur sociale et création de valeur environnementale sont les seules à même de contribuer sur le long terme à la résolution des défis globaux. Cette contribution sera d'autant plus attendue si la perspective probable d'un recul à court et moyen terme des champs et capacités d'intervention des États-providences se concrétise. Elle est également rendue essentielle par l'intrication des vulnérabilités économiques, sociales et écologiques qui caractérise désormais l'ensemble de nos sociétés et fragilise tous les modèles de production.

Un leadership dans la structuration de la capacité de résilience

Les entreprises françaises ont enfin, en intégrant les enjeux de responsabilité sociale au cœur de leurs stratégies et de leurs modèles d'affaires, acquis un leadership mondial en matière de résilience. Dans un deuxième quart du XXIe siècle qui devrait vraisemblablement se caractériser par une récurrence des crises et des conflits, la persistance des tensions géopolitiques, la multiplication des incertitudes et les conséquences globales du changement climatique, cette capacité de résilience est un actif d'une valeur inestimable. Elle englobe à la fois l'aptitude à anticiper, à analyser le présent et le futur avec lucidité, à se préparer à l'ensemble des risques et des situations de crise, et à s'adapter. Elle contribue au renforcement des positions en périodes de certitudes comme en périodes d'incertitudes. Elle est un facteur d'adhésion des parties prenantes (salariés, clients, investisseurs, fournisseurs, pouvoirs publics et société civile dans son ensemble) car l'anticipation associée à l'agilité sont des garanties d'une sécurité, d'une stabilité et d'une solidité économique et financière à court terme, à moyen terme comme à long terme.

Les leviers de la résilience des entreprises françaises sont multiples. La sobriété est l'un d'eux. Même avant la pandémie de Covid-19 puis l'invasion de l'Ukraine par la Russie, l'économie européenne se démarquait par son efficacité énergétique : quand en 2017 l'économie américaine utilisait 4,3 mégajoules pour produire un dollar ajusté au pouvoir d'achat, les économies allemande et française en utilisaient respectivement 2,7 et 3,2. À partir de 2022, l'économie européenne a su se découpler en peu de mois des sources d'énergie russes, un découplage symbolisé en février 2025 par la synchronisation du système électrique de la Lituanie, de l'Estonie et de la Lettonie avec celui de l'Europe continentale.

L'ancrage dans les territoires est un deuxième levier de résilience. Lorsque l'entreprise contribue à la cohésion sociale sur ses territoires d'action, lorsqu'elle y assume une responsabilité de solidarité, lorsque les communautés locales sont mises au cœur de son modèle d'approvisionnement et qu'elle entretient et reconstitue les écosystèmes sur lesquels elle s'appuie, elle est plus à même de mobiliser l'ensemble de ses parties prenantes pour surmonter les crises. L'attention aux composantes humaines et naturelles des territoires, la prise en considération des enjeux propres à chacun d'entre eux, est loin de n'être qu'une question d'image pour l'entreprise. Elle est un engagement qui se traduit dans la construction de liens qui peuvent jouer comme autant de filets protecteurs en période d'incertitudes, de difficultés et de tensions.

Être fort sur ses valeurs constitue un troisième pilier de résilience de l'entreprise. Seule la capacité à fédérer l'ensemble des parties prenantes autour de valeurs affirmées permet à l'entreprise de surmonter les crises, quelle que soit l'ampleur ou la durée de celles-ci. Elle seule permet d'assumer une vision du monde tel qu'il est – c'est-à-dire un monde de vulnérabilités – et de construire une stratégie d'entreprise à même d'affronter la complexité du réel. Pour n'en prendre qu'un exemple : lorsqu'une politique de diversité et d'inclusion est portée par conviction par l'entreprise, elle contribue de façon essentielle à la formation d'un collectif résistant aux chocs et soudé par un sentiment d'appartenance commun. Les valeurs sont créatrices de valeur.

L'ambition de faire véritablement la différence

En assumant un leadership dans la mutation des modèles d'affaires, le renouveau des marques employeurs, la conception de modèles inédits de redistribution des bénéfices et la structuration de la capacité de résilience, les entreprises françaises seront en 2040 à la pointe de modèles de responsabilité sociale de référence qui contribueront à leurs hauts niveaux de performance financière, de rentabilité, de compétitivité, d'activité et de confiance dans le futur.

La décennie 2030 sera une décennie où les acquis n'auront que très peu de valeur car très peu d'avenir dès lors qu'ils n'iront pas de pair avec une très grande capacité de résilience permettant de s'adapter en continu aussi bien aux nouveaux enjeux technologiques qu'aux nouveaux équilibres géopolitiques, aux impacts du changement climatique et aux défis sociaux globaux.

En se positionnant comme fers de lance mondiaux de l'innovation en matière de responsabilité sociale, en pensant conjointement les réponses aux enjeux financiers, économiques, sociaux et environnementaux, les entreprises françaises concourront à renouveler le rapport à l'entreprise des salariés et des clients, à construire des espaces protégés dans un monde aux polarisations et conflits exacerbés, à réduire les vulnérabilités globales et, par conséquent, à assurer la pérennité et la rentabilité à long terme de leurs productions de biens, d'expériences et de services.

Haute fonctionnaire et docteure en science politique,
Agathe Cagé a cofondé Compass Label,
agence de conseil en stratégie, innovation
technologique et sociale, et prospective.

Croire dans les services publics

Lucie Castets

La situation des services publics en France est aujourd'hui significativement dégradée. En cause ? Des moyens largement inférieurs aux besoins, des méthodes d'organisation et de gestion à bout de souffle et l'absence d'anticipation planificatrice.

À l'horizon 2040, une amplification de cette dégradation serait porteuse de nombreux risques, à la fois en matière de cohésion sociale du fait de l'édification d'une société à multiples vitesses par des réponses différenciées aux besoins collectifs, au détriment de la majorité de la population, et parce que nous serions incapables de faire face aux crises en cours et à venir.

À l'inverse, il est tout à fait possible d'enrayer cette tendance en adoptant une approche résolument différente : redonner les moyens à la puissance publique de jouer son rôle au service de l'intérêt général et penser nos services publics de manière dynamique, non seulement pour être en mesure de faire face aux crises, mais aussi de saisir les opportunités dont le futur est porteur.

Services publics ou sévices publics en France à l'horizon 2040 ? C'est une affaire de choix politique.

La situation actuelle des services publics : un jeu à somme négative pour la société

Il est désormais communément admis que les services publics ne fonctionnent pas de manière satisfaisante en France : classes sans professeur, délais d'attente extrêmement longs aux urgences et dans les tribunaux, fermetures de lits voire de services entiers dans les hôpitaux, complexification des démarches administratives… Le repli des services publics via la réduction des implantations locales, qui s'observe particulièrement dans les territoires ruraux, en périphéries des grandes villes et ultra-marins, touche tous les domaines (éducation, transports, santé, etc.). Entre 1980 et 2015, le nombre de communes bénéficiant d'une école primaire a reculé de 23 %, d'une maternité de 47 % ou d'une gendarmerie de 12 %[1].

En outre, la numérisation des démarches, qui accompagne ce recul des implantations territoriales, conduit à des ruptures d'accès aux droits, comme le rappelle régulièrement la défenseure des droits, Claire Hédon, dans ses rapports. La dégradation des services publics s'illustre également dans l'allongement des délais, par exemple pour rendre des décisions de justice, ce qui fragilise considérablement la qualité de l'action publique. Le phénomène de non-recours aux services publics et aux droits se développe par ailleurs, par exemple dans le secteur de la santé, où le renoncement aux soins s'accroît, avec des conséquences négatives à la fois pour les populations concernées et pour la société dans son ensemble (des soins reportés aggravent la situation et impliquent des coûts plus importants plus tard).

Cette situation est délétère, non seulement au regard d'impératifs de justice sociale mais aussi dans une perspective d'efficacité collective, y compris sur le plan économique.

Partout, cette dégradation des services publics a des effets néfastes sur la cohésion sociale. Les inégalités sociales et géo-

1. Thibault Courcelle, Ygal Fijalkow et François Taulelle, *Égalité, accessibilité, solidarité : les renoncements de l'État*, Le Bord de l'eau, 2024.

graphiques dans l'accès aux principaux services publics ont en effet connu une augmentation dans tous les secteurs. Faute de moyens suffisants et d'une répartition adaptée, ils sont de moins en moins à même de remplir leur mission de réduction des inégalités dans la société, avec comme premières victimes celles et ceux qui dépendent exclusivement du service public pour répondre à leurs besoins.

S'il peut sembler évident que les services publics ont un rôle fondamental à jouer dans la réduction des inégalités en offrant des services accessibles de manière universelle et à moindre (ou sans) coût, il l'est moins de souligner à quel point des services publics efficaces et performants bénéficient à la société et à l'économie tout entières.

L'existence de services publics fiables et efficaces dans de nombreux secteurs profite très largement et directement à l'ensemble des entreprises dans la conduite de leurs activités quotidiennes. Par exemple, les dépenses dans la formation professionnelle, l'éducation et l'enseignement supérieur permettent aux entreprises de jouir d'une main-d'œuvre qualifiée. Des infrastructures de transport routier et de transports en commun financées par la puissance publique permettent aux entreprises d'échanger des biens et des services.

À l'inverse, la réduction des dépenses publiques affecte négativement les revenus d'une majorité de ménages et d'entreprises et pèse donc sur la vitalité de notre économie dans son ensemble. Le fait de rogner ces dépenses, et en particulier le financement des services publics, peut avoir des effets contre-intuitifs sur l'économie. Ainsi, par exemple, une réduction des budgets alloués aux collectivités territoriales – souvent proposée comme levier aisé de baisse des dépenses publiques – impacte directement la capacité de ces dernières à investir et donc à faire appel aux entreprises via la commande publique : moins de rénovations d'écoles primaires, cela signifie moins d'entreprises du bâtiment qui travaillent, et donc moins de salaires versés, moins d'emplois créés, moins de consommation des ménages, etc.

À l'horizon 2040, rebâtir des services publics qui fonctionnent et répondent à des besoins qui évoluent

L'histoire est cyclique. Avant la Seconde Guerre mondiale, la place de la puissance publique et des services publics n'était pas centrale. Aujourd'hui, ce qui a été défait peut être reconstruit, en veillant toutefois à se garder de toute nostalgie anachronique. La solidité du pacte social, mais aussi les performances économiques françaises à l'horizon 2040, dépendent de notre capacité à rebâtir nos services publics et à en penser le développement non plus comme un pur coût abstrait mais comme un facteur de progrès et de cohésion.

La France, championne du monde des dépenses publiques ?

Cela suppose tout d'abord d'accepter de rentrer dans le détail de ce que signifient de hauts niveaux de dépenses publiques et de prélèvements obligatoires. En effet, on entend souvent que la France serait la « championne du monde » des prélèvements obligatoires et des dépenses publiques. S'arrêter à cette simple affirmation pour en déduire qu'il faut absolument, nécessairement, réduire les uns et les autres n'a aucun sens. Pourquoi ? Car il faut comparer ce qui est comparable et mettre les ordres de grandeur en perspective.

Tout d'abord, observons la question en des termes statiques : il est vrai qu'en France, la part des dépenses publiques est plus élevée que la moyenne européenne (57 % en France en 2023, contre 50 % en moyenne pour la zone euro). Doit-on pour autant en déduire qu'il faut nécessairement se rapprocher de la moyenne en réduisant nos dépenses publiques ? Non, si l'on considère l'ensemble des dépenses (publiques et privées) engagées pour répondre à un besoin donné. Si le système de protection sociale (retraites, santé, etc.) n'était pas financé par la dépense publique via des prélèvements, ce financement devrait être assuré par une multitude de dépenses privées. C'est le cas par exemple aux États-Unis, mais aussi en Allemagne et au Danemark s'agissant de la santé, et cela coûte plus cher aux citoyens quand on considère le total de la dépense engagée, notamment parce que les organismes d'assurance privée présentent des frais de gestion plus importants. Car, quel que soit son mode de financement, le besoin ne disparaît pas : les personnes ne cesseraient pas d'être malades ou de partir à la retraite en l'absence de financement socialisé, pris en charge collectivement.

Ensuite, observons la dynamique : comment évolue la dépense publique ? Contrairement aux idées reçues, la dépense publique n'explose pas. Dans la période récente, si les dépenses publiques augmentent en volume, leur poids par rapport à la richesse produite en France (représentée par le PIB) a tendance à stagner, voire à légèrement diminuer. Elles représentaient 57,9 % du PIB en 2012, 57,7 % en 2017 et 57 % en 2021. Les dépenses publiques augmentent donc moins vite que la production de richesse nationale.

Cette prise de recul sur des chiffres convoqués en permanence, mais de manière parcellaire, dans le débat public, est indispensable[1] si l'on veut être en mesure de penser notre avenir collectif, et de concevoir « une suite de l'histoire » qui donne une place centrale à la puissance publique et aux services publics dans les décennies à venir.

Financer nos services publics grâce à une meilleure répartition de l'effort fiscal

Reconstruire ce qui a été déconstruit suppose également de s'en donner les moyens financiers, notamment grâce à une meilleure répartition de l'effort fiscal. Les lacunes de notre système fiscal sont nombreuses et bien documentées. On sait en particulier qu'il est faiblement redistributif, voire antiredistributif, pour les ménages les plus aisés et pour les plus grandes entreprises. Cela s'explique par le fait que les uns comme les autres peuvent bénéficier de dispositifs dérogatoires qui permettent de minimiser le montant d'impôts acquittés, de sorte qu'ils paient en proportion de leurs revenus moins que, respectivement, les classes moyennes et les plus petites entreprises.

1. Pour plus de détails, voir l'ouvrage de Lucie Castets, *Où sont passés nos milliards*, Éditions du Seuil, 2025.

À cela s'ajoute une distorsion entre la fiscalité sur le travail d'une part, et le capital d'autre part, au bénéfice du second. Cela explique que les foyers les plus riches, dont l'enrichissement repose principalement sur les revenus du capital alors que la majorité de la population dépend de son salaire, voient leurs revenus augmenter bien plus vite que les autres. Ainsi une étude du ministère des finances (DGFIP) publiée en janvier 2025[1] montre-t-elle que les 0,1 % des foyers les plus riches ont vu leurs revenus augmenter de 119 % depuis 2003, les 0,9 % suivants ont enregistré une hausse de 79 %, contre 39 % seulement pour les 90 % restants, soit la très vaste majorité des foyers français.

Dans ce contexte, il est nécessaire de repenser notre système fiscal, pour le rendre plus lisible et plus juste, mais aussi pour accroître les recettes collectées. Pour donner une idée des ordres de grandeur en jeu, on peut mentionner le calcul de la Cour des comptes[2] qui évalue à plus de 60 milliards d'euros annuels les pertes de recettes imputables aux suppressions et réductions d'impôts décidées depuis l'élection d'Emmanuel Macron. On peut également citer les travaux de l'économiste Gabriel Zucman, qui a calculé que l'introduction d'un impôt minimal sur le revenu des 1 800 foyers les plus riches (possédant plus de 100 millions d'euros de patrimoine) égal à 2 % de la valeur de leur patrimoine permettrait de rapporter à l'État français environ 20 milliards d'euros de recettes fiscales annuelles supplémentaires. La réforme de l'impôt sur le revenu proposée par le Nouveau Front populaire dans le cadre des discussions budgétaires de l'hiver 2024, qui conduisait à mieux partager l'effort en ajoutant des tranches et en préservant neuf ménages sur dix de toute augmentation, permettait de dégager plus de 3,5 milliards d'euros. En outre, la suppression des exonérations de cotisation employeur à la branche famille et santé de la Sécurité

---

1. « Revenus et patrimoine des foyers les plus aisés en France », *DGFiP Analyses*, n° 8, janvier 2025.

2. Cour des comptes, *La situation et les perspectives des finances publiques*, juillet 2024.

sociale pour les salaires supérieurs à deux SMIC permettrait de rapporter, en année pleine, de l'ordre de 8 milliards d'euros. Il faut mettre ces montants au regard de ce qu'ils pourraient financer en matière d'action publique : à titre indicatif, le budget du ministère de la Justice est aujourd'hui de l'ordre de 10 milliards d'euros, celui de l'Enseignement supérieur de 18,5 milliards d'euros. Une réforme fiscale intelligemment pensée permettrait ainsi de (re)financer des pans entiers de l'action publique.

Que se passera-t-il si nous ne menons pas ce type de réforme à l'horizon 2040 ? Nous continuerons de nous confronter à une équation mortifère : l'austérité appelle l'austérité, nous devrons encore et toujours arbitrer entre des dégradations dans les différents services publics et le sentiment d'adhésion au pacte social s'en trouvera d'autant plus affaibli. À l'inverse, une grande réforme fiscale permettra non seulement de dégager davantage de ressources pour financer nos services publics, mais aussi d'améliorer le consentement à l'impôt de la population, fortement érodé ces dernières années, avec le sentiment généralisé que l'on paie toujours plus pour avoir toujours moins.

Restaurer l'existant, développer de nouveaux services publics et se donner les moyens d'une régulation robuste et cohérente sur le temps long

Bâtir une économie plus adaptée aux défis des décennies à venir implique des institutions et des services publics solides. Préparer l'avenir – notamment les transitions écologique, démographique, économique et démocratique – pour assurer la cohésion sociale et l'efficacité économique à l'horizon 2040 suppose à la fois de restaurer ce qui a été progressivement affaibli, et aussi de créer de nouveaux services publics et de nouvelles manières de les administrer.

Améliorer l'existant ne signifie pas chercher coûte que coûte à reproduire à l'identique un état antérieur, fantasmé, des choses. Il nous faut bien entendu nous attaquer aux grandes difficultés qui font aujourd'hui le quotidien de nos services publics (non-recours, recul des implantations locales, allongement des délais, complexification des démarches, etc.). Mais il faut aussi repenser en profondeur la mission et la mise en œuvre de nos services publics traditionnels, à l'aune de l'évolution de nos besoins : comment s'assurer que l'école joue un rôle émancipateur et valorise les capacités de chacune et chacun sans conduire à une hiérarchisation étouffante des individus dès leur plus jeune âge et souvent en fonction de leur origine sociale ? Comment faire en sorte que le service public de santé gagne en cohérence dans la coordination des soins, de la prévention au traitement, entre médecine de ville et milieu hospitalier ? Comment garantir que les effectifs de police ou de justice sont le mieux alloués pour tenir compte des besoins de la société, par exemple en matière de violences contre les femmes ou de justice civile ? Répondre à ces questions est un enjeu non seulement d'efficacité de nos services publics, mais aussi de bonne allocation de nos finances publiques et de la restauration du consentement à l'impôt. La réponse passe par un renforcement des moyens alloués aux services publics mais aussi par une évolution des méthodes de l'administration, notamment en associant davantage les praticiens des services publics du terrain et du quotidien, ainsi que leurs usagers citoyens.

Au-delà du renforcement des services publics existants, il est indispensable de s'interroger constamment sur les rôles respectifs des secteurs public et privé pour répondre à l'évolution des besoins sociaux. Il y a des secteurs où il est justifié d'exclure le marché pour proposer une prise en charge socialisée, collective, de la réponse aux besoins. Ainsi des domaines dans lesquels la vulnérabilité des publics concernés peut rendre intolérable une prise en charge par des entités qui n'ont pas pour finalité principale le service de l'intérêt général ; c'est le cas de l'accueil de la petite enfance et de la prise en charge du grand âge.

Il nous faut par ailleurs régulièrement nous poser la question de la pertinence du périmètre des services publics, à l'aune de l'évolution de nos besoins collectifs. Les évolutions environnementales et technologiques peuvent nous conduire à envisager la création de nouveaux services publics. Par exemple dans le domaine du numérique, il serait particulièrement utile de développer un outil public d'hébergement de données, notamment de santé, pour rapatrier celles dont le stockage est aujourd'hui assuré par des entreprises privées, pour certaines à l'étranger.

En outre, la crise écologique étant globale, elle impose un dépassement assumé des solutions fragmentées et des logiques de marché, au profit d'une approche coordonnée, portée par une puissance publique renforcée, mieux financée et outillée. On sait par exemple que certains secteurs ne se développent pas, ou pas suffisamment, sans impulsion publique décorrélée des impératifs de rentabilité de court terme. Notre capacité à élaborer et mettre en œuvre une stratégie de planification économique et industrielle permettant de valoriser la compétitivité (en particulier hors prix) de notre tissu productif et de services en dépend. Cela implique de pouvoir s'appuyer sur une fonction publique bien formée et qui jouit des moyens nécessaires, dont on assume collectivement la fonction principale : être au service de l'intérêt général, protégée de l'influence des intérêts particuliers. Cela ne revient pas à dire que le statut de la fonction publique ne doit jamais évoluer, mais qu'il doit être préservé dans sa vocation première.

Enfin, il nous faut saisir l'opportunité du déploiement d'un État stratège « 2.0 » pour opérer une bifurcation dans la posture étatique. L'interventionnisme économique doit être conçu pour bénéficier à la majorité, en donnant à la puissance publique au sens large (État, collectivités mais aussi Union européenne) un rôle non plus seulement d'agencement – parfois passif – des intérêts économiques (par exemple en se bornant à protéger les conditions d'une concurrence maximale entre acteurs privés) mais aussi de garant de la place des citoyens dans les processus décisionnels. Autrement dit, nous pouvons faire de l'organisation de la transition écologique un grand moment de reconquête démocratique.

Concrètement, outre la réforme fiscale de grande ampleur déjà évoquée plus haut qui devra être élaborée et conduite de manière à susciter l'adhésion du plus grand nombre[1], cela suppose d'imaginer des outils permettant à la puissance publique de jouer pleinement un rôle planificateur et orchestrateur des activités économiques et marchandes, sous contrôle démocratique. Le renforcement de la participation citoyenne pourrait être nourri d'un déploiement plus large de l'enseignement des sciences économiques et sociales dès le plus jeune âge et par l'instauration plus systématique de mécanismes participatifs authentiques[2] pour améliorer l'adhésion aux décisions publiques.

Des marges de manœuvre budgétaires existent pour remettre les services publics au cœur de notre pacte social d'ici 2040, et même avant. Non seulement parce qu'ils sont le patrimoine de ceux qui n'en ont pas et devraient jouer un rôle puissant en faveur de la réduction des inégalités ; non seulement parce qu'ils sont un rouage central de notre vitalité économique et démocratique ; mais aussi, plus largement, parce qu'ils sont au cœur de notre histoire contemporaine et revêtent une dimension quasi civilisationnelle.

À cet égard, croire en nos services publics fournit une réponse positive à la demande de réinvestissement identitaire et culturel, loin des passions tristes et des paniques morales si souvent agitées par l'extrême droite et ses alliés ces dernières années. Et l'une des nombreuses réponses pour penser un changement de modèle, face aux impasses sociales et environnementales du capitalisme.

Haute fonctionnaire, **Lucie Castets**
est cofondatrice du collectif Nos services publics,
consacré à la défense du service public.

1. Des études ont montré que la transparence fiscale et des outils interactifs comme les calculateurs d'impôts personnalisés augmentent la perception de l'équité et l'adhésion des citoyens aux politiques fiscales.

2. Dans des contextes de faible confiance institutionnelle, les campagnes d'information et de participation doivent aller au-delà de la simple communication descendante et donner lieu à une prise en compte effective des remontées, faute de quoi elles sont perçues comme de simples opérations de communication visant à légitimer l'action d'un gouvernement.

Les dérives de l'influence

ARTHUR DELAPORTE

Minuit quarante-trois, mardi 23 avril 2040. Marguerite scrollait sur son iPhone depuis un certain temps déjà. Les vidéos « food » alternaient avec celles d'influenceurs *lifestyle* à un rythme effréné. C'était son rituel quotidien. Harassée par sa journée de visioconférences et de relecture de mails prérédigés par l'intelligence artificielle (IA), elle s'adonnait elle-même, avant de tenter de trouver le sommeil, à ce défilement mécanique et infini de vidéos courtes ou de vidéos en direct sur son réseau social préféré. Parfois, elle achetait en un tapotement de doigt un produit dont un ou une influenceuse faisait la promotion.

La semaine dernière, elle avait eu la surprise de voir que les délicieuses fraises de Plougastel, commandées la veille sur le *livestream* d'Antoin2Ploog qui vantait la qualité de ses produits, à peine cueillis et presque bio disait-il, étaient arrivées quasiment toutes moisies. Elle avait tenté une réclamation auprès du réseau social qui lui avait répondu que si elle estimait qu'il s'agissait d'un problème de conditionnement ou de transport elle devait solliciter le chat IA de réclamation de BetaMobility, la filiale de transport logistique du réseau social chargée d'acheminer, avec ses 11 super-entrepôts disséminés aux quatre coins de la France, ses centaines de camions électriques et ses milliers de livreurs autoentrepreneurs, les produits dans le délai le plus court possible. Une dizaine d'heures suffisaient généralement.

À moins que les fraises abîmées ne l'aient été du fait du prodfluenceur et, dans ce cas, elle devait le contacter directement. Lasse, elle avait abandonné toute velléité de remboursement. Après tout, avec le code de réduction promotionnel de 50 % pour toute première commande faite à Antoin2Ploog, prodfluenceur depuis six ans maintenant dont les avis étaient bons dans l'ensemble, elle n'en avait eu que pour 2,99 euros la barquette.

Antoin Quellec s'était lancé en 2034 dans le digital business. Le marché de la fraise de Plougastel était concurrencé par les fraises géantes d'Israël dont raffolaient les influenceurs crypto dubaïotes. Les prodfluenceurs n'étaient alors pas si nombreux en France, ce néologisme contractant producteur et influenceur avait été popularisé en 2029 grâce à l'explosion des prodfluenceurs pâtissiers à domicile. En Chine, cela avait permis par exemple dès le milieu des années 2020 à ces femmes « influenceuses de la mer », qui autrefois vendaient leurs crabes issus de la pêche du jour sur les quais des petits ports en hélant le chaland, de trouver de nouveaux débouchés dans les grandes métropoles. Grâce aux réseaux sociaux et à l'algorithme de Douyin, l'équivalent chinois de TikTok, on pouvait désormais toucher une clientèle éloignée pour écouler en direct dans des livestream les magnifiques calamars de Zhoushan. L'algorithme mettait spontanément en relation une demande virtuelle potentielle et une offre bien réelle. Les vendeuses de crustacés aux quelques dizaines de milliers d'abonnés n'étaient pas les seules à surfer sur la transformation des méthodes de chalandise : dès 2025, en Chine, un quart des achats en ligne se faisaient lors de diffusions en direct.

En Europe, il avait fallu attendre 2028 pour que l'Union se dote enfin, via le Digital Fairness Act (DFA), d'un mécanisme commun de régulation de l'influence commerciale à l'échelle continentale. La France avait été la première, suivie par l'Espagne, puis le Danemark, l'Italie, la Belgique…, à tenter de réguler en 2023 l'influence commerciale. Elle imposait à celles et ceux qui utilisaient leur notoriété afin de faire de la publicité contre rémunération de le déclarer effectivement, y compris lorsqu'il s'agissait d'un avantage en nature. Au début, certains avaient tenté de passer entre les larges mailles du filet de la direction générale de la concurrence, de la consommation et de la répression des fraudes. Mais, petit à petit, les marques avaient pris le pas et comprirent qu'il fallait mieux respecter la règle – pour des enjeux réputationnels notamment – et les citoyens avaient pris l'habitude de voir s'afficher sur les vidéos la mention « collaboration commerciale » indispensable pour éviter la promotion déloyale. Certains « influvoleurs » vendaient jusqu'alors sans vergogne des crèmes dépilatoires dangereuses ou faisaient la promotion de placements financiers crypto aux rendements impossibles et totalement interdits. Que dire encore de ces cliniques illégales de chirurgie esthétique d'où l'on avait plus de chance de ressortir défiguré qu'autre chose… Ils gagnaient, pour les plus « gros », issus souvent de la téléréalité, des sommes dépassant parfois la centaine de milliers d'euros par mois. Leur ostentation avait fait du métier d'influenceur le rêve de métier numéro un des élèves de CM2. Le marché s'était petit à petit assaini, la loi de la République mettant en partie fin à la loi de la jungle, l'influence s'était professionnalisée, les revenus s'étaient dans l'ensemble modérés. Il s'agissait d'ailleurs, pour la plupart des influenceurs, d'un simple et parfois maigre complément de revenus. Il fallait bien sûr constamment réadapter le cadre législatif tant les vendeurs étaient astucieux et toujours à la recherche d'une nouvelle technique pour s'attaquer à un nouveau domaine du quotidien et toucher de nouveaux marchés.

L'influence était partout. Même les petites communes de la vallée de la Roya achetaient à grands frais des campagnes d'influence pour tenter de faire revenir les touristes après les inondations de 2029 qui avaient emporté à nouveau une partie de la route de la vallée. Seule la commune de Saorge, où l'esprit contestataire était mâtiné d'un anticapitalisme primaire, avait refusé de payer 40 000 euros une campagne d'AlexiaOnEarth qui proposait de venir passer une nuit chez l'habitant. On voyait donc ces influenceurs musclés, plus biberonnés aux salles de sport climatisées des buildings du Golfe qu'au plein air – même si l'influenceur Inoxtag avait en 2024 lancé la mode « himalayenne » – escalader maladroitement les sommets, tenter de prendre des selfies avec au loin des loups (rajoutés par IA la plupart du temps)… Les touristes étaient revenus, mais différents. Toujours plus nombreux. Saorge était, malgré elle, devenue onze ans après la catastrophe de 2029 un nouveau Mont-Saint-Michel. À quelques kilomètres, des milliers de jeunes de 7 à 15 ans, suivis par leurs parents, se précipitaient smartphone à la main sur les gravures rupestres du parc national du Mercantour, merveilles pour tenter de toucher les paumes du « sorcier » sur lequel MarKtof, un de leurs influenceurs préférés (qui était à côté de cela une star du porno), avait apposé les siennes deux ans plus tôt. La roche en était presque polie.

L'influence avait même gagné des secteurs non marchands. L'interdiction temporaire et symbolique de quelques réseaux sociaux qui n'agissaient pas assez, aux yeux de la Commission européenne, pour éviter la propagation d'influence politique n'avait pas suffi. Il faut dire qu'à la veille de l'élection présidentielle de 2037, les Russes, mais aussi les Chinois, les Kazakhs, les Américains et même les Hongrois avaient tenté de s'acheter la bienveillance d'influenceurs à l'apparence anodine. Ils glissaient, au milieu d'un conseil *do it yourself* sur la réfection d'une rampe d'escalier d'un corps de ferme défraîchi, ou dans la recette d'un délicieux cupcake à la cerise Napoléon, des propos à caractère politique. Chaque fois le message était le même : il fallait un régime autoritaire pour la France ou tout du moins rétablir les valeurs traditionnelles menacées par la modernité. La Roumanie avait été la première à s'y confronter. Désormais, il n'y avait plus besoin de payer la plateforme pour délivrer le message auprès de la communauté, comme au temps de Cambridge Analytica, l'algorithme faisait le travail de ciblage car l'influenceur avait déjà sa communauté. L'interdiction n'avait bien entendu pas empêché le RN d'accéder au second tour. Sa dynamique avait été néanmoins partiellement enrayée avec la fin de la propagation des fake news les plus virales. Mais 2042 venait vite.

Antoin Quellec s'était donc inscrit dans cette tendance en plein boom de la prodfluence. Au départ, il était le premier des producteurs de Plougastel à se lancer. Antoin2Ploog serait son blaze. Et ça marchait plutôt bien. Après un bachelor en communication digitale dans une école de Brest à 8 500 euros l'année dont il était sorti en 2032, il avait cherché sans succès un travail dans les agences marketing bretonnes. La plupart mettaient la clé sous la porte avec l'arrivée de la communication automatisée par IA : il suffisait de mettre un prompt de quelques lignes, une photo du produit, même de mauvaise qualité, et l'IA faisait tout. Elle régurgitait instantanément une série de contenus et une stratégie adaptés aux différents réseaux sociaux et s'occupait de publier les différentes vidéos ou même, en fonction du budget, de contractualiser avec des influenceurs. Les influenceurs virtuels générés par IA étaient, eux aussi, de plus en plus nombreux et suivis, mais ils continuaient de coexister avec les influenceurs réels. L'économie de l'emploi dans le secteur des services numériques était cependant profondément déstabilisée.

La prodfluence partait d'un constat simple : on ne pourrait pas à court terme remplacer totalement un producteur, de fraises par exemple, par un robot. Antoin avait donc pris la décision de reprendre l'exploitation vieillissante de ses parents, leurs serres et leurs dettes. Avec sa « belle gueule » et souvent accompagné sur ses *lives* quotidiens par Camille, sa compagne, qui travaillait à côté de l'exploitation comme aide à domicile, c'était du 24 heures sur 24. Par son activisme sur les réseaux, Antoin avait pu s'émanciper un peu de la grande distribution et du lien fort qui unissait un grand nombre de maraîchers avec la coopérative Savéol, malmenée par la concurrence internationale. L'algorithme avait fait le reste.

Mais Antoin était constamment à la merci d'un mauvais commentaire, d'un *bad buzz* ou d'une refonte de l'algorithme. Bien sûr il y avait quelque chose d'éreintant dans la dépendance à l'égard de Beta© (qui prélevait 46 % de frais lors de chaque transaction), mais il avait le sentiment de participer à quelque chose et d'être en lien plus direct avec ceux qui mangeaient ses fraises. Il conseillait même à ses clients de les congeler ou d'en faire des conserves (sa vidéo sur la conserve totalisait plusieurs millions de vues, même si son plus grand succès restait la recette de la tartelette), pour pouvoir continuer d'en manger toute l'année. Les revenus liés à ses vidéos lui permettaient de dégager environ 600 euros par mois. Il pouvait tenir lorsque la saison des fraises avait pris fin. Il gardait néanmoins dans un coin de sa tête le souvenir douloureux de son amie Pauline, qui s'était lancée en même temps que lui dans le chou-fleur dans les Côtes-d'Armor et n'avait jamais réussi à vivre correctement, ni de l'influence, ni de sa production. Elle s'était enfermée dans une spirale de vidéos d'abord tristes, puis très vite incitant au suicide. Les journées de stress, quand le compteur de spectateurs sur ses live plafonnait à 40, il se disait que, parfois, il aurait aimé entrer sur le marché du travail dans les années 2020. C'était mieux avant, disait son père. Sous Macron.

Agrégé d'histoire et député du Parti socialiste,
Arthur Delaporte préside en 2025
une commission d'enquête sur les effets
psychologiques de TikTok sur les mineurs.

Quelle santé voulons-nous pour demain ?

Jean-François Delfraissy et Lucie Guimier

Nous assistons, depuis une vingtaine d'années, à de profonds bouleversements dans notre manière de diagnostiquer et de soigner les maladies. Des innovations majeures, à l'image du séquençage du génome humain, des thérapies géniques, de l'utilisation thérapeutique des cellules souches[1] ou encore de l'intelligence artificielle appliquée au diagnostic médical, redéfinissent les frontières du possible dans le champ des connaissances et des pratiques biomédicales. À cela s'ajoutent des découvertes significatives dans le diagnostic précoce et le traitement d'un petit nombre de maladies rares, longtemps restées à la marge des priorités médicales. Ces avancées, porteuses d'espoir mais aussi parfois de craintes, s'inscrivent dans l'émergence d'une médecine dite des « 4P » : une médecine préventive, prédictive, personnalisée et participative, qui accorde au patient la place qui lui revient dans le dispositif de soins. Durant la même période, les progrès en santé publique sont restés plus modestes, tout comme les moyens qui lui ont été alloués.

1. Les cellules souches sont aujourd'hui utilisées dans plusieurs domaines médicaux, notamment pour la régénération de la peau et le traitement de maladies du sang. Par exemple, dans le cas de brûlures graves, des cellules souches épidermiques permettent de régénérer la peau du patient. Le sang de cordon ombilical, riche en cellules souches hématopoïétiques, est quant à lui utilisé pour traiter certaines maladies du sang comme les leucémies ou les anémies.

En modifiant notre rapport au soin, au corps et à la maladie, ces redéfinitions de la pratique et du savoir médical interrogent notre capacité collective à en accompagner les implications éthiques, sociales et politiques.

L'innovation médicale à l'épreuve de l'accès aux soins

Ce qui hier encore relevait de la science-fiction – par exemple les interfaces cerveau-machine – devient aujourd'hui réalisable en laboratoires et parfois même auprès des patients. La génétique, sous ses aspects diagnostiques ou thérapeutiques (ciseaux génétiques CRISPR-Cas9, thérapies géniques), l'immunothérapie ou encore la thérapie cellulaire (notamment les cellules CAR-T), ainsi que les premières perspectives de traitement contre les maladies neurodégénératives telles qu'Alzheimer, ouvrent des espoirs inédits en matière de prévention et de prise en charge. Ces avancées permettent non seulement de mieux vivre avec la maladie, mais offrent également, dans certains cas, de réelles possibilités de guérison. Toutefois, si remarquables que soient ces progrès, ils accentuent certaines lignes de fracture.

Les États-Unis offrent une illustration saisissante de ces tensions : une puissance scientifique de premier plan (en tout cas jusqu'au premier trimestre 2025) capable de produire beaucoup des innovations médicales les plus avancées, mais où l'accès aux soins reste caractérisé par de profondes inégalités.

Le prix faramineux des innovations thérapeutiques représente un autre facteur majeur d'injustices et de questionnements pour l'avenir. Le prix de certains médicaments de dernière génération – notamment en oncologie, en thérapie génique ou dans le domaine des maladies rares – atteint des niveaux inédits, pouvant parfois coûter plusieurs centaines de milliers d'euros par patient et par an, voire plusieurs millions. Cette inflation rend l'innovation inaccessible pour de nombreux systèmes de santé. De plus en plus d'États, y compris dans les pays à revenu élevé, peinent à suivre le rythme des progrès scientifiques faute de moyens budgétaires. Par ailleurs, le prix de ces innovations, souvent sans lien avec leur coût réel de fabrication, apparaît dans bien des cas injustifié. L'industrie pharmaceutique se trouve ainsi à un tournant : elle doit engager sa propre révolution car elle risque de ne plus pouvoir compter sur le soutien financier des États. Cela pose également le problème de la souveraineté de l'Europe face à la domination américaine dans le secteur des biotechnologies.

En d'autres termes, la science avance, mais les capacités collectives à en garantir l'accès commencent à stagner.

Comment réconcilier sciences et société ? Un défi majeur de l'innovation médicale

Le « moment » du Covid-19 a mis en lumière les courants contradictoires qui traversent le champ médical. D'un côté, l'espoir a été permis grâce à une science capable de sauver des vies, de produire des vaccins en un temps record, d'apporter des réponses rapides à une crise inédite. De l'autre, l'expérience vécue, par une partie de la population, d'une médecine inégalitaire, laissant certains sur le seuil du système, sans réponse adaptée à leur réalité, a fragilisé les liens entre les institutions médicales et une partie des citoyens. Malgré cette crise de confiance, les professions médicales et scientifiques conservent une image positive auprès des Français[1].

Ce paradoxe traduit une attente forte à l'égard de celles et ceux qui incarnent la médecine au quotidien : les citoyens ne rejettent bien évidemment pas les soignants, ils demandent à être davantage écoutés, compris, considérés dans la complexité de leurs parcours de vie et de santé. Alors, comment recréer un espace commun où chacun peut se sentir partie prenante des décisions qui touchent à sa santé ?

1. Selon l'édition 2024 de l'étude « Ipsos Global Trustworthiness Index », 66 % des Français déclarent avoir confiance dans les médecins, et 63 % dans les scientifiques, ces professions arrivant en tête du classement.

Il nous faudrait renouer avec l'esprit de la *disputatio* médiévale : un débat ouvert, contradictoire et nourri, où les savoirs ne s'imposent pas mais se confrontent dans le dialogue. Dans le même temps, il serait nécessaire de mieux informer les citoyens sur les coûts réels que représentent les soins, en particulier à l'hôpital, afin de nourrir un rapport plus lucide, mais non culpabilisant, à notre système de santé. Car aujourd'hui, cette dimension économique reste largement opaque, alimentant à la fois les fantasmes d'abus et les malentendus sur la soutenabilité du modèle. Les États généraux de la bioéthique 2026 menés par le Comité consultatif national d'éthique pour les sciences de la vie et de la santé (CCNE) peuvent constituer une belle opportunité de réflexion partagée, dans un contexte de solidarité intergénérationnelle.

Penser la tension entre autonomie et solidarité

C'est dans notre capacité à articuler deux des grandes valeurs chères à la réflexion éthique, l'autonomie et la solidarité, que se joue l'avenir de notre système de santé.

L'autonomie du patient a connu ces dernières années une mise en parenthèse préoccupante. La crise sanitaire a rendu cela encore plus visible : les décisions ont souvent été descendantes, délégitimant l'expression des besoins et des ressentis individuels.

Le principe de solidarité, à l'origine même de notre modèle de protection sociale, est lui aussi mis à l'épreuve. Les logiques assurantielles, gestionnaires, et désormais prédictives, font planer la menace d'une médecine à deux vitesses qui pourrait, à terme, trier les patients, trahissant les fondements éthiques sur lesquels repose la légitimité du pacte social en santé.

Le modèle de protection sociale sur lequel repose notre système de santé a été conçu dans les années 1950-1960, dans un contexte démographique, économique et épidémiologique très différent de celui d'aujourd'hui. Deux faits majeurs viennent en modifier profondément les équilibres : la baisse continue de la natalité, qui fragilise mécaniquement les dispositifs de solidarité intergénérationnelle, ainsi que l'allongement de l'espérance de vie en bonne santé chez les plus âgés, qui redéfinit les besoins en matière de soins. Ce décalage entre les fondements du système et la réalité contemporaine génère des tensions croissantes, notamment sur le financement et l'organisation des soins.

De même, la rhétorique politique qui, sous couvert de responsabilisation, fait peser sur l'individu la charge de sa santé, contribue insidieusement à transformer des droits sociaux en obligations morales. Cette approche diffuse l'idée que l'accès aux soins ne devrait pas être un droit inconditionnel, mais une forme de récompense conditionnée à la conformité des comportements.

Nous sommes là face à une rupture éthique majeure, qui impose de repenser les orientations actuelles pour renouer avec les principes d'égalité et de justice sociale. Cela implique de s'interroger collectivement : quelle société voulons-nous construire à travers notre manière de soigner ?

La médecine en 2040 : quelle vision ?

Quatre sujets impacteront fortement notre système de soins

- Le vieillissement de la population, lié à l'allongement de la durée de vie, est insuffisamment anticipé par notre société et soulève plusieurs questions majeures, notamment celle de la création d'un nouveau système de prise en charge des personnes âgées, plus intégré au reste de la société et différent du modèle actuel centré sur les Ehpad.
- Il faut conserver une solidarité intergénérationnelle avec les plus jeunes mais dans les deux sens. Doit-on continuer de privilégier la prise en charge sans limites des plus anciens alors même que des besoins médicaux dans des populations

plus jeunes ne seront peut-être bientôt plus honorés ? Doit-on continuer de soigner quels que soient l'âge et l'état de santé, à tout prix, sans se préoccuper des conséquences en termes de vulnérabilité (c'est le sujet de l'avis 148 du CCNE[1]) ? Ces dilemmes posent des choix éthiques fondamentaux. Dans ce contexte, il importe de faire preuve de discernement et de ne pas céder à une vision techniciste de la médecine, portée par une utilisation non régulée des technologies émergentes (neurostimulation, organoïdes, etc.) qui pourraient nous entraîner vers une forme de transhumanisme.

- Le troisième point concerne l'organisation du système de soins et la place des médecins, qui vont être fortement impactées par le numérique et l'intelligence artificielle (IA) en santé. Les médecins de première ligne seront aidés par l'IA générative ce qui leur permettra de consacrer davantage de temps à l'humain, mais aussi d'assumer un rôle croissant de régulation face à l'émergence de nouveaux métiers de la santé, appelés à se développer dans les années à venir. Il n'est pas nécessaire d'être médecin pour s'occuper de santé publique. La délégation de tâches doit devenir la règle dans la prise en charge des maladies chroniques. Une nouvelle relation va s'établir entre les patients, qui auront consulté l'IA avant leur rendez-vous médical, et les soignants. Les médecins seront formés plus rapidement, en six ans, recevront également une formation spécifique à ce nouveau rôle de coordination entre les outils numériques et les patients. Les spécialistes seront eux aussi impactés par l'IA et la robotique, avec une génération capable de travailler avec et sans IA, suivie d'une génération qui ne saura peut-être travailler qu'en interaction avec elle, ce qui entraînera une perte progressive de certains savoir-faire manuels ou décisionnels – une évolution tout à fait inédite en médecine.

1. « Avis n° 148 du C.C.N.E. : pour une éthique du progrès médical respectueuse des situations de vulnérabilités », C.C.N.E, 2025.

- Enfin, le quatrième point concerne la recherche biomédicale. Depuis plusieurs années, la France est l'un des pays de l'OCDE qui consacre la part la plus faible de son PIB au financement de la recherche. Les investissements manquent, en particulier pour la recherche en santé et en sciences de la vie, faute de grandes fondations privées qui participent à cet effort de financement comme au Royaume-Uni, aux Pays-Bas ou en Allemagne, sans parler des États-Unis. Le problème est donc clair et largement reconnu par la plupart des experts. Si les politiques ne changent pas de cap dans les prochaines années concernant le financement de la recherche, nous allons droit dans le mur, avec une communauté scientifique en santé appauvrie et un recul régulier dans les classements internationaux. C'est un enjeu majeur, mal connu par les politiques et les citoyens, particulièrement important en France avec un risque clair de déclassement et de perte de souveraineté.

Égalité ou équité ?

Le système de santé français, qui repose sur un modèle d'accès universel aux soins, est paradoxalement marqué par des inégalités socioterritoriales flagrantes. Certains territoires vulnérables cumulent les disparités dans des domaines essentiels comme l'accès aux soins, la scolarité et le logement, posant la question cruciale de la répartition des ressources. Il est évident qu'une réponse strictement égalitaire – répartir les mêmes moyens partout – ne suffit plus. Ce que l'on doit viser, c'est l'équité : concentrer davantage de ressources là où elles sont le plus nécessaires. C'est dans cette approche que réside la possibilité de garantir une véritable justice sociale en santé.

Notre modèle de santé s'appuie encore trop souvent sur une vision centrée sur le soin, au détriment de la prévention. On sait pourtant que les déterminants sociaux – conditions de vie, de travail, environnement, alimentation, accès à l'éducation – influencent davantage la santé que les seuls soins médicaux[1]. Cette réalité impose d'adopter une approche plus transversale où la prévention, l'éducation à la santé et les politiques publiques seraient les piliers d'un système plus juste et plus durable.

Nous aurons sans doute accès, dans une poignée d'années, à des traitements personnalisés pour des maladies rares, à des organes de substitution biogénérés, à des outils de dépistage ultra-précoces, mais cela n'aura de sens que si nous préservons l'essence de la médecine : le lien, l'expérience de l'altérité, la confiance.

La médecine de demain doit inclure les plus vulnérables, rendre les métiers du soin plus attractifs et considérer la relation soignants-soignés comme l'étape centrale du processus thérapeutique. Car c'est dans cette relation d'écoute et de doutes partagés que se joue la capacité à assister la personne dans son parcours de soins en ne se limitant pas à ses données biologiques, à reconnaître sa vulnérabilité et à accompagner ses incertitudes.

Numérique et santé, procréation : où allons-nous ?

Le numérique et les technologies émergentes en santé sont en train de redéfinir significativement notre système de soins, mais nous n'entrevoyons pas encore toutes les implications de cette révolution. Si ces innovations promettent de révolutionner les approches thérapeutiques, elles suscitent également des craintes légitimes. L'une des plus grandes préoccupations à leur sujet est celle de la possible déshumanisation du soin qu'elles peuvent engendrer : comment maintenir la qualité de la relation patient-médecin dans un contexte où les machines,

1. Voir notamment les travaux de Dahlgren et Whitehead (1991) dont le modèle, qui fait référence en santé publique, met en lumière les multiples facteurs qui influencent la santé, au-delà des soins médicaux. Il présente la santé comme le résultat d'une interaction complexe entre les conditions sociales, économiques, environnementales et personnelles. En considérant également l'impact des politiques publiques et les choix de vie individuels, ce modèle invite à considérer la santé dans sa globalité, en intégrant à la fois les inégalités sociales et les facteurs comportementaux.

les algorithmes, et les données prennent de plus en plus de place ?

En parallèle, ces bouleversements portent aussi l'espoir de libérer du temps pour les soignants, en permettant aux médecins de se concentrer davantage sur l'écoute et l'accompagnement, plutôt que sur des tâches techniques et administratives. Mais ces technologies de pointe, notamment en matière de procréation (diagnostic génétique préimplantatoire, modèles d'embryons chez l'animal générés à partir de cellules souches ou blastoïdes pour faire avancer la science[1]), représentent des coûts colossaux. Qui supportera ces dépenses et selon quels critères ces traitements seront-ils accessibles ?

Au-delà de la dimension économique, c'est une question de gouvernance et de démocratie en santé qui se pose : comment garantir un accès équitable à ces innovations, afin qu'elles ne deviennent pas un privilège réservé à une élite bien informée, bien dotée socialement et économiquement ? C'est ici que la régulation devra jouer son rôle, fondamental, pour questionner les usages de ces révolutions techniques et en assurer, si cela est considéré comme nécessaire, une utilisation responsable, respectueuse des principes fondamentaux de l'éthique, et dont l'accès soit pensé comme un droit collectif et non comme une opportunité individuelle réservée aux mieux dotés.

Une vision transversale et citoyenne du système de santé

Les transformations de notre modèle de santé ne viendront pas d'elles-mêmes : elles supposent une volonté politique et sociale sui generis, propre à notre époque et à ses défis. Elles supposent également de réorienter nos priorités collectives. Trop souvent, les politiques de santé ont été construites en aval, comme une réponse aux défaillances ou aux crises, plutôt qu'en amont, dans une logique préventive. Or, les grandes menaces qui nous regardent (crise climatique, pandémies,

1. La création de modèles d'embryons humains est interdite en France.

vieillissement démographique, tensions sociales, etc.) ne pourront être relevées que si la médecine s'extirpe de son cloisonnement technico-scientifique pour s'ouvrir à une vision transversale de la santé.

Le champ médical, avec sa composante particulièrement hiérarchique, a longtemps fonctionné selon une logique d'autorité verticale, où la légitimité reposait essentiellement sur l'expertise technique. Ce modèle, qui alimente la défiance, a atteint ses limites. Cela implique d'élargir notre conception des acteurs du champ biomédical, au-delà des professionnels de santé et des scientifiques, aux élus, chercheurs en sciences humaines et sociales, associations, et évidemment confirmer le rôle des instances de démocratie en santé.

La santé mondiale en danger

La profonde crise que traverse la santé mondiale, dont le récent démantèlement de l'USAID – l'Agence américaine pour le développement international – par l'Administration Trump 2 est l'étape culminante, atteint aujourd'hui un point de bascule. Fondée en 1961, cette institution assurait à elle seule plus de 30 % de l'aide humanitaire mondiale. Ce retrait s'est accompagné d'un désengagement tout aussi préoccupant des États-Unis vis-à-vis d'autres piliers de la santé mondiale : le retrait américain de l'Organisation mondiale de la santé (OMS) – amputant l'institution de 20 % de ses fonds annuels –, le gel d'une grande partie du Fonds mondial de lutte contre le sida, la tuberculose et le paludisme, ainsi que le retrait des financements à l'alliance Gavi pour la vaccination, ont brutalement fragilisé les dispositifs multilatéraux, entraînant un chaos au niveau des équipes de terrain.

Ces décisions menacent de priver des millions de personnes d'un accès vital aux soins, à la nutrition et à des programmes de santé essentiels, notamment dans les pays du Sud. En

Afrique subsaharienne, où l'USAID jouait un rôle central dans la lutte contre le VIH, le risque d'un effondrement sanitaire se précise.

Cette rupture brutale s'inscrit dans un mouvement plus large de désengagement des pays occidentaux vis-à-vis de l'aide publique au développement. Sous les effets couplés de pressions populistes et de politiques austéritaires, plusieurs États, dont la France et des pays membres de l'Union européenne, ont drastiquement réduit leurs budgets dans ce secteur. En 2025, la France a ainsi supprimé un tiers de ses crédits de soutien aux pays les moins avancés, tandis que l'Union européenne prévoit une baisse de 35 % de son aide. Ces choix budgétaires portent des conséquences humaines dramatiques : selon la revue *Nature*, 2,3 millions d'enfants risquent d'être privés de traitement contre la malnutrition aiguë sévère, entraînant près de 370 000 décès supplémentaires chaque année[1].

Alors que les crises sanitaires, climatiques et sociales s'imbriquent toujours davantage, ces coupes font s'effondrer des décennies de progrès en santé mondiale. Même si le modèle d'aide au développement méritait d'être repensé, la brutalité de son démantèlement actuel, sans alternative proposée ni concertation globale, est non seulement inacceptable mais aussi profondément dangereuse. Car négliger les pays les plus fragiles, c'est aussi exposer nos propres sociétés à des crises sanitaires globales qui ne connaissent pas de frontières et dont le Covid-19 a été un cas d'école.

Deux chemins se dessinent aujourd'hui : celui du repli, qui prétend assurer la sécurité des nations les plus riches en laissant de côté le reste du monde ; ou bien celui d'un multilatéralisme refondé, capable de répondre aux défis systémiques de notre époque. C'est ce second chemin, celui d'une solidarité réaffirmée, qu'il nous faut impérativement emprunter, car en matière

1. Saskia Osendarp, Marie Ruel, Emorn Udomkesmalee, Masresha Tessema et Lawrence Haddad, « The Full Lethal Impact of Massive Cuts to International Food Aid », *Nature*, vol. 640 (8057), 2025, pp. 35-37.

de santé mondiale, le sort des uns est inséparable de celui des autres.

Dans le domaine de la santé, la France doit rester une boussole et porter une vision humaniste et renouvelée.

Président du Comité consultatif national d'éthique,
ancien président du Conseil scientifique Covid-19,
Jean-François Delfraissy est infectiologue
et immunologiste de formation,
spécialisé sur le VIH.

Géographe de la santé,
Lucie Guimier est chercheuse associée à l'IRIS,
spécialiste des politiques vaccinales et sanitaires.

La culture en France en 2040 : naufrage ou renaissance ?

Angélique Delorme

Tout a commencé par la décision brutale du gouvernement en 2032 de supprimer le ministère de la Culture, absorbé par le ministère de l'Économie avec un ministre délégué aux Industries créatives et au Tourisme. Étape annoncée par la mainmise de Bercy sur la tutelle du Centre national du cinéma deux ans plus tôt. Ce redécoupage, présenté comme une modernisation nécessaire face à l'essor des plateformes et des musées privés ainsi que des nouveaux modes de consommation, a provoqué un séisme dans le monde culturel.

Ce remaniement s'est opéré via des coupes budgétaires drastiques, qui ont entraîné des réajustements d'activité. La réouverture du Centre Pompidou a été repoussée *sine die*. Le Louvre et le musée d'Orsay ont réduit leurs jours d'ouverture de six à cinq par semaine.

En ces temps contraints, Bercy a remis en question le principe d'inaliénabilité des collections publiques. Désormais, sur le modèle américain du *deaccessioning*, les musées peuvent vendre des œuvres pour acquérir d'autres pièces, financer des travaux ou combler un déficit. Des mécènes peuvent préempter ces œuvres et les remettre en dépôt au musée-vendeur contre des contreparties de visibilité. Le Louvre a vu partir plusieurs toiles emblématiques, certaines exposées à Abu Dhabi et Shanghai. La décision du Conseil d'État en 2038 validant ces cessions a signé la fin d'une exception française.

Ce coup de boutoir au principe séculaire d'inaliénabilité a été pleinement effectif en 2037. Cette même année, une coalition de mécènes privés a pris le contrôle de plusieurs scènes labellisées du spectacle vivant, imposant des critères stricts et écartant toute œuvre perçue comme trop « engagée ». En réaction, une nouvelle vague d'artistes s'est organisée en réseaux parallèles, multipliant les performances sauvages et les créations hors circuits traditionnels.

Ce désengagement public et ce mouvement massif de privatisation, masquée ou assumée, ont fait naître un mouvement contestataire : les « Non-Essentiels », en référence à la période du Covid où la culture avait été reléguée au rang d'activité superflue et où les rayons des hypermarchés exposant des livres avaient été condamnés par des rubalises. Leur symbole : des couvertures de survie dorées, qu'ils portent comme des capes et dont ils recouvrent certaines œuvres. Ce mouvement a gagné en ampleur, fédérant des figures culturelles de premier plan. Certains établissements comme le musée du quai Branly et le Théâtre national de Strasbourg ont tenté d'organiser une résistance institutionnelle, proposant des modèles alternatifs de financement inspirés des coopératives scandinaves. Mais face aux pressions financières, cette opposition s'est rapidement trouvée en difficulté.

L'art est devenu un terrain d'exacerbation des fractures idéologiques. D'un côté, les partisans d'une culture « classique » prônent un art débarrassé de toute influence militante. De l'autre, ceux qui considèrent que la culture ne peut être neutre. Ce clivage a conduit à des conflits visibles : annulations de spectacles, sabotages d'expositions et batailles judiciaires autour des financements publics.

Cette tension a culminé lors de l'avant-première du film *Réminiscences urbaines* en février 2030, proposant une vision crue des inégalités sociales et des tensions raciales. La projection a été le théâtre d'affrontements entre, d'une part, défenseurs de la liberté artistique et, d'autre part, partisans d'une culture épurée de toute connotation politique, qui dénonçaient un film d'un « wokisme ultime ». Les débats enflammés ont rappelé la bataille d'*Hernani*, pile à l'heure de son bicentenaire : cette pièce éponyme de Victor Hugo qui avait opposé au Théâtre-Français les classiques et les romantiques le 25 février 1830.

La plateforme « Virtual Cinema Expérience », lancée en 2029, permet à chaque spectateur de créer son propre film via une IA. Les entrées en salle se sont effondrées : 40 millions de spectateurs en 2040, contre 200 millions en 2025. Le système français de financement de la création n'a pas su s'adapter à la faveur de la nouvelle donne technologique : les recettes traditionnelles affectées à la création – corrélées au chiffre d'affaires des salles de cinéma, des chaînes de télévision, de la vidéo à la demande et des plateformes vidéo gratuites ou payantes – ont fondu comme neige au soleil ; la pulvérisation des modes de création et de diffusion n'a pas permis d'atterrir sur un mécanisme de taxe pour en prendre le relais. La puissance des éditorialisations algorithmiques a renforcé le biais d'uniformisation des univers artistiques individuels, machines à reproduire et à amplifier des goûts préexistants, empêchant ainsi chaque individu d'accéder à une pleine diversité de contenus. On parle de plus en plus des dérives de l'« isolement culturel ».

Le secteur culturel s'est polarisé : d'un côté, des productions ultra-normées, de l'autre, une création radicale, investie par des groupes extrémistes. L'édition a réduit ses catalogues à des publications formatées, optimisées par des algorithmes pour maximiser leur potentiel commercial, tandis que la littérature indépendante survit par micro-mécénat et autoédition, limitant drastiquement l'accès de ces livres au grand public. En musique, les majors imposent des quotas d'IA et les concerts sont devenus des expériences ultra-marketées, systématiquement sponsorisées par une marque de luxe ou une plateforme numérique. Entre ces extrêmes, la culture institutionnelle n'a pas survécu.

Pourtant, dans les marges, une autre culture existe. Dans un squat du 20e arrondissement, une projection clandestine réunit une centaine de spectateurs. Dans les sous-sols d'une ancienne librairie, des musiciens jouent loin des algorithmes. Ces foyers de création, invisibles aux statistiques officielles, perpétuent un art affranchi de toute contrainte commerciale ou idéologique, dans une tentative fragile mais déterminée de sauver ce qui peut l'être.

Un autre scénario est possible

Et si la France avait su saisir l'opportunité de réaffirmer son rang de grande puissance culturelle ? Si, dès les années 2020, elle avait adopté une politique audacieuse, pensée sur le temps long ?

En 2040, la culture française rayonne. Deuxième puissance culturelle mondiale après les États-Unis, la France est devenue un carrefour pour les artistes du monde entier. Les écoles françaises d'art et de cinéma attirent les plus brillants talents, venus se former à une création affranchie des diktats du marché. Le pays a créé un « Erasmus mondial de la culture », permettant aux étudiants du monde entier de venir en résidence.

L'apprentissage culturel, intégré dès la crèche, a transformé la relation des citoyens à la création. Chaque enfant a accès à une pratique artistique encadrée par des professionnels. Le ministère fusionné de la Culture et des Sports, pensé comme un véritable outil d'épanouissement individuel et collectif, a développé des résidences d'artistes dans les établissements scolaires et les universités. Des « contrats culture-éducation » garantissent que chaque élève pratique au moins un art durant sa scolarité, du primaire au lycée.

Les musées sont devenus des espaces de rencontre et d'expérimentation. Plus agiles, plus connectés aux enjeux contemporains, ils sont devenus des espaces de rencontre, d'expérimentation et de dialogue. Le concept de « musées-mondes » décloisonne les collections pour proposer des expositions croisées entre cultures, époques et disciplines ; art, science et écologie. Un « Musée des cultures du futur » a vu le jour, véritable laboratoire d'innovation muséale où coexistent arts numériques, IA et expériences immersives. L'art a investi l'espace public de manière spectaculaire : après le succès des 68 gares du Grand Paris Express, associant architectes et artistes contemporains, chaque projet urbain intègre désormais une dimension artistique.

Une politique de spectacles vivants gratuits à travers le territoire a été mise en place. Théâtres, concerts et performances en plein air sont organisés régulièrement, permettant à tous d'accéder à des manifestations culturelles de qualité. Ces événements ont revitalisé les centres-bourgs et renforcé le tissu social.

Les bibliothèques et médiathèques sont devenues des tiers-lieux culturels offrant espaces de *coworking*, ateliers de création numérique et résidences d'artistes.

Des programmes spécifiques incluent les populations marginalisées : art-thérapie pour les personnes précaires, résidences dans les prisons et projets dans les quartiers sensibles. Il se murmure que la progression fulgurante de la productivité des Français est liée en grande partie à ce mieux-être collectif, grâce à cette politique culturelle de combat.

L'internationalisation de notre culture s'est faite avec ambition. Une politique offensive a permis à la France de renforcer ses alliances stratégiques et de valoriser la francophonie créative. Les alliances avec l'Afrique, l'Asie et l'Amérique latine ont fait de la France un hub des dialogues culturels Sud-Sud. Sur le même modèle que pour les musées, les « Maisons de la culture du futur » ont vu le jour sur plusieurs continents, influençant désormais les décisions politiques en matière d'économie créative et de régulation des industries culturelles, pour imaginer les modèles de demain.

Dans le cinéma, le Plan Méliès a joué un rôle décisif dans la reconquête du cinéma populaire. La France produit des films capables de rivaliser avec les blockbusters américains sans renoncer à sa singularité narrative. Le pays s'est imposé comme un hub mondial de la postproduction, grâce à un pôle d'excellence consacré aux effets visuels, au *sound design* et à la restauration numérique des films. Un crédit d'impôt renforcé a permis d'attirer les plus grandes productions internationales. Face aux films IA ultra-personnalisés, la France a mis en place des taxations à l'acte pour financer la création.

Les modèles de gouvernance culturelle ont évolué vers des modes de gestion hybrides, associant État, fondations privées et mécénat citoyen. Ces nouvelles structures ont permis d'accroître les moyens de la culture sans compromettre l'exigence artistique ni l'indépendance des institutions. Le système de dotations culturelles participatives permet à chaque citoyen de contribuer au financement d'initiatives artistiques, renforçant le lien direct entre créateurs et public.

En 2040, la France a réussi son pari. Elle a prouvé qu'il était possible de concilier excellence artistique, innovation et démocratisation culturelle. Elle a réaffirmé sa place au sommet de la création mondiale, en faisant de la culture non plus un simple secteur à protéger, mais un moteur puissant de transformation et de rayonnement international. Elle a su démontrer qu'une politique culturelle ambitieuse n'est pas un luxe : c'est un levier stratégique pour l'avenir du pays, un atout diplomatique et un facteur essentiel de cohésion sociale.

Haute fonctionnaire et directrice générale déléguée adjointe du musée du quai Branly - Jacques Chirac, **Angélique Delorme** écrit sur les politiques culturelles, les industries créatives et les usages numériques.

Des IA anges gardiens à la perte de l'intelligence collective : comment construire d'ici 2040 une citoyenneté à l'heure de l'IA ?

Laurence Devillers

Vers une coévolution humain-machine

D'ici 2040, la frontière entre le vivant et l'artificiel, entre le sensible et l'insensible, tendra à s'estomper. L'intégration croissante de l'intelligence artificielle (IA) dans les sphères les plus intimes et les plus structurantes de la vie humaine, qu'il s'agisse de l'amitié, de l'amour, de la politique, du travail, de l'éducation ou du sport, soulève des interrogations majeures quant à l'autonomie et à l'authenticité des individus augmentés par ces technologies. Ces agents IA auront des rôles de confidents, de psychothérapeutes ou de compagnons. La transformation numérique et le déploiement de l'IA dans la société ne constituent pas seulement une évolution technologique, mais un changement civilisationnel profond, à l'intersection du progrès scientifique, des imaginaires culturels et même spirituels.

En 2025, le domaine de l'IA représente déjà bien plus qu'une avancée technologique. Si cette discipline scientifique offre des outils puissants à la recherche, à la médecine et à de nombreux domaines d'expertise, elle conserve néanmoins une dimension quasi magique aux yeux d'une grande partie de la population. Loin d'être une simple innovation, l'IA constitue une transformation en profondeur de notre rapport à nous-mêmes et à la société. Présente au cœur des enjeux économiques, politiques, sanitaires et éducatifs, elle soulève des défis majeurs, qui sont autant humains que techniques. « La transformation numérique de la société nous met au défi de penser l'humanisme à l'ère du numérique[1]. » Face à cette révolution, c'est notre intelligence collective, notre sens éthique et notre capacité de discernement qui sont mis à l'épreuve. Dans *IA, Ange ou Démon ?*[2], je décris les risques du déploiement de l'IA sans régulation. Dans le domaine politique, ces informations pourraient être utilisées pour orienter les opinions, influencer les votes, voire instaurer des formes de discrimination insidieuses. Couplés à la puissance des deepfakes et à la viralité des réseaux sociaux, ces chatbots deviennent des outils redoutables de manipulation à grande échelle.

L'expression « intelligence artificielle » constitue en elle-même un oxymore, une figure de style qui associe deux notions contradictoires. Elle juxtapose le mot intelligence, qui renvoie à des facultés humaines telles que la conscience, la compréhension, l'intuition ou encore les émotions, à l'adjectif artificiel, qui évoque ce qui est fabriqué, simulé, dépourvu de vie et de ressenti. En réalité, ce terme désigne un champ scientifique qui conçoit des technologies capables d'accomplir un large éventail de tâches : reconnaissance vocale, traduction automatique, génération de textes ou d'images, ou encore détection de maladies, comme le cancer, à partir d'analyses radiographiques sophistiquées. Ces systèmes s'appuient sur des algorithmes entraînés à partir d'immenses volumes de données leur permettant d'apprendre avec précision certaines fonctions. On distingue principalement deux grandes catégories d'IA : les IA prédictives et les IA génératives. Les IA prédictives sont conçues pour identifier des motifs, des formes dans des signaux, que ce soit dans des photos, films, sons, textes, images satellites ou radiographiques. Elles surpassent souvent les capacités humaines car elles peuvent analyser d'énormes quantités de données et détecter des signaux faibles répétitifs que l'œil humain ne perçoit pas. Les IA génératives,

1. *Manifeste pour l'éthique du numérique*, Comité national pilote d'éthique du numérique (CNPEN), 2020. Organe consultatif créé à la demande du Premier ministre en 2019, placé sous l'égide du CCNE.

2. Laurence Devillers, *IA, Ange ou Démon ? Le nouveau monde de l'invisible*, Éditions du Cerf, 2025.

quant à elles, produisent du contenu, texte, image ou son, à partir de requêtes formulées par l'utilisateur (prompts), en s'appuyant sur des modèles de langage (LLMs : *large language models*) formés sur d'énormes corpus. ChatGPT comme tous les autres agents conversationnels est un système d'IA composite qui utilisant des LLMs combinés avec plusieurs couches algorithmiques, dont certaines sont spécifiquement conçues pour limiter les hallucinations, ces réponses incorrectes ou inventées que les LLMs peuvent produire. Ces systèmes ne sont pas neutres : leurs productions sont directement influencées par les données sur lesquelles ils ont été entraînés, mais aussi par les algorithmes et les choix techniques qui orientent leur fonctionnement. Ils ne prennent pas en compte le temps, l'espace, ni le sens commun de manière fiable. De plus, la qualité de leurs réponses dépend fortement de la formulation des « prompts » (ou « invite ») et peut varier pour un même « prompt », en raison de paramètres aléatoires (comme la température[1]) introduits dans le mécanisme de génération. Cette variabilité due aux données et aux paramètres peut conduire à des réponses inexactes, absurdes ou incohérentes, appelées de façon métaphorique des hallucinations, qui sont difficiles à prévoir et à maîtriser. Contrairement à l'idée reçue selon laquelle plus de données conduiraient à un système plus fiable, cela peut parfois produire l'effet inverse, augmentant l'instabilité et la complexité du modèle. D'autant plus qu'une IA générative par exemple, si performante soit-elle, n'a ni intention, ni compréhension, ni émotion : elle se contente de produire la suite de mots la plus probable selon des calculs statistiques. Par ailleurs, il ne faut pas attendre de l'IA générative une quelconque forme de créativité intentionnelle : elle ne fait que combiner, token (fragments de mots) après token, la suite la plus statistiquement probable de ces entités minimales représentées par des vecteurs de contextes qu'elle a appris dans son modèle de langage. Certes, différents algorithmes (RAG, fine-tuning, raisonnement

1. La température en intelligence artificielle, particulièrement dans les modèles de langage comme ChatGPT, est un paramètre qui contrôle le niveau d'aléatoire dans les réponses générées. Plus le paramètre est haut, plus le système peut produire des réponses étonnantes ou absurdes.

algorithmique) sont utilisés pour diminuer les biais présents et spécialiser les LLMs, mais ne plus avoir de biais est impossible. Nous sommes désormais entrés dans une société de la vraisemblance, où l'apparence du vrai tend à se confondre avec la vérité elle-même[1]. Cette illusion du réel se manifeste par exemple à travers les voix de synthèse, dont l'usage se généralise grâce aux avancées technologiques récentes de l'IA générative. Les agents conversationnels pilotés par des IA génératives[2] vont rapidement devenir omniprésents dans tous les secteurs, de manière non contrôlée, influençant nos croyances, nos décisions, nos actions et notre créativité, tout en bouleversant en profondeur les dynamiques du collectif. Nous aurons de moins en moins d'échanges non intermédiés par une machine. Ces outils, si puissants soient-ils, doivent donc être utilisés avec discernement, pour ne pas risquer de désapprendre un grand nombre de savoir-faire, notamment de raisonnement et d'abstraction, en particulier pour les plus jeunes, chez qui les effets d'illusion de vérité peuvent être d'autant plus marqués.

À l'horizon 2040, il est légitime de craindre un recul significatif des interactions humaines. La solitude s'impose déjà aujourd'hui comme l'un des grands maux de notre société. Les chatbots vont devenir de véritables compagnons du quotidien, des anges gardiens capables d'effectuer des tâches de plus en plus complexes, de nous parler avec empathie avec une autonomie croissante. Ils seront en mesure de répondre à nos sollicitations, remplissant un rôle de plus en plus présent dans nos vies. Ce qui interpelle le plus dans cette évolution, c'est la facilité avec laquelle ces agents suscitent en nous des projections humaines, renforçant notre propension naturelle à l'anthropomorphisme. Bien qu'ils soient dépourvus de conscience, d'émotion ou d'intention propre, ils peuvent néanmoins créer l'illusion d'une relation authentique. Pourtant, c'est précisément

1. *Avis n° 7 : IA générative et enjeux d'éthique*, Comité national pilote d'éthique du numérique (CNPEN), 2023. Rapporteurs : Raja Chatila, Laurence Devillers et Alexei Grinbaum.

2. *Avis n° 3 : ChatBot et enjeux d'éthique*, Comité national pilote d'éthique du numérique (CNPEN), 2021. Rapporteurs : Laurence Devillers et Alexei Grinbaum.

de notre intelligence humaine collective, de la richesse de nos différences et de notre capacité à négocier et à construire des équilibres communs que naît notre véritable force.

En France comme à l'échelle internationale, on observe une forme d'impréparation collective face à cette transformation numérique accélérée. La compréhension des implications sociétales de L'IA reste limitée, alors même qu'émerge une nécessité impérieuse de penser une économie éthique, respectueuse des droits humains, de la liberté individuelle et de la vulnérabilité propre à la condition humaine. Ce constat impose une réflexion critique sur notre rapport à l'innovation numérique actuelle. « Comment construire d'ici 2040 une citoyenneté à l'heure de l'IA ? » devient une question urgente.

Une autre question centrale, souvent reléguée au second plan, est celle de la souveraineté cognitive et culturelle dans le développement et l'usage des technologies d'IA. Les modèles de langage les plus avancés sont majoritairement entraînés sur des corpus dominés par la langue anglaise et des contenus issus en grande partie de contextes nord-américains. Cette prédominance s'accompagne, par ailleurs, d'un recours à des données textuelles souvent extraites sans respect des droits d'auteur, posant des questions éthiques en matière de propriété intellectuelle. Cette asymétrie linguistique et culturelle risque de favoriser une standardisation des représentations du monde, dans laquelle certaines normes, valeurs et visions culturelles tendent à s'imposer comme universelles, au détriment de la diversité des approches, des langues et des imaginaires. Face à ce phénomène, il devient impératif d'ici 2040 de promouvoir des modèles multilingues et culturellement situés, afin de préserver la richesse des écosystèmes cognitifs et des traditions intellectuelles non anglo-saxonnes, et de garantir un accès au savoir avec plusieurs visions du monde.

Les êtres humains en 2040

L'une des contributions les plus fécondes de l'IA pourrait bien être de nous obliger à repenser ce que signifie être humain.

Les recherches en sciences comportementales, notamment celles de Daniel Kahneman sur les deux systèmes de pensée ou encore de Richard Thaler avec la théorie du nudge, ont déjà mis en lumière les nombreuses failles et influences dans nos processus décisionnels. Mes travaux de recherche au CNRS-LISN (Laboratoire interdisciplinaire des sciences du numérique) dans ma chaire en IA Human-Machine Affective Interaction & Ethics ont montré pour des populations d'enfants ou d'adultes combien nous suivons plutôt les suggestions de machines (robot social, Google Home) plutôt que celles d'humains. Aujourd'hui, ces mécanismes de nudge sont déjà intégrés dans la conception de certaines interfaces numériques et des agents conversationnels, permettant une application dans des domaines aussi variés que l'apprentissage, la consommation ou la santé publique.

Le développement des neurosciences promet également des découvertes majeures sur nos processus cognitifs. Toutefois, ces progrès technologiques ne doivent pas occulter une réalité fondamentale : la société humaine évolue à un rythme plus lent. Il est impératif que l'appropriation de ces découvertes et leurs applications soient accompagnées d'un débat démocratique, éthique et citoyen.

Les agents IA seront de plus en plus chargés non seulement de nous assister, mais aussi de nous observer, de nous influencer et même de nous représenter dans des environnements virtuels. Notre identité pourrait ainsi être modélisée et simulée : notre voix, notre façon de penser, nos habitudes et même nos singularités seront progressivement intégrées dans des modèles capables de les reproduire dans des jumeaux numériques[1]. Cette forme de duplication algorithmique pose une question vertigineuse : si notre individualité peut être simulée, que devient alors notre autonomie ? Ce glissement vers une reproduction technologique de l'humain, même approximative, constitue l'un des défis les plus profonds du XXIe siècle.

1. Les jumeaux numériques sont des répliques virtuelles d'un objet, d'un système (la Terre) ou d'un processus biologique (un organe). Ces répliques permettent de simuler et d'optimiser le fonctionnement de leur équivalent réel quasiment en temps réel.

Déjà à l'heure actuelle, certaines applications d'IA sont perçues comme équivalentes, voire supérieures à l'humain, par exemple pour diagnostiquer de façon précoce un cancer. Une forme de symbiose humain-machine pourrait émerger, fondée sur de nouvelles modalités de coopération. Cela amènera des interrogations majeures : quels bénéfices réels l'IA apporte-t-elle à l'individu et au collectif ? Comment accompagner cette transformation ?

La santé mentale à l'ère du numérique est déjà une préoccupation majeure au sein de la société en 2025. La prolifération des plateformes numériques a accru les niveaux d'anxiété et de dépression chez de nombreuses personnes, et en a poussé certaines à s'isoler davantage de la société. D'ici les années 2040, des avatars et des robots dotés d'une IA avancée remplaceront les humains dans une grande partie de nos interactions et emplois. Les gens éviteront-ils les contacts physiques et se tourneront-ils vers des interactions à distance ? L'absence de véritable compréhension sociale risque d'accroître les conflits, tant au niveau social que géopolitique. En promettant l'homme augmenté, la résurrection des morts sous forme numérique ou même la possible conquête de la mort, l'IA s'inscrit dans un imaginaire quasi religieux. Elle en vient à occuper la place laissée vacante par les anciennes forces spirituelles, portant avec elle les promesses et les risques d'un nouveau mythe prométhéen. Le parallèle entre les récits mythologiques et les technologies émergentes est éclairant : comme Prométhée, Frankenstein ou le Golem, le créateur d'IA poursuit un rêve ancien, recréer la vie, mais s'expose toujours à la même menace, celle de perdre le contrôle. Car si ces intelligences sont conçues par des humains, elles peuvent produire des effets systémiques qui échappent à toute régulation : désinformation, dépendance, polarisation sociale, inégalités accrues. Loin d'être neutre, cette évolution soulève des questions existentielles : que reste-t-il de l'humain s'il peut être reproduit ? Où commence et où finit la vie, si les morts peuvent parler à travers des simulations ? Ces interrogations prolongent les archétypes de nos récits fondateurs, tout en les projetant dans une réalité tangible. Si l'IA peut, dans un partenariat contrôlé, étendre nos capacités et enrichir nos personnalités, elle peut aussi, si nous baissons la garde, nous réduire à de simples exécutants dans un monde régi par des algorithmes.

Pour que cette transformation ne débouche pas sur une forme d'aliénation, il est crucial que l'humain conserve son autonomie. Créer, comprendre, débattre, rester maître de ses choix : telles sont les conditions indispensables pour maintenir un équilibre global et porter une vision humaniste, lucide et constructive du progrès.

L'IA générale, une vision manipulatrice ?

Malgré ses performances remarquables, l'IA demeure, à ce jour, dépourvue de conscience, d'intention propre et d'émotions. À l'horizon 2040, il est peu probable que nous soyons confrontés à une IA générale (IAG) ou une IA consciente (IAC) au sens fort, c'est-à-dire capable de raisonner, de comprendre ou d'exercer un sens critique de manière équivalente, voire supérieure, à celle de l'être humain. Les systèmes actuels se limitent à la simulation de comportements intelligents, sans cognition véritable : une imitation élaborée, mais profondément différente du fonctionnement de l'esprit humain.

Qualifier ces technologies de « proches de l'intelligence humaine », comme le font les géants du numérique et certains non-experts, constitue une approximation dangereuse. Ce glissement sémantique affaiblit notre capacité à distinguer simulation et compréhension, performance et sens. En occultant la spécificité de l'intelligence humaine liée à la subjectivité, au vécu, à l'intuition, aux émotions et à la culture, nous courons le risque d'une crise cognitive et sociétale, où la pensée critique pourrait être reléguée au second plan au profit d'une logique technocentrée, économique et utilitariste. Dans cette perspective, les apports des sciences humaines, philosophie, sociologie, anthropologie, psychologie en interdisciplinarité avec les sciences informatiques pour comprendre les concepts fondamentaux de l'IA sont plus que jamais indispensables. L'interdisciplinarité doit occuper une place centrale dans les débats autour de l'IA, en apportant les outils nécessaires pour penser ses implications éthiques, culturelles et politiques.

Toute avancée future nécessitera l'invention d'algorithmes nouveaux, capables de traiter des situations contextualisées, de gérer une mémoire propre, et de s'aligner de manière plus fine avec les attentes, les valeurs, le sens commun et la complexité des interactions humaines. L'émergence d'une conscience dans ces systèmes artificiels, à moins d'une hybridation entre vivant et machine dans une sorte de cyborg, semble pour l'instant relever de la science-fiction. Il est donc essentiel, notamment pour les chercheurs mais aussi les citoyens, de s'engager dès aujourd'hui dans cette réflexion prospective et éthique afin de préparer les conditions d'un avenir souhaitable piloté par le progrès et non seulement par une innovation débridée.

Vers une gouvernance mondiale de l'IA : un impératif démocratique et écologique

À mesure que l'IA devient omniprésente, autonome et capable d'agir à grande échelle, elle soulève des défis majeurs de gouvernance. La gouvernance elle-même pourrait être transformée en profondeur, combinant discernement humain et prédiction algorithmique pour concevoir des institutions plus adaptatives et potentiellement plus équitables. Ce partenariat entre intelligence humaine et intelligence artificielle ouvre un champ immense à l'exploration scientifique, philosophique et éthique, redéfinissant les contours de l'action humaine et de la pensée contemporaine.

En réalité, la question clé pour 2040 ne sera pas tant de savoir si une IA peut « agir comme un humain », mais de déterminer si elle pourrait menacer ou remplacer l'intelligence collective : cette dynamique complexe d'échanges, de tensions, de négociations, de régulations et de complémentarités qui fonde la vie démocratique et sociale. L'IA est à l'opposé de ces interactions démocratiques. L'avenir de l'IA d'ici 2040 dépend en grande partie du cadre réglementaire mis en place. Tout dépendra du pouvoir de ceux qui la détiennent : la gouvernance de ces puissantes technologies sera-t-elle entre les mains d'un groupe de géants du numérique ou celles de simples individus ?

Il est donc primordial avant 2040 de mettre en œuvre la loi sur l'IA, des normes qui respectent nos différences et nos visions du monde en Europe et que nous développions une pensée critique sur l'IA et le numérique à l'école, et plus largement auprès de tous les citoyens. La question centrale est celle de la régulation : faut-il instaurer un cadre juridique mondial unifié, ou s'en remettre à des réglementations nationales et sectorielles ? L'hétérogénéité des usages, des contextes culturels et des intérêts économiques rend cette tâche particulièrement complexe. Pourtant, l'ampleur des enjeux sécuritaires, sociaux, économiques et écologiques plaide pour une coordination internationale. Une telle instance permettrait de définir des principes communs, des limites éthiques claires et une transparence obligatoire pour les acteurs privés et publics. La gouvernance technologique ne peut se résumer à la question de la responsabilité individuelle ou des garde-fous algorithmiques. Elle implique une réflexion plus large sur les rapports de pouvoir, les inégalités d'accès, la manipulation de l'opinion et les formes de dépendance numérique. L'IA reconfigure nos manières de penser, de ressentir et de décider.

À cela s'ajoute une dimension souvent occultée du discours sur l'IA : son empreinte écologique. Sous le vernis immatériel de l'« IA dans les nuages », se cache une infrastructure polluante : data centers énergivores, extraction de métaux rares, consommation excessive d'eau pour le refroidissement des serveurs, dépendance aux énergies fossiles. L'écart entre le récit lisse de l'IA et sa matérialité industrielle est devenu une forme de dissimulation. Cette contradiction mérite d'être au centre du débat public. Il y a donc là un enjeu politique fondamental : faut-il poursuivre la course à la puissance technologique au prix d'un désastre environnemental ? L'eau, l'énergie, les matériaux deviendront-ils les nouvelles lignes de fracture géopolitique d'un monde gouverné par l'IA ? Face à cette dérive, il est crucial d'engager dès aujourd'hui une réflexion collective, démocratique et interdisciplinaire pour poser les bases d'un équilibre entre développement technologique, justice sociale et respect du vivant.

De l'envoûtement numérique à l'éducation critique : un enjeu civilisationnel

L'un des effets les plus insidieux de la diffusion massive de l'IA est l'envoûtement numérique. L'ergonomie des outils, la gratification immédiate des interactions, la personnalisation constante des interfaces contribuent à créer une forme douce de dépendance. Loin de l'image dystopique du contrôle brutal, nous assistons à une captation subtile de l'attention, à un glissement progressif vers un monde de confort, d'assistance et de divertissement continu. L'économie du bonheur a été largement théorisée dans *Happycratie*[1]. Ce modèle favorise l'isolement social, l'addiction, l'atrophie du lien au réel et une vulnérabilité accrue en matière de santé mentale.

Dans ce contexte, l'éducation devient une clé majeure pour l'avenir. L'intégration de l'IA dans les systèmes éducatifs, annoncée pour les cinq à dix prochaines années, sera décisive : servira-t-elle à formater des esprits dociles ou à cultiver la pensée critique ? À imposer des contenus normatifs ou à encourager l'exploration, la créativité et l'éthique ? L'orientation de ces outils dépendra du cadre démocratique et humaniste que nous leur donnerons. Or, cette éducation ne peut plus se limiter aux compétences techniques ou numériques. Elle doit embrasser une formation éthique, philosophique et sociale, sensibiliser aux enjeux environnementaux et politiques de l'IA, et favoriser la construction de connaissances ancrées dans l'expérience face aux illusions technologiques. Former les jeunes, c'est former des citoyens capables de résister aux logiques de manipulation, d'addiction ou d'enfermement algorithmique.

Construire un monde positif et créatif : l'appel de 2040

En 2040, les menaces existentielles qui pèseront sur l'humanité ne seront pas uniquement technologiques. Le changement climatique, les conflits armés, les crises migratoires, la montée des

1. Edgar Cabanas et Eva Illouz, *Happycratie : Comment l'industrie du bonheur a pris le contrôle de nos vies*, Premier Parallèle, 2018.

régimes autoritaires sont déjà à l'horizon. Mais ce qui pourrait être le plus déstabilisant, c'est la dissolution du lien social. Le monde numérique, malgré ses promesses d'hyperconnexion, favorise l'isolement : chacun vit dans sa bulle algorithmique, interagit via des écrans, des claviers, des caméras, des micros. Cette atomisation du tissu social alimente la peur, l'insécurité et le repli sur soi. Bombardé d'informations anxiogènes, de meurtres, d'agressions ou encore de scandales, l'individu perd ses repères, ne peut plus compter sur la communauté pour surmonter ses angoisses et devient plus enclin à chercher refuge dans des formes autoritaires de pouvoir. La désorientation cognitive alimentée par les flux numériques, les discours contradictoires, la propagande algorithmique des Big Tech peut mener à une crise globale des identités.

Le monde de 2040 pourrait être celui de la coopération entre humains et machines, du respect du vivant, de la planète et de l'innovation éthique. Face à ces défis, le futur ne doit pas être subi, mais imaginé, discuté et façonné collectivement entre les pays du Nord et du Sud. Mais cela ne se fera pas sans une volonté politique, une régulation mondiale et un investissement massif dans l'intelligence humaine, critique et sensible. Le rapport Draghi pourrait constituer un point d'ancrage majeur dans cette démarche, en appelant à un sursaut collectif autour des enjeux liés à l'IA. Il faut créer dès aujourd'hui les conditions d'un écosystème d'IA au service du bien commun, articulé autour de la recherche interdisciplinaire, de la participation citoyenne et de l'implication des jeunes générations.

L'avenir en 2040 réside dans notre capacité à donner un sens à la technologie et à nous engager à bâtir un avenir ensemble, non pas artificiel, mais authentiquement humain à l'aide de l'IA. Reliser les *Pensées* de Blaise Pascal : agir avec raison dans l'incertain !

Professeure en intelligence artificielle
à Sorbonne Université et chercheuse au CNRS,
Laurence Devillers est spécialiste des
interactions affectives humain-machine et des enjeux
d'éthique. Elle est également présidente
de la fondation Blaise Pascal.

Les finances publiques françaises en 2040

François Ecalle

La dette publique de la France est devenue hors de contrôle et pourrait atteindre 175 % du PIB en 2040, à politique inchangée. On peut dès lors s'attendre à une crise financière avant même qu'elle ait atteint ce seuil. Les mesures de redressement qui nous seront alors imposées de l'extérieur pourraient conduire les finances publiques françaises sur des trajectoires très contrastées jusqu'à 2040.

Les perspectives des finances publiques à politique inchangée

Dans une tribune écrite avec Olivier Blanchard, ancien économiste en chef du FMI, et publiée par *Le Point* en décembre 2024, nous avons estimé l'effort requis pour seulement stabiliser la dette publique en pourcentage du PIB (elle représentait 113 % du PIB à la fin de 2024). Ce calcul implique de faire une hypothèse sur l'écart entre le taux d'intérêt moyen sur le stock de dette et le taux de croissance en valeur du PIB dans les prochaines années. Nous avons supposé un écart nul, ces deux taux étant égaux à 3,0 % à partir de 2030 (s'agissant de la croissance du PIB, cela peut correspondre, par exemple, à une croissance en volume de 1,3 % et une hausse des prix de 1,7 %).

Sous cette hypothèse, il faut que le solde public primaire (le solde hors intérêts de la dette) soit nul pour stabiliser la dette publique en pourcentage du PIB. Or ce solde primaire était un déficit égal à 3,8 % du PIB en 2024 et il n'était pas imputable à une conjoncture particulièrement mauvaise. L'effort nécessaire est donc de l'ordre de quatre points de PIB, soit environ 120 Md€ avec le PIB actuel, à étaler jusqu'à 2030. Des hypothèses de taux d'intérêt et de taux de croissance un peu plus optimistes ou pessimistes ne changeraient pas beaucoup cet ordre de grandeur, qui est colossal au regard des mesures prises en France dans le passé pour redresser les comptes publics.

L'effort de redressement des comptes publics inscrit, avec beaucoup de difficultés, dans les lois de finances et de financement de la sécurité sociale pour 2025 est ainsi de seulement 0,9 % du PIB (27 Md€) avec la même méthode de calcul. En outre, les hausses d'impôts en constituent presque la totalité, alors que les marges de hausse sont limitées, et les mesures présentées comme temporaires en représentent le tiers.

De plus, il faudrait que les dépenses militaires et les dépenses environnementales augmentent sans doute chacune d'au moins un point de PIB, soit 30 Md€, ce qui porte l'effort requis à six points de PIB ou 180 Md€, par des économies sur les autres dépenses ou une hausse des prélèvements obligatoires.

Comme le vote des lois financières pour 2025 l'a montré, les conditions politiques et sociales nécessaires pour réaliser un tel effort de redressement des comptes publics sont très loin d'être réunies. S'il existe un relatif consensus entre les partis politiques, les partenaires sociaux, les experts et les Français sur la nécessité de réduire le déficit public et de reprendre le contrôle de la dette, il n'y a aucun accord sur les moyens d'y parvenir. Entre ceux qui ne veulent pas d'économies sur les dépenses publiques et ceux qui ne veulent pas de hausse des prélèvements obligatoires, par exemple, il est impossible de trouver une majorité relative suffisante à l'Assemblée et on peut craindre que la situation soit la même après les élections de 2027.

Il est donc très peu probable que le déficit primaire diminue significativement dans les prochaines années. Tout au plus peut-on espérer que les dépenses militaires et environnementales supplémentaires seront compensées par les efforts réalisés en 2025 et des économies dans d'autres domaines ou de nouvelles hausses d'impôts les années suivantes, si bien que le déficit primaire restera égal chaque année à 4,0 % du PIB à partir de 2026.

Ce n'est pas du tout acquis car, depuis le début des années 1960, il est sur une tendance nettement croissante : il augmente les années de récession ou de faible croissance, ce qui est normal et souhaitable, mais il revient très difficilement à son niveau précédent lorsque la conjoncture s'améliore, ce qui est anormal.

Si on suppose néanmoins qu'il restera égal à 4,0 % du PIB à partir de 2026, on peut déterminer la trajectoire de la dette publique en prenant les hypothèses suivantes : une croissance annuelle du PIB en valeur de 3,0 %, ce qui est relativement optimiste, et un taux d'intérêt moyen sur le stock de dette qui passe progressivement de 1,8 % en 2024 à 3,0 % en 2030 (évolution symétrique de celle observée de 2012, où il était à 3,0 %, à 2018, où il était à 1,8 %).

Dans ces conditions, la dette publique atteindrait 134 % du PIB en 2030 et 175 % du PIB en 2040. Le déficit serait égal à 9,0 % du PIB et les intérêts de la dette seraient égaux à 5,0 % du PIB en 2040.

À la fin de 2024, la dette publique italienne était égale à 135 % du PIB et la dette grecque à 154 % du PIB, mais elles étaient sur une tendance stable pour l'Italie (134 % du PIB fin 2014) et décroissante pour la Grèce (183 % du PIB fin 2014), alors que la dette française était sur une pente ascendante (96 % du PIB fin 2014). Il est donc très probable que nous soyons, de loin, le premier pays de l'Union européenne pour l'endettement public en 2040.

La crise des finances publiques

La dette publique française est donc devenue hors de contrôle, mais les créanciers de l'État ne semblent pas s'en inquiéter. L'indicateur usuel de leurs inquiétudes est l'écart entre les taux d'intérêt des emprunts à 10 ans émis par l'État en France et en Allemagne (le « spread de taux » ou « prime de risque »). Après la crise de 2012, il est resté compris entre 30 et 50 points de base jusqu'à la dissolution de juin 2024 et il se situe depuis lors entre 60 et 80 points. Il est certes désormais supérieur à celui de pays comme l'Espagne ou le Portugal mais il reste inférieur à celui de l'Italie et surtout nettement inférieur au niveau atteint pendant la crise de 2011-2012 (où il a dépassé 150 points).

Certains observateurs expliquent le calme des marchés par les atouts de la France : une économie puissante et diversifiée ; une main-d'œuvre qualifiée ; des infrastructures de bonne qualité ; une administration fiscale qui prélève l'impôt sans trop de difficultés… Le marché des obligations assimilables du trésor (OAT) est très liquide et leurs détenteurs peuvent penser pouvoir les vendre sans trop de risques au début d'une crise. Jusqu'aux élections de 2022, les institutions de la cinquième République paraissaient solides.

Les acteurs des marchés financiers semblent surtout considérer que la Banque centrale européenne (BCE) interviendra très probablement pour éviter un défaut de paiement de la France, ou une restructuration de ses dettes, et que les obligations de l'État seront donc honorées.

En 2012, pour contrer une forte hausse des primes de risque sur les obligations publiques de plusieurs pays européens, la BCE a en effet créé un programme d'achat de titres publics sur le marché secondaire, pour des quantités illimitées, qui a concrétisé le *whatever it takes* de Mario Draghi. Les craintes des créanciers des États en difficulté de la zone euro se sont nettement atténuées et les primes de risque ont fortement diminué du fait même de l'existence de ce programme sans qu'il ait été mis en œuvre.

Un nouveau programme de ce type a été créé par la BCE en juillet 2022. Il lui permet en pratique d'acheter, sans limites, des titres émis par un État confronté à une dégradation de ses conditions de financement non justifiée par les « fondamentaux » du pays. L'objectif est de pouvoir arrêter un mouvement spéculatif non justifié.

Les acteurs des marchés financiers pourraient se rappeler soudainement que la mise en œuvre de ce programme n'est pas automatique. En particulier, le pays concerné doit respecter les règles budgétaires européennes et suivre les recommandations qui lui ont été faites par le Conseil de l'Union européenne dans le cadre de la procédure relative aux « déficits excessifs ».

Surtout, la BCE doit tenir compte de la « soutenabilité » de sa dette publique, c'est-à-dire la capacité de ce pays à honorer ses engagements auprès de ses créanciers, en s'appuyant sur les analyses de la Commission européenne mais aussi sur celles du FMI ou d'autres institutions et sur celles de ses propres services. Elle pourrait donc obliger la France, en contrepartie de son intervention, à prendre des mesures drastiques pour éviter la cessation de paiements, sous la supervision du mécanisme européen de stabilité (MES), une sorte de FMI européen créé en 2012, et de la Commission européenne, voire du FMI.

Certains acteurs des marchés financiers considèrent que la BCE ne laissera jamais un grand État de la zone euro aller jusqu'à un défaut de paiement, même s'il ne fait aucun effort pour redresser ses comptes publics, car les effets sur les économies de l'ensemble de la zone pourraient être dévastateurs et elle ne peut pas en prendre la responsabilité. Or la sauvegarde de la zone euro, qui pourrait être mise en danger dans ces conditions, est implicitement dans le mandat de la BCE, ce que certains de ses dirigeants ont d'ailleurs exprimé dans le passé.

La France est *too big to fail*, comme disent les banquiers, surtout dans le contexte géopolitique actuel : la BCE ne peut pas prendre la responsabilité d'une grave crise financière tant que la sécurité de l'Europe n'est pas assurée. Elle sera toutefois, à plus ou moins long terme, confrontée à un dilemme car, si les gouvernements de la zone euro et les acteurs des marchés financiers sont convaincus qu'elle ne laissera jamais un grand pays faire défaut sur sa dette, les premiers peuvent s'endetter sans limites et les seconds ne jamais s'en inquiéter. Or la BCE ne peut pas non plus accepter une telle dérive des finances publiques de certains pays de la zone car elle risquerait d'avoir des effets inflationnistes que son mandat lui impose de combattre.

Surtout, elle ne peut pas exclure l'arrivée au pouvoir, dans des pays du nord de l'Europe, de partis populistes mettant en avant des slogans tels que « nous ne voulons plus payer pour les autres pays de la zone euro » ou « la BCE est incapable de contenir l'inflation car elle dépend trop des pays dépensiers », ce que les économistes ont théorisé en parlant de « domination budgétaire de la politique monétaire ». Aucune zone monétaire n'est éternelle et la zone euro pourrait disparaître, par exemple parce qu'un pays du nord ou du centre de l'Europe déciderait de retrouver une monnaie forte et qu'il serait suivi par d'autres. La BCE doit tenir compte de cet autre risque existentiel pour la zone.

Si la France laisse filer sa dette, il est donc très probable que les acteurs des marchés financiers douteront un jour ou l'autre, avant 2040, d'une intervention de la BCE pour l'empêcher de faire défaut. Le taux d'intérêt des obligations publiques, et des obligations privées par effet de contagion, pourrait alors monter très vite et déclencher brutalement une crise comme celle connue par le Royaume-Uni en octobre 2022 à la suite de l'annonce de mesures budgétaires non finançables par une nouvelle Première ministre.

Personne ne sait quand cette crise surviendra : le mur de la dette est devant nous et nous nous en rapprochons mais personne ne sait à quelle distance il se trouve. Nous pouvons le heurter dans six mois comme dans dix ans. Le déclencheur pourrait être la nomination d'un gouvernement présentant un programme économique avec des mesures coûteuses et incompréhensibles par nos partenaires européens, comme le retour de l'âge minimal de la retraite à 60 ans, qui rendrait improbable une intervention de la BCE.

La dégradation de la note des obligations de l'État par les agences de notation n'a jusqu'à présent eu aucun impact sur leur taux d'intérêt. Le passage de la catégorie AA à la catégorie A, qui est la prochaine étape, pourrait en avoir un car les banques et assurances, en raison de règles prudentielles qui s'appliquent à elles, et les gestionnaires de portefeuille, pour suivre les orientations souhaitées par leurs clients, doivent détenir un certain pourcentage d'obligations classées AA par au moins deux agences. Une nouvelle dégradation les obligerait à vendre des OAT, ce qui pourrait déclencher une hausse significative de leur taux.

Dans ces conditions, comme elle l'a fait en 2011-2012 pour des pays du sud de l'Europe, la BCE conditionnera son soutien par la mise en œuvre d'un programme de redressement validé par le mécanisme européen de stabilité (MES) ou la Commission européenne.

Les finances publiques après la crise

Les experts des organisations internationales qui sont appelés à établir dans l'urgence un plan de redressement des comptes publics d'un pays en difficulté financière ne proposent généralement pas des mesures très subtiles.

S'agissant de la France, ils savent déjà que nos dépenses de retraite sont plus élevées et notre âge moyen de départ en retraite plus bas que dans la plupart des grands pays européens. Ils proposeront donc certainement de reculer l'âge minimal d'ouverture des droits à pension bien au-delà de 64 ans et de désindexer de l'inflation les pensions pendant plusieurs années. Ils savent que la part des dépenses de santé laissée à la charge des ménages est particulièrement faible en France et recommanderont donc de relever les tickets modérateurs, forfaits et franchises. Ils savent que les allocations de chômage sont plutôt plus généreuses que dans les autres pays et proposeront donc de les réduire significativement.

Ils savent que l'emploi public, en pourcentage de l'emploi total, est un peu plus faible en France que dans les pays scandinaves et que sa progression a été limitée au cours des vingt-cinq dernières années dans les services de l'État, notamment ceux qui sont chargés de fonctions régaliennes et d'avenir :

défense, sécurité intérieure, justice. Mais ils savent aussi que les effectifs ont fortement augmenté depuis vingt-cinq ans dans les collectivités territoriales pour assurer des fonctions moins essentielles. Ils recommanderont donc à l'État d'obliger les collectivités locales à réduire leurs effectifs en diminuant fortement les ressources qu'il leur apporte (subventions et impôts affectés).

Ils savent que les impôts sur la consommation et sur les revenus des ménages ne sont pas particulièrement élevés en France, contrairement aux autres prélèvements obligatoires, et ils proposeront donc de relever de trois ou quatre points les taux de la TVA ou de la CSG.

Pour des motifs de justice sociale, ils recommanderont de majorer des impôts tels que les droits de succession sur les plus riches mais conseilleront de ne pas trop augmenter les prélèvements sur les entreprises pour éviter de dégrader une compétitivité déjà trop faible.

Un tel programme ne peut qu'entraîner de très nombreux Français à manifester leur colère dans la rue, très probablement avec violence. Deux scénarios sont alors envisageables.

Dans le premier, le gouvernement refuse d'appliquer un programme aussi drastique et la BCE finit par intervenir pour arrêter la hausse du taux d'intérêt de la dette publique en se contentant de mesures insuffisantes. La dette publique continue d'augmenter et la BCE achète les nouvelles obligations du Trésor français. D'autres pays suivent l'exemple de la France. Face aux risques inflationnistes et à ce « laxisme » de la BCE aux yeux de sa population, un pays « frugal » (Pays-Bas, Finlande, Autriche… mais pas l'Allemagne pour des raisons géopolitiques) décide de sortir de la zone euro, voire de l'Union européenne en se rapprochant du Royaume-Uni, et d'autres le suivent.

Dans ce scénario extrême, la zone euro se limite en 2040 à quelques pays méditerranéens qui ont pris le pouvoir au sein de la BCE et dont les dettes sont colossales. La valeur de l'euro a chuté par rapport aux autres monnaies, ce qui a fortement amputé le pouvoir d'achat des Français. Ce qu'ils n'ont pas voulu payer par des économies sur les dépenses publiques ou des hausses des prélèvements obligatoires, ils le paient par une baisse équivalente de leur pouvoir d'achat sous l'effet de cette dépréciation de leur monnaie. Pour enrayer cette chute de l'euro, la BCE maintient des taux d'intérêt très élevés, ce qui permet aux États de la zone de continuer à emprunter mais pénalise l'investissement et la croissance.

Les pays comme l'Allemagne ou les Pays-Bas ont retrouvé leurs anciennes monnaies qui s'apprécient, ce qui ne les empêche pas d'exporter et de regagner des parts de marché comme c'était le cas avant la création de l'euro.

La sortie d'un pays de la zone euro présenterait bien plus de difficultés que le Brexit et il n'est pas du tout sûr que les négociations se terminent par un accord amiable. On peut aussi craindre des conflits violents. En tout état de cause, l'Europe serait considérablement affaiblie en 2040 et plusieurs pays auraient déjà fait allégeance aux États-Unis ou à la Russie, voire à la Chine.

Dans un deuxième scénario, le gouvernement français mettrait en œuvre des réformes inspirées par les experts du MES ou de la Commission européenne, comme l'ont accepté les gouvernements en Grèce, en Espagne et au Portugal au début des années 2010. Elles auraient dans un premier temps des effets keynésiens récessifs avec une hausse sensible du taux de chômage. Mais, comme le montre l'exemple des trois pays précédents, le « multiplicateur keynésien négatif » associé à toute réduction du déficit public s'estompe avec le temps. À long terme, seuls comptent les politiques d'offre.

Des mesures telles que le recul de l'âge de départ en retraite stimuleraient la croissance de l'emploi. Un système éducatif plus efficace et une plus grande flexibilité du marché du travail, associée à des mesures d'accompagnement des transitions professionnelles, renforceraient les gains de productivité et donc le pouvoir d'achat.

La situation de la France ne serait pas exceptionnelle. La plupart des pays développés qui ont fortement redressé leurs comptes publics avec des réformes très difficiles l'ont fait après une crise financière et sous une pression extérieure : par exemple la Suède et le Canada dans les années 1990 et plusieurs pays du sud de l'Europe dans les années 2010.

Si l'on s'en tient aux finances publiques, dans ce deuxième scénario, les comptes publics de la France pourraient être proches de l'équilibre et la dette publique proche de 100 % du PIB en 2040, ce qui serait conforme aux règles européennes.

En effet, celles-ci imposent aux États membres de l'Union européenne d'avoir une dette inférieure à 60 % du PIB ou, si elle est supérieure, de l'inscrire sur une tendance décroissante. Cette condition serait respectée. Dans ce scénario optimiste, on peut même envisager que ce seuil de 60 % du PIB, inatteignable pour des pays comme la France et l'Italie, soit relevé jusqu'à, par exemple, 100 % du PIB. Ce seuil de 60 % est en effet inscrit dans un protocole annexé au traité qui est plus facile à modifier que celui-ci, même s'il faut tout de même l'unanimité du conseil de l'Union européenne.

Ancien magistrat à la Cour des comptes, économiste des finances publiques, **François Ecalle** anime le site Fipeco sur les comptes publics.

Droits humains et libertés fondamentales : ne laissons pas l'imaginaire dystopique anéantir l'État de droit

DIANA FILIPPOVA

Longtemps, j'ai aimé écrire des dystopies. Aujourd'hui, alors que j'entreprends de décrire ce que pourrait être la situation des droits humains et des libertés fondamentales en France en 2040, la tentation est grande de renouer avec cet imaginaire qui m'a si souvent paru fécond. Pourtant, quelque chose me retient : l'impression tenace que la réalité dépasse déjà la fiction, que c'est aujourd'hui que se joue l'avenir de nos libertés.

Nous autres, *1984*, *Fahrenheit 451*, *Stalker*, *La Servante écarlate*, *La Zone du dehors* : le XXe siècle est ponctué de dystopies où un âge d'or cède la place à des sociétés de contrôle. Pourquoi se raconte-t-on toujours cette même vieille histoire ? Pour conjurer l'angoisse d'une perte – la dystopie, c'est le mythe en négatif des démocraties introuvables ou déchues. Car on oublie vite ce que signifie vivre sous un régime autoritaire ! C'est par une semblable amnésie que les Russes, par exemple, ont fait certains choix politiques les ramenant à un passé dont ils pensaient, pour le meilleur et pour le pire, s'être débarrassés une fois pour toutes.

Les dystopies nous rappellent à la réalité élémentaire d'une « vie sans » : sans liberté d'expression, de disposer de son corps, sans protection contre les discriminations fondées sur le genre, l'origine ethnique, l'origine sociale, la religion. Si l'on adopte une approche plus large des droits humains, théorisée et progressivement intégrée depuis la Seconde Guerre mondiale dans les ordres juridiques international, européen, national et régional, cette « vie sans » est aussi une vie sans droits sociaux (avoir un emploi et avoir accès aux services publics), sans droits environnementaux et climatiques, sans droits numériques (droit à l'anonymat, à la vie privée, à l'oubli), sans droits protégeant les minorités contre la majorité, les enfants contre les adultes, les femmes contre les hommes, les personnes en situation de handicap et les seniors contre l'abandon. Je me glisse dans la peau de quelqu'un qui vit cette « vie sans » – disons une femme nommée Offred, qu'une dictature patriarcale a enfermée dans un centre où elle est assignée à la reproduction – et je retrouve le goût d'une vie avec un droit à la contraception, à l'avortement ou, simplement, à décider d'avoir des enfants ou de ne pas en avoir. Cette « vie avec » n'est alors plus un acquis naturel, mais un héritage fragile issu de toutes les luttes précédentes et qu'il me convient, en tant que citoyenne, de défendre et de réactualiser.

Par un subterfuge cathartique, la représentation dystopique d'une société sans droits ravive une solidarité au-delà des frontières physiques, temporelles, politiques ou symboliques. Les droits et les libertés s'accommodent mal d'une lecture individualiste ou même nationale ; l'affaiblissement d'une liberté dans un pays particulier est, en fait, un camouflet infligé à l'humanité tout entière. Paris, capitale des droits humains dans une France hostile aux libertés, ou une France libre dans une Europe sous la coupe de l'extrême droite : est-ce là un horizon désirable ou un moindre mal ? Ces scénarios appartiennent à mon sens à la dystopie.

Pourtant c'est vers cet horizon-là que nous nous acheminons. Le « droit-de-l'hommisme », comme certains le nomment aujourd'hui avec mépris, n'est plus dans l'air du temps. L'optimisme de 1989, quand la chute du Mur semblait annoncer la « fin de l'Histoire » et l'avènement de l'idéal kantien d'une paix perpétuelle, paraît aujourd'hui aussi chimérique que le souffle de la Conférence mondiale sur les droits de l'homme de Vienne en 1993 ayant reconnu aussi bien les droits des femmes, des enfants, des peuples autochtones que le rôle crucial des militants et des ONG pour la défense des droits humains dans le monde.

Sans doute la désillusion est-elle nourrie des écarts criants entre les principes affichés et la réalité des actes, et par les compromissions des démocraties occidentales elles-mêmes lorsque leurs intérêts économiques ou géopolitiques sont en jeu. Dans le sillage des reproches adressés à l'Occident par les pays « non alignés », la remise en cause de l'universalité des droits humains n'a pas cessé d'animer de houleux débats tant dans le champ universitaire qu'au sein des institutions aussi fondatrices de l'État de droit international qu'est l'ONU. Les droits humains doivent-ils s'adapter aux contextes culturels et historiques locaux, comme le défend la Charte africaine des droits de l'homme et des peuples de 1981 ? Ne devons-nous pas renoncer, comme le propose Achille Mbembe, notre universalisme abstrait, qui tend à effacer les différences au profit d'une norme unique, pour un universalisme pluralisé, attentif à la diversité des expériences et des héritages historiques ? Et, d'ailleurs, ne devons-nous pas considérer que l'ordre international des droits humains n'est que l'héritier périmé d'un patriarcat blanc et colonialiste, dont le premier réflexe avait été de renvoyer Olympe de Gouges dans les limbes de l'histoire et qu'il convient par conséquent de l'abandonner au profit d'une approche intersectionnelle centrée sur les droits des femmes et des minorités ? Que faire lorsque les critiques entrent en conflit frontal : faut-il respecter des normes culturelles spécifiques même lorsqu'elles invisibilisent les femmes ou refusent toute reconnaissance des droits LGBTQI+ ?

Ces débats – nécessaires, légitimes, impossibles à restituer dans toute leur subtilité – perdent de leur force de conviction lorsque je lève les yeux et regarde autour de moi. Il m'apparaît alors que lorsqu'on commence à céder sur l'inaliénabilité de certains droits dont l'universalité est aujourd'hui remise en question, la dégringolade peut être vertigineuse. Je me remémore le sort des femmes et des filles depuis le retour des Talibans au pouvoir en Afghanistan en août 2021 : d'abord interdites d'espace public, puis interdites d'éducation, d'école, interdites du droit à être vues et même de voir, les fenêtres des cuisines, où elles sont tenues prisonnières, étant murées pour empêcher que la vue d'une femme ne provoque des actes obscènes, d'après les déclarations officielles du régime taliban.

On m'objectera que cela se passe bien loin de chez nous, que nos institutions sont suffisamment solides pour résister aux attaques des extrêmes s'ils venaient à être élus. Cela fait quelques années déjà que ce discours, qui n'a jamais été particulièrement convaincant, a laissé paraître sa nature de pensée magique. Il n'a fallu que cent trente jours à Elon Musk, héraut éphémère du département de l'efficacité gouvernementale, pour démanteler des pans massifs de services publics américains. Et ce n'est nullement un hasard s'il a ouvert cette entreprise par la suppression de l'agence chargée du développement économique et de l'aide humanitaire dans le monde (USAID) : en s'attaquant au moteur de l'État de droit international, c'est bien sa mise à mort que Trump et Musk appellent de leurs vœux. Cette rupture avec une tradition géopolitique majeure est indissociable de la brutale remise en cause des droits et des libertés dans l'ordre juridique interne. En s'appuyant sur la majorité conservatrice renforcée par Trump (Neil Gorsuch, Brett Kavanaugh, Amy Coney Barrett), la Cour suprême a abandonné Roe v. Wade dès le 24 juin 2022, supprimant la garantie constitutionnelle du droit à l'avortement. À l'heure où je relis ces lignes, cette même cour vient de limiter le pouvoir des juges fédéraux à bloquer les décisions de l'administration Trump, comme la restriction du droit du sol.

Cela se passe aux États-Unis, mais aussi en Hongrie et en Italie. Demain, ce pourrait être chez nous. N'est-ce pas ce que le ministre de l'Intérieur Bruno Retailleau voulait entendre lorsqu'il affirmait que « l'État de droit n'était ni intangible ni sacré » ?

Dans son cours au Collège de France consacré aux « figures de l'allégeance », Alain Supiot se penche sur la généalogie du gouvernement par les lois, une tradition juridique qui a déterminé non seulement les mutations politiques de l'Occident mais la forme même de nos sociétés. « Il y a de nombreuses raisons de penser, explique-t-il, que la période qui s'est ouverte, avec la montée en puissance des États souverains et du gouvernement par les lois, dans l'Europe des XII-XIIIe siècles, arrive à échéance. Sapé par la gouvernance par les nombres, le *rule of law* est en crise et le gouvernement par les hommes refait surface sous des formes inédites. » C'est un gouvernement similaire, fondé sur le bon vouloir des gouvernants face à une société civile divisée et affaiblie, que Grégoire Chamayou décrit comme le successeur moderne du libéralisme autoritaire : « Un État fort avec les faibles et faible avec les forts », c'est-à-dire un État ennemi des droits humains et des libertés fondamentales.

La dystopie n'est plus fiction. Elle nourrit désormais les programmes politiques des aspirants autocrates du monde entier, à commencer par celui des conseillers du président américain tels Curtis Yarvin, Peter Thiel ou J. D. Vance : revendiquer leur appartenance au camp du mal, au « côté obscur » de la force, paver la voie à une époque qu'ils ont nommée, dans un clin d'œil abject à l'histoire commune de l'Occident, les « Lumières sombres ».

Pour la première fois depuis la Seconde Guerre mondiale, les ennemis des droits et des libertés se sont donné les moyens de la victoire. Dans ces conditions, penser à 2040, c'est penser à la présidentielle de 2027 ou aux municipales de 2026. Dans une logique inverse à l'air du temps, je propose d'abandonner, pour un moment, l'espoir d'un retour à un âge d'or qui n'a jamais existé. Préserver un État de droit national et international me paraît une mission plus réaliste et plus urgente. Conserver, cependant, exigera des efforts plus importants encore que ceux que nos ancêtres avaient dû déployer pour conquérir. Car, comme l'avait écrit Pierre Bourdieu, « pour changer la vie, il faut commencer par changer la vie politique ».

Essayiste, romancière et ancienne conseillère d'Anne Hidalgo pour les droits humains, **Diana Filippova** travaille sur les enjeux des démocraties, la philosophie des techniques et les droits des femmes.

L'utopie de la France joyeuse des « bons vivants »

Antoine Flahault

La France fait partie des pays les plus riches de la planète avec l'une des espérances de vie (82,4 ans, hommes et femmes) les plus élevées du monde. Elle consacre 32 % de son PIB à ses dépenses sociales et de santé, la part la plus importante de tous les pays de l'OCDE. Et depuis près de vingt ans, les Français gagnent des places en termes d'espérance de vie en bonne santé. La question pour elle est de savoir comment maintenir la qualité et la performance de son système social et de santé ? Comment rester sur le haut du podium d'une redistribution consentie des richesses produites par le pays ? Voire, comment tirer encore meilleur parti de ces indicateurs déjà brillants, tout en respectant ses engagements internationaux sur le plan de ses émissions de gaz à effet de serre et la lutte contre le dérèglement climatique ?

Une France plus forte sur le plan sanitaire et économique

Pendant longtemps la santé était plutôt regardée par les décideurs politiques des pays développés comme un centre de coûts – élevés par ailleurs. Mais le Japon nous enseigne que le maintien de la population en bon état de santé s'associe à un important retour sur investissement. Il est en effet le premier des pays de l'OCDE à avoir plus de 30 % de sa population dépassant l'âge de 60 ans – l'Europe le rejoindra à l'horizon 2040 –, mais il figure quand même à la 3e place des pays les plus riches du monde. Or le Japon se place aussi sur la première marche du podium des pays de l'OCDE en matière d'espérance de vie en bonne santé à l'âge de 65 ans.

La France sur le podium en matière d'espérance de vie en bonne santé

Dans notre quête pour une vie toujours plus longue, nous avons trop souvent négligé de chercher à la prolonger en meilleure santé. L'espérance de vie en bonne santé à l'âge de 65 ans est l'un des meilleurs indicateurs pour évaluer la qualité de la prévention d'un pays. L'excellent et généreux système de soins dont disposent les pays européens, et la France en particulier, permet de prolonger longtemps l'espérance de vie de la population. Mais pour être en bonne santé à l'âge de 65 ans et le rester le plus longtemps possible après, il faut avoir déployé des mesures efficaces de prévention et les avoir adoptées depuis le plus jeune âge et tout au long de la vie. Que l'on s'entende bien : la prévention ne vise pas à augmenter davantage l'espérance de vie de la population. En effet, les Japonais dont on peut vanter les comportements de prévention à bien des égards, ou encore les peuples du nord de l'Europe, ont en commun de jouir d'une meilleure espérance de vie en bonne santé que celle des Français, mais ils n'ont pas une espérance de vie beaucoup plus longue. L'enjeu des politiques de prévention est donc plutôt d'améliorer la santé tout au long de la vie et non de chercher à la prolonger. C'est la « compression de la morbidité » qui est visée dans le cadre de la prévention. En effet, il se trouve que les personnes âgées en bonne santé voient se raccourcir la durée de leurs maladies lorsqu'elles surviennent à la phase ultime de leur vie, notamment parce qu'elles surviennent à un moment où l'organisme fragilisé par l'âge avancé ne résiste plus très longtemps.

Une France confiante en la science et les vaccins

Les vaccinations sont l'une des mesures préventives les plus efficaces, éliminant de notre quotidien les maladies qu'elles ciblaient : qui se souvient encore de la variole, de la poliomyélite, du tétanos, ou de la diphtérie ? Certes, des mouvements populistes prônent parfois un retour nostalgique vers le passé, et la désinformation propagée par les réseaux sociaux amplifie ces discours. La culture du pays reste heureusement profondément ancrée dans la philosophie des Lumières qui devrait parvenir à la protéger de la rhétorique anti-science qui fait florès aujourd'hui.

La prévention, une clé pour sauver le modèle économique et social

La lutte contre les maladies non transmissibles reste plus difficile à mettre en œuvre. Or prévenir la survenue de maladies chroniques non infectieuses devient un enjeu majeur pour la survie du modèle social, économique et politique européen à l'horizon 2040. À l'instar du Japon évoqué plus haut, les pays qui pourront supporter le poids d'une démographie vieillissante seront ceux qui auront su miser sur des politiques publiques audacieuses et ambitieuses en matière de prévention. Pourquoi de telles initiatives semblent-elles plus difficiles à organiser ? Seraient-elles moins efficaces ? Trop contraignantes ? Ou seulement mal comprises et mal expliquées ?

La France se protégera par un haut niveau d'instruction de sa population

L'éducation est l'une des clés de l'augmentation de l'espérance de vie dans le monde. Elle est cruciale aussi pour la prévention. On a pu montrer qu'en France, par exemple, les personnes ayant un diplôme universitaire avaient quatre à cinq fois moins de risque de développer une démence de type Alzheimer que ceux ayant un niveau d'instruction primaire. On remarque ici un investissement insoupçonné et probablement largement sous-estimé de nos sociétés. L'enseignement supérieur, en limitant la démence sénile et la survenue de beaucoup d'autres maladies et handicaps, a contribué à une meilleure résilience de nos sociétés vieillissantes, ainsi qu'à des économies budgétaires probablement massives mais qui n'ont jamais été mesurées à l'aulne de ces bénéfices.

Un pays non fumeur

La cigarette tue encore plus de 65 000 personnes par an en France, avec son cortège de cancers, de maladies cardiovasculaires et respiratoires. Si le nombre de fumeurs y a beaucoup régressé depuis quelques décennies, il reste élevé par rapport aux autres pays de l'OCDE : 30 % des adultes sont fumeurs contre 15 % des Britanniques et des Japonais et 5 % des Suédois, qui ont quasiment éliminé la cigarette de leur quotidien. Les risques liés au tabagisme passif ont permis de proposer des lois visant à interdire de fumer dans les lieux publics, réglementer la publicité et instaurer une taxation sur les produits du tabac. Par ailleurs, lutter contre le tabagisme est aussi un combat contre les inégalités sociales de santé tant le gradient social est important chez les fumeurs. Promouvoir la cigarette électronique serait l'une des meilleures solutions pour aider les fumeurs à arrêter de fumer et l'on peut espérer que dans les années à venir les fabricants de cigarettes se tourneront vers des produits moins dangereux pour la santé de leurs consommateurs.

Moins de consommation problématique d'alcool

La consommation d'alcool des Français a certes baissé depuis les années 1960 mais reste aujourd'hui supérieure de plus de 30 % à celle des Suédois et des Italiens. L'Europe est par ailleurs la région du monde qui consomme le plus d'alcool, deux à quatre fois plus qu'en Amérique ou en Asie et jusqu'à près de quinze fois plus qu'au Moyen-Orient. Les risques liés à l'usage de l'alcool sur la voie publique ont incité au déploiement de législations contraignantes en matière d'alcoolémie au volant. La France dispose donc encore de grandes marges de progression dans la lutte contre l'usage problématique de l'alcool. Or c'est dès l'adolescence que se prennent les mauvaises habitudes vis-à-vis de l'alcool. L'Islande est le premier pays d'Europe à avoir pris le problème à bras-le-corps avec un courage politique certain, tout en veillant à y associer sa population de près. En 1998, le gouvernement islandais a en effet décidé d'instaurer un couvre-feu auprès des moins de 16 ans qui n'ont plus le droit d'errer dans les rues après 22 heures l'hiver et après minuit l'été. Mais l'État a assorti ces privations de libertés d'investissements massifs en termes d'infrastructures sportives et culturelles à la disposition des jeunes, et a recommandé aux parents de passer davantage de temps avec leurs adolescents. Le pays a connu en vingt-cinq ans une baisse spectaculaire de la consommation d'alcool de ses jeunes, mais aussi de tabac et de cannabis. Parallèlement, le temps passé par les jeunes Islandais a plus que doublé en activités sportives et culturelles, ainsi qu'avec leurs parents. L'Islande a aussi réussi la gageure de réduire le gradient social qui affectait ces comportements défavorables à la santé.

Des objectifs de médecine préventive ambitieux pour 2040

L'hypertension artérielle reste la première cause de mortalité des Français alors que l'on sait la dépister et la contrôler de longue date, grâce à une bonne hygiène de vie et des médicaments efficaces et bien remboursés. Mais un hypertendu sur deux n'est toujours pas dépisté en France et un hypertendu dépisté sur deux reste insuffisamment traité contre son hypertension artérielle. L'hypercholestérolémie et le diabète de type 2 sont aussi trop souvent sous-diagnostiqués et insuffisamment traités alors qu'ils impactent l'espérance de vie en bonne santé.

Si le dépistage du cancer du sein est assez bien suivi par les femmes, le dépistage du cancer colorectal reste le mal-aimé des Français, alors que l'on sait depuis longtemps qu'il permet de détecter précocement des tumeurs digestives avant que les traitements ne deviennent trop lourds et invalidants.

Trente pour cent des personnes de plus de 70 ans souffrent d'une surdité sévère en France et seulement le tiers d'entre elles est appareillé correctement, alors que l'on sait aujourd'hui que la perte de l'audition est un facteur de risque de dépression, de retrait social et de déclin cognitif lié à l'âge.

Nous avons besoin ici de politiques publiques audacieuses, car la France a les moyens d'investir dans ces mesures de prévention prouvées efficaces et sûres, souvent peu coûteuses car elles sont toujours très rentables en matière de lutte contre les maladies chroniques, la dépendance et l'invalidité.

Une meilleure alimentation et des familles aux fourneaux

La France a la chance d'avoir des habitudes culinaires qui, si elles ne sont pas à proprement parler un modèle de diététique, induisent en revanche des comportements alimentaires sains, notamment avec la prise de trois repas quotidiens associés à une forme de jeûne entre chaque repas, limitant ainsi le grignotage de produits ultra-transformés et les risques d'obésité et de diabète qui restent presque moitié moindres que ceux observés aux États-Unis, au Royaume-Uni, en Turquie et au Moyen-Orient. Il convient désormais de ne pas exposer les jeunes générations aux sirènes du marketing agressif de l'industrie agroalimentaire qui cherche à promouvoir auprès d'eux une alimentation ultra-transformée, riche en sel, sucres ajoutés et graisses et souvent plus abordable et accessible que celle qui serait plus favorable à leur santé. Il faut réapprendre aux enfants, dès l'école, à cuisiner eux-mêmes davantage de volailles, de poissons et de fruits de mer, de légumes, de fruits, de coques et de noix.

Des promenades en bord de mer, lacs et parcs

L'activité physique modérée est probablement l'une des mesures de prévention les plus efficaces, les moins coûteuses et les plus faciles à mettre en place. Et une des plus agréables ! Les Japonais avaient inventé dès les années 1960 les premiers podomètres électroniques et en tirent aujourd'hui de nombreux bénéfices. Ils les appelaient *manpo-kei*, ce qui signifie « le compteur des dix mille pas ». Sans aller jusqu'à marcher autant – dix mille pas représentent plus d'une heure de marche quotidienne –, les Japonais ont pris l'habitude de se rendre au travail, de faire leurs courses ou d'aller rendre visite à leurs amis à pied. Mais pour parvenir à cela, il faut des politiques publiques ambitieuses qui restituent la ville aux piétons. Nos environnements urbains jusqu'à récemment étaient quasi exclusivement dédiés aux voitures individuelles, dont on sait par ailleurs qu'elles restent stationnées plus de 95 % de leur cycle de vie. Il reste encore à faire un chemin conséquent, tant en matière d'aménagement urbain que dans l'application de la réglementation, pour permettre notamment aux personnes âgées et à celles accompagnées de jeunes enfants de pouvoir pratiquer leur marche quotidienne sans risquer d'entrer en collision avec les trop nombreux objets à roulettes de tous types sillonnant nos trottoirs, sans jamais faire l'objet de la moindre sanction.

La France 2040 de la bonne humeur

On estime que 30 % des Français souffrent durant leur vie de troubles mentaux, essentiellement d'anxiété et de dépression. Ce sont des pathologies plus fréquentes chez la femme. Elles causent une importante perte de qualité de vie, parfois des ruptures sociales ou affectives – perte d'emploi, divorce – et représentent aussi un risque de morbidités associées, notamment le déclin cognitif lié à l'âge. La dépression et l'anxiété conduisent parfois à l'addiction vis-à-vis de certaines substances, dont l'alcool en premier lieu, et augmentent le risque de suicide, plus souvent chez l'homme. Or la dépression et l'anxiété sont insuffisamment diagnostiquées et prises en charge. L'activité physique, la fréquentation d'espaces verts, la préservation du sommeil, la moindre consommation d'alcool et d'autres drogues et la lutte contre l'isolement social sont autant de facteurs prévenant le risque de troubles mentaux ou de leur réapparition. Lutter contre la stigmatisation des maladies mentales, mieux les prévenir et les dépister tant en médecine du travail qu'en médecine de famille, informer et former le personnel de santé à leur prise en charge sont des priorités pour les années à venir.

Des liens sociaux et familiaux renforcés

Pour mieux lutter contre l'isolement social et le sentiment de solitude des aînés, les Japonais ont mis en place les *moai*. Cela signifie en japonais les « groupes d'entraide mutuelle ». Chaque Japonais appartient généralement à plusieurs *moai* constitués de quelques personnes qui se retrouvent régulièrement parce qu'elles partagent les mêmes affinités, passions ou centres d'intérêt. Les *moai* apparaissent aussi comme d'intéressants auxiliaires de prévention contre le déclin cognitif et les maladies mentales, l'anxiété et la dépression. Pourquoi ne pas envisager l'arrivée des *moai* dans la France de 2040 ?

Une eau saine et un air de meilleure qualité

L'assainissement de l'eau est devenu un standard de développement. Grâce à la bonne qualité microbiologique de l'eau courante, nous ne risquons plus de contracter le choléra ni la dysenterie dans nos pays développés. Pour la France de 2040, il reste à s'engager dans le même type d'approche à propos de la qualité de l'air intérieur. La pandémie de Covid nous a laissé un legs encore insoupçonné de bon nombre de nos décideurs politiques. Les agents infectieux respiratoires, dont le SARS-CoV-2 du Covid, mais aussi les virus de la grippe, ceux de la bronchiolite, de la rougeole ou de la varicelle, les bactéries de la coqueluche ou de la tuberculose ont tous en commun de se transmettre par les aérosols contaminés de notre respiration, en milieux clos, qui reçoivent du public, qui sont mal ventilés et où nous séjournons plusieurs heures. Or, plus de la moitié des écoles restent insuffisamment ventilées à ce jour en France. L'air intérieur de bonne qualité permet de réduire drastiquement le risque de contaminations par des agents pathogènes respiratoires mais, en plus, il favorise les apprentissages scolaires, tant en littérature qu'en mathématiques. Dans les hôpitaux, une proportion importante des infections nosocomiales est due à la mauvaise qualité de l'air qu'on y respire, alors que l'on y est souvent déjà affaibli. Souhaitons que la France de 2040 sache tirer toutes ces leçons précieuses et relègue aux années 2020 les épidémies de grippe, de Covid, de tuberculose ou de coqueluche.

Surfer sur l'intelligence artificielle pour améliorer la santé et le bien-vivre

Il n'y a pas beaucoup de doutes que l'intelligence artificielle (IA) va profondément impacter le secteur de la santé. Il est cependant difficile d'anticiper comment, dans quelles proportions et dans quels domaines cela se produira. Il existe aujourd'hui des systèmes fondés sur l'IA qui reconnaissent de mieux en mieux la voix humaine et pourraient soulager grandement les soignants dans leur métier. Certains développements de l'IA montrent qu'elle peut aussi être un auxiliaire performant d'aide au diagnostic, en radiologie ou en anatomo-pathologie. Elle sert déjà comme outil d'appoint pour détecter des tumeurs suspectes sur une mammographie ou un scanner. L'IA vient au secours des épidémiologistes pour les aider à explorer plus rapidement de grandes bases de données nourries par l'assurance maladie, les laboratoires d'analyses, les hôpitaux ou les réseaux de médecins de ville. C'est encore l'IA que l'on sollicite pour la mise en œuvre de modèles mathématiques de prévision des épidémies. L'IA pourrait aussi venir accélérer la recherche et le développement des nouveaux médicaments et des vaccins. Enfin, l'IA pourrait également permettre des avancées spectaculaires dans les maladies rares. La bio-informatique associée aux capacités inédites de séquençage du génome humain permet d'espérer découvrir, avec une vitesse et une profondeur jamais atteintes, des solutions thérapeutiques.

La France de 2040, prospère, en bonne santé et en route vers ses engagements climatiques

La prévention contribue, dans un cercle vertueux, à la préservation de notre propre santé et à celle de la planète, en améliorant la qualité de l'air, en arrêtant la cigarette, en diminuant la consommation de viande rouge, ou en s'activant sur des mobilités plus douces. Pouvons-nous cependant aller jusqu'à parler d'investissements en matière de prévention ? En quoi la prévention permettrait-elle de stimuler l'économie, d'améliorer notre PIB, de rendre plus performantes nos infrastructures routières, ferroviaires, maritimes ? Tout ce qui touche à la santé n'est-il pas plutôt exagérément coûteux ? Certes la prévention ne compte que pour 5 % des dépenses de santé – dans tous les pays de l'OCDE – et n'est de loin pas le domaine le plus dispendieux de ce secteur, mais rallonger les vies ne contribuera-t-il pas plutôt à fragiliser des économies déjà moribondes et un système sanitaire et social que l'on dit être à bout de souffle ? Eh bien, en permettant d'éviter de recourir aux traitements coûteux et de longue durée, en rendant les hospitalisations et les placements en instituts spécialisés moins souvent nécessaires, la prévention devient un véritable investissement, en protégeant d'abord notre capital santé, mais également notre capital économique et social. On pourrait éviter le quart des cancers diagnostiqués en arrêtant de fumer, réduire de moitié le nombre de personnes atteintes de maladie d'Alzheimer et d'autres démences séniles par la prévention. On a vraiment beaucoup à gagner à déployer plus largement la prévention, puisque, en plus de la jouissance d'années de vie en meilleure santé, on respecte mieux la planète et son bilan carbone, on stimule l'économie, on diminue la consommation de soins et on soulage la pénurie de soignants.

En conclusion, des leviers actionnables pour vivre mieux, à la portée de tous, à tout âge

Loin des interdits et des injonctions, la prévention se présente comme une invitation au voyage, fondée sur les meilleures preuves scientifiques du moment. Il s'agit de marcher davantage au grand air, de nous promener avec des amis dans des parcs ou au bord des lacs, de cuisiner en famille avec des produits frais du terroir, de privilégier un éventail de boissons sans alcool ni sucres ajoutés, de décider de ne plus fumer, de consulter son médecin pour qu'il nous recommande au bon moment les différents services qui ont réellement prouvé leur efficacité pour éviter ou retarder des maladies et leurs complications. Plus jeune on adopte ces comportements favorables à la santé, plus on retarde l'apparition de maladies aiguës ou chroniques, parfois très invalidantes. Même après 70 ans, cela vaut encore le coup d'opter pour ces modes de vie sains que la prévention nous propose.

La prévention est donc bien une utopie pour les bons-vivants, pour ceux qui veulent profiter plus longtemps des plaisirs de la vie, en restant en bonne santé. Outre ses nombreux effets bénéfiques sur la santé, elle soulage l'économie et même l'empreinte écologique que nous laissons sur la planète. Sans prétendre être un remède à tous nos maux, la prévention représente aujourd'hui un investissement clé pour permettre à nos sociétés démocratiques et développées de perdurer dans leur modèle social que de nombreux peuples nous envient.

Il reste à n'exclure personne des bienfaits de cette prévention que la science prône aujourd'hui et à la proposer à chacun, quels que soient les niveaux de revenus, d'instruction et de santé, ou les origines.

Épidémiologiste et professeur de santé publique à l'université Paris Cité, **Antoine Flahault** a fondé et dirigé l'Institut de santé globale de l'Université de Genève et l'École des hautes études en santé publique.

Bibliographie

Antoine Flahault, *Prévenez-moi ! Une meilleure santé à tout âge*, Éditions Robert Laffont, 2024.

Gill Livingston, et al., « Dementia Prevention, Intervention, and Care: 2024 Report of the Lancet Standing Commission », *The Lancet*, vol. 404, no. 10452, 2024, pp. 572–628.

Joachim Marti, Renato Mattli, Anna Nicolet, et Simon Wieser, « The Value of Prevention: A Health Economics Perspective », *Prävention von chronischen Krankheiten: Strategien und Beispiele aus der Schweiz*, chapitre 7 (en anglais), Hogrefe, 2022.

La bascule

STÉPHANE FOUKS

Une révolution a eu lieu, et elle a été si rapide qu'elle n'a même pas été observée. Soudain l'état du monde a été différent et l'on ne sait plus ce qu'il y avait avant.

Un chiffre résume cette révolution : en 2010, 53 % des gens s'informaient tous les jours, en 2022 ils étaient 98 %, selon un sondage Ipsos pour Cafeyn[1]. En moins de quinze ans, une bascule d'une ampleur inouïe s'est produite, qui bouleverse profondément l'état politico-médiatique du monde. De tous les changements qu'a connus l'univers médiatique depuis la naissance de l'imprimerie, celui-ci est le plus rapide. Et l'on aurait tort de le cantonner à la sphère culturelle : il est le dernier, et peut-être le plus influent parmi les changements de l'ordre politique que les évolutions médiatiques ont apportés depuis deux siècles. Il vaut la peine de comprendre les évolutions qu'ont connues les formes concrètes de la démocratie d'opinion pour esquisser les solutions permettant d'en renforcer la solidité.

Tout commence par les mots. La diffusion de l'imprimerie avait permis, au XIXe siècle, que le journal écrit apporte l'information à qui savait lire. Puis, ce fut l'image télévisée, dont le sacro-saint JT animait les repas familiaux pendant toute la deuxième moitié du XXe siècle. Mais la démocratisation de la petite

1. *Les Français et l'information en 2022*, Cafeyn / Ipsos, oct. 2022. Résumé publié sur le site de Cafeyn.

lucarne restait limitée : le peuple contemplait des responsables politiques et des experts venus lui prodiguer leur savoir. La parole descendante organisait un dialogue qui s'opérait dans un seul sens – ce n'est pas seulement, comme le pensait McLuhan, que le médium est le message, mais que la structure médiatique même sécrète un certain rapport politique. Dans ce format ancien, l'élite restait maîtresse chez elle, dirigeant une démocratie dont le suffrage n'avait d'universel que le nom. Plus pour longtemps…

À la fin du XXe siècle, le passage de l'émission télévisée aux formats numériques a entraîné une démocratisation bien plus poussée que celle qu'avait apportée, cinquante ans auparavant, le passage de l'imprimé à l'image. Place aux réseaux sociaux, aux aspirations et aux fantasmes qu'ils suscitent. C'est sur eux que se concentre aujourd'hui l'inquiétude démocratique – nostalgie pour un âge d'or de la démocratie qui non seulement ne reviendra pas mais dont on oublie qu'il était un suffrage censitaire ne disant pas son nom. Si l'on veut en gagner la partie, il est vain de critiquer le jeu, il faut en accepter les règles. Car le peuple s'est pleinement emparé du nouveau pouvoir né des innovations technologiques. Quand 98 % des citoyens s'informent chaque jour, ce qui prime n'est plus le diplôme, ni la méritocratie, ni la une du *Monde*, ni le 20 heures de la télévision, mais le téléphone personnel : groupe WhatsApp, chaîne Telegram, post Instagram, vidéo TikTok, tweet sur X, les moyens de s'informer prolifèrent, et avec eux les opinions, les avis, les voix et les visions. Il n'y a plus d'un côté des sachants qui éclairent et de l'autre le peuple qui attendrait d'être éclairé. Chacun maîtrise la réception et la production du savoir et de l'information.

Les élites ne semblent pas conscientes du fait que la société est passée de la verticalité à l'horizontalité. Tous informés, nous sommes tous égaux. Quel intérêt pour les citoyens que le président de la République vienne sur les plateaux télévisés brandir des tableaux de chiffres ? Lui est convaincu que si les Français n'adhèrent pas à ses réformes, c'est parce qu'il se serait mal exprimé. Un défaut de compréhension gripperait la machine médiatique qui permet à la démocratie de fonctionner. En réalité, c'est la forme de celle-ci qui s'est modifiée, et l'incapacité des responsables politiques à en prendre la mesure explique ce qu'on appelle le « dégagisme ». Prenons un exemple outre-Atlantique. L'élection de Kamala Harris était actée, à en croire les sondeurs. La présidence Biden n'avait-elle pas rempli toutes les attentes des électeurs et fait la preuve des bienfaits d'une politique démocrate : baisse du chômage, augmentation du pouvoir d'achat, amélioration des prestations sociales, embellie de la conjoncture économique, autant d'indicateurs allant dans le sens d'une victoire pour le parti des « ânes » ? Impossible de perdre… et pourtant.

La défaite d'Harris est le signe que nul ne commande à l'opinion. L'information de tous a ouvert une nouvelle ère : les réseaux sociaux sont égalitaires, alors que les élites politiques, particulièrement les élites libérales, nourrissent un profond mépris de classe qui transparaît dans leur façon de s'adresser au peuple, en paroles et en actes. Ce « eux et nous » méconnaît la nécessité de changer de logiciel médiatique : rompre avec les codes et l'état du monde actuels, adopter un langage direct, faire ce qu'on avait dit et agir en communiquant ses choix de façon transparente, autant de règles de bon sens que nos élites ne mettent pas en œuvre, pas plus qu'elles ne savent utiliser les réseaux sociaux.

Car il ne s'agit pas d'adopter les nouvelles formes de communication par suivisme et jeunisme, au risque de produire des contenus dénués de sens, mais d'assumer les trois impératifs de la production de contenu à l'ère numérique. Les nouveaux modes de communication sont d'abord des médias d'émotions, qui ne doivent pas produire de la langue de bois ou du galimatias *corporate*, mais toucher les gens. Cela implique ensuite de ne plus se retrancher derrière des formes attendues ou officielles, mais de montrer sa sincérité, qui, seule, produit de l'engagement. Enfin, il s'agit d'une parole de vérité, loin des tirades de théâtre auxquelles s'était habitué un personnel politique promettant à tout va sans jamais mettre en œuvre son programme, parce qu'on ne peut fonder la confiance sur le mensonge. Alors que l'opinion semble réclamer davantage d'autorité pour la protéger, comme le fait apparaître l'étude Havas (BETC Global Prosumer Report) « Authority vs Freedom »[1], une autorité *démocratique* ne peut être fondée qu'en vérité – c'est cette confiance qui la distingue du populisme et de l'autoritarisme.

La vérité, base de la confiance, et la sincérité, base de l'engagement, produisent une nouvelle forme d'échange dans laquelle la communication nourrit une relation entre égaux, d'adulte à adulte – l'horizontalité enfin réalisée. Si la démocratie est, dans une certaine mesure, menacée par les réseaux sociaux, elle peut, et doit, aussi y puiser de quoi se revivifier. Que les populistes les utilisent pour diffuser leur cynisme n'empêche pas que les démocrates doivent s'en emparer pour y trouver le moyen d'allier parole de vérité et sincérité.

Apprendre ces nouveaux modes de communication est non seulement une condition de l'efficacité politique, c'est aussi devenu une condition de la politique en soi. De même qu'il y a vingt ans il n'y avait pas de présidentiable sans débat télévisé, il n'y a pas aujourd'hui de dirigeant politique sans communication digitale. On le constate déjà : les analystes politiques pensaient que Trump était un clown, dont l'absence de cohérence et d'expérience politique serait un facteur rédhibitoire pour une élection, ils ont négligé sa compétence à communiquer, tant par une parole directe que par l'usage démultiplié des réseaux sociaux. L'émergence d'un Jordan Bardella en témoigne pour la France : elle signale à la fois l'obsolescence médiatique du reste du personnel politique, et la capacité du nouveau monde médiatique à faire émerger des personnalités qui ne sont plus issues de l'ancien système de sélection des élites.

Une nouvelle génération de politiques arrive, portée par le désir d'un changement qui ne serait pas constitué de simples accommodements promis par des « ex », anciens PM, anciens

1. *Havas (BETC), « Prosumer Report 2025: Authority vs Freedom »*, Havas Group / BETC, 2025. Résumé publié sur LinkedIn, 17 juillet 2025.

ministres, etc., proposant de faire du neuf avec du vieux. Car ce que la société attend, c'est que les politiques soient au service du changement, et capables de répondre à une colère qui nourrit l'envie de révolte et le risque d'insurrection.

Pour combler ces attentes, les politiques peuvent profiter du nouveau système de communication, qui leur permet d'être eux-mêmes producteurs de contenus, sans passer par le prisme et le filtre des journalistes. L'exemple de la communication de guerre est parlant : les armées ont retrouvé le contrôle des images diffusées, qu'elles fournissent elles-mêmes aux rédactions qui n'ont plus d'envoyés sur le terrain, comme autrefois les journalistes *embedded*. Des dirigeants politiques comme Trump ou Mélenchon ne laissent personne leur dicter l'agenda médiatique, les intermédiaires sont devenus inutiles. Au-delà des politiques, tout le monde peut produire des contenus, grâce aussi à la simplification des technologies : on se filme avec l'iPhone et avec l'aide de l'intelligence artificielle. Nous assistons donc à la fin du monopole que les élites détenaient sur l'information, le savoir, l'opinion, les grands récits du monde et les choix de l'avenir. Les politiques qui l'ont compris poussent plus loin la réinvention de leur positionnement : de producteurs de contenus, ils deviennent producteurs d'émotions, déployant une politique de l'offre. Efficacité et radicalité en sont les principes phares. Il resterait à voir quelles en seraient les propositions, mais c'est une autre histoire…

Bien sûr, une révolution aussi profonde met du temps à être conscientisée. Il faut être capable de prendre en compte toutes ses implications, et de les intégrer à une conception nouvelle de la politique, tout en ayant la patience d'apprendre de nouveaux codes. C'est la condition pour que les principes de la démocratie subsistent en des temps nouveaux. Cette survie d'un socle de valeurs cruciales, d'une culture et d'un projet partagés, c'est ce pour quoi, nous, communicants, devons nous engager, en jouant un rôle de lanceurs d'alerte. Si les responsables politiques ne prêtent pas attention au changement qui s'est produit à partir du monde de la communication, ils ne comprendront pas la nouvelle structure démocratique qui en découle.

N'importe quel populiste de nouvelle génération pourra prendre le pouvoir – ce peut être Zelensky pour le meilleur, Bardella ou un autre pour le pire. Nous qui travaillons dans la communication, nous avons la capacité de voir et de faire comprendre qu'elle est aujourd'hui le pivot d'un nouvel âge politique. Et nous avons les moyens d'aider les politiques à adapter leurs codes pour proposer un projet de société où les classes et les visions se mêlent. Alors œuvrons à sauver la démocratie tant qu'elle existe encore.

Vice-président exécutif d'Havas
et président de H/Advisors (groupe Havas),
Stéphane Fouks analyse les mutations de la parole
publique et de l'opinion à l'ère numérique.

L'industrie française en 2040

LOUIS GALLOIS

La désindustrialisation a marqué au fer rouge notre pays. Au-delà des pertes d'emplois et du déficit de la balance commerciale, elle a ravagé des régions entières, donnant à ceux qui y vivent le sentiment d'une véritable relégation. Les Français l'ont vécue comme un déclassement, alimentant leur pessimisme ; pessimisme qui tue l'initiative et paralyse l'action. Les appels à la réindustrialisation sont vécus comme incantatoires et les signaux positifs – il y en a ! – ignorés. Or, ce dont la France a besoin, c'est précisément de l'inverse : faire de la réindustrialisation un grand projet pour le pays, mettre en œuvre une politique cohérente, persévérante, visible pour nos concitoyens, bref cheminer avec obstination sur une route qui sera longue et recréer de la confiance.

Le décrochage de l'Europe et de la France

L'ancien président de la BCE, Mario Draghi, a remis en septembre 2024 à la présidente de la Commission européenne un rapport sur la compétitivité européenne. Ce rapport délivre un constat sévère : l'Europe est en train de perdre pied dans la compétition mondiale, face aux États-Unis et à la Chine. Ce constat ne vise pas particulièrement la France mais il ne l'épargne pas non plus. Les faiblesses qu'il décrit sont aussi les nôtres : présence insuffisante dans les technologies de rupture, décrochage en termes de productivité qui entraîne un décrochage en termes de croissance, énergie deux à quatre fois plus chère qu'aux États-Unis et en Chine, dépendance pour les nouvelles technologies numériques, les semi-conducteurs ou les matériaux critiques, épargne insuffisamment orientée vers l'appareil productif. À cette « litanie » européenne, il faut ajouter quelques spécificités françaises : dégradation des finances publiques, effort de recherche bloqué, éducation en crise, méfiance vis-à-vis de la politique.

Tout cela décrit ce qui nous attendrait en 2040 – c'est-à-dire demain – si nous ne réagissions pas vigoureusement. Une industrie déclassée, dépendante de technologies développées et maîtrisées ailleurs, réfugiée, dans ses « bastions » : l'agroalimentaire, le luxe, l'industrie de défense, l'aéronautique ou le nucléaire. L'automobile, la chimie, la sidérurgie, l'aluminium, ou les industries de main-d'œuvre seraient les premières victimes d'une perte globale de compétitivité. L'ensemble du tissu industriel subirait le retard pris dans la pleine mise en œuvre des technologies numériques. Une telle industrie ne serait bien sûr pas en mesure d'assurer l'équilibre de la balance commerciale ; elle nous condamnerait à une croissance lente et à une dépendance dangereuse.

Il est clair que ce n'est pas cet avenir que nous voulons pour la France. Dès lors la première question est simple : à quoi ressemblera l'industrie dont nous avons besoin ?

L'industrie en 2040

Elle aura au moins trois caractéristiques. Dans un pays comme le nôtre, à coups de main-d'œuvre élevés, l'industrie s'appuiera d'abord sur la recherche, l'innovation et les technologies de rupture ; c'est la condition à la fois de la différenciation par rapport à la concurrence et de l'accès aux marchés les plus porteurs ; c'est aussi celle de la reprise des gains de productivité et donc de la croissance ; c'est enfin une des clés de la souveraineté.

L'industrie en 2040 sera, bien sûr, écoresponsable. C'est certainement une contrainte forte car il va falloir financer la décarbonation dont la rentabilité est faible à court terme et, en même temps, réaliser les nécessaires investissements de compétitivité. Mais c'est également une opportunité qu'il va falloir saisir. La transition écologique va créer de nouveaux besoins, générer de nouveaux produits ; il faudra être capable d'y répondre. Les Chinois nous montrent la voie, notamment dans le domaine de l'énergie – photovoltaïque, éolien, électrolyseurs, batteries et même nucléaire –, où ils ont fait preuve d'une capacité d'anticipation remarquable. Les activités liées à la production et au stockage de l'électricité, l'industrie de la santé, l'agroalimentaire, l'économie circulaire, les nouveaux matériaux, autant de secteurs où il va falloir faire preuve d'audace et d'innovation pour « prendre en charge » le développement durable ; ils marqueront l'industrie de 2040.

Cette industrie sera enfin électrique. C'est bien sûr la conséquence de sa décarbonation. La France et l'Europe devront disposer d'une électricité décarbonée abondante, compétitive et indépendante. L'Europe paie actuellement les erreurs du passé, les errements inconséquents français pendant vingt ans, et surtout la politique allemande de sortie brutale du nucléaire au profit du gaz russe. Le volume et le prix de l'électricité vont devenir des paramètres majeurs de la compétitivité industrielle.

L'ambition de la France

Si l'industrie de 2040 est bien celle que nous venons de décrire à grands traits, quelle peut être l'ambition de la France ? Elle ne peut être que plurielle. Fixer un objectif en pourcentage du PIB n'a peut-être pas le sens qu'on lui prête tant cet indicateur fait l'objet de définitions multiples et n'intègre pas correctement la révolution numérique. L'équilibre de la balance commerciale est un « juge de paix » plus fiable de la vigueur de l'industrie.

La présence sur le front des technologies de rupture est un élément de souveraineté et un facteur de productivité et de croissance. Peut-on se fixer l'objectif de réaliser une performance d'innovation analogue à celle de la Corée du Sud, pays de taille comparable au nôtre ? Il faut que d'ici 2040 nous ayons sensiblement amélioré notre classement dans les publications académiques comme dans les dépôts de brevets. La France est également en retard par rapport à la moyenne européenne, concernant la pénétration du nouveau numérique (5G, IA…) dans le tissu industriel. L'objectif ne peut être que d'au moins rattraper notre retard.

L'ambition de neutralité carbone de l'industrie en 2040 est hors de portée mais il faudrait vérifier si nous pouvons être en 2040 sur le chemin de la neutralité en 2050. Cela n'aura cependant de sens que si nous avons redressé la compétitivité de l'industrie, sinon cette neutralité carbone risque d'être atteinte… par l'attrition de l'appareil productif ! On ne peut pas jouer la décarbonation sans la compétitivité ; nous avons besoin des deux.

La disponibilité d'une électricité décarbonée, abondante (plus de 700 TWh en 2040 contre 450 actuellement), pilotable et compétitive, est une condition incontournable de la réindustrialisation. La France a dans ce domaine un atout qui lui est propre, son équipement nucléaire. Celui-ci, sur le long terme, devra continuer d'assurer de l'ordre de 70 % de la production d'électricité Les énergies renouvelables intermittentes sont un outil de décarbonation. Elles peuvent être un complément mais certainement pas un substitut au nucléaire.

La nécessaire mobilisation des capacités

L'ambition industrielle pour 2040 nécessite la mobilisation de toutes les capacités du pays. Elle se heurte à la faiblesse des marges de manœuvre que laisse la situation des finances publiques de la France. Au sein des économies ou des hausses d'impôts qui seront nécessaires, il faudra protéger ce qui dans les entreprises comme dans les politiques publiques contribue à la réindustrialisation et en particulier poursuivre la politique d'alignement progressif des prélèvements fiscaux et sociaux sur la moyenne européenne quitte à en financer au moins une partie par une baisse des aides. L'industrie doit constituer une priorité nationale présentée comme telle à nos concitoyens et cela doit se traduire dans le budget.

Quatre priorités émergent :

La première concerne la recherche. L'effort national plafonne depuis vingt ans autour de 2,2 % du PIB. L'Allemagne est à 3,1 %, les États-Unis à 3,5 % et la Corée du Sud à 4,5 %. La France souffre de son rétrécissement industriel qui limite la recherche privée. C'est donc largement grâce à la progression de la recherche publique qu'il faudra que la France rattrape son retard et atteigne le plus rapidement possible le seuil de 3 %, soit un effort additionnel annuel de plus de 20 milliards d'euros, sauf à décrocher durablement du front de la science

Dans le champ de l'innovation la situation peut sembler moins critique. La recherche publique s'ouvre aux innovations et à leur commercialisation, France 2030 apporte des moyens financiers significatifs et Bpifrance joue un rôle décisif dans le financement des start-up. Nous sommes bien placés en Europe mais l'Europe est elle-même décrochée en termes de volumes financiers mobilisés par rapport aux États-Unis et à la Chine. Nous reviendrons sur ce point.

L'éducation et la formation sont des enjeux essentiels. Trois domaines méritent une attention particulière. Le niveau des élèves et des étudiants en mathématiques est en baisse depuis dix ans ; sans mathématiques, pas de chercheurs en sciences « dures », pas d'ingénieurs de qualité, pas de techniciens maîtrisant le numérique. Nous avons perdu une de nos forces ; il est urgent de la retrouver. La France doit redevenir un pays d'ingénieurs. Le deuxième sujet concerne les lycées professionnels qui accueillent près de 40 % de chaque classe d'âge. Ils fournissent de plus en plus difficilement les opérateurs et les techniciens dont l'industrie a besoin. Les problèmes de recrutements actuels trouvent là une de leurs sources. Insistons enfin sur la formation continue aux nouvelles technologies numériques. La raison principale de leur trop faible pénétration dans l'appareil productif tient à l'insuffisance des compétences requises au sein des entreprises.

Pour que l'électricité soit un atout pour l'industrie française, il va falloir maîtriser son coût et bien sûr d'abord celui du nucléaire. Pour les centrales existantes cela veut dire une exploitation optimale. Le facteur de charge des réacteurs français est de l'ordre de 65 à 70 %. La moyenne mondiale est à 80 % ; la Suisse, la Belgique ou les États-Unis tournent autour de 90 %. Il y a probablement là une réserve de production qui peut être mobilisée à faible coût. S'agissant du nouveau nucléaire, tout doit être fait pour limiter son coût aussi bien dans sa construction que dans son financement qui pèse très lourd dans le devis. Le nouveau nucléaire sera peu présent en 2040 (un réacteur, peut-être deux en service), mais progressivement son impact sur le prix de l'électricité sera croissant ; il est décisif de le contenir. La même question se pose pour les énergies renouvelables intermittentes dont le coût complet pour la collectivité mériterait d'être calculé avec autant de soin que celui du nucléaire !

La question du financement du modèle d'industrie que nous venons de décrire à l'échéance 2040 est évidemment centrale. La capacité de l'État est et restera limitée ; il devra mener un programme de redressement des finances publiques et il aura d'autres priorités aussi incontournables : la défense (dont l'industrie pourra bénéficier), l'éducation, la recherche déjà citée, les services publics ou le vieillissement. Les financements privés vont donc jouer un rôle essentiel. Les banques, du fait de leurs contraintes prudentielles, ne pourront plus financer comme dans le passé les entreprises. L'épargne des Français est massive (18 % du revenu national) mais elle n'est pas orientée vers l'appareil productif et la prise de risque. Un des enjeux majeurs des prochaines années sera de conduire cette épargne vers l'industrie. Le rapport Draghi estime à 800 milliards d'euros supplémentaires par an les besoins de financement de la décarbonation et du redressement de la compétitivité européennes. Il émet pour faire face à ce défi deux idées essentielles : d'abord un emprunt européen de 800 milliards d'euros, mais ce sont les États qui le rembourseront ; c'est donc en fait un endettement, certes différé, mais qui s'ajoute aux dettes nationales. La deuxième idée est la création d'un marché unique des capitaux pour lui donner de la profondeur. Pourquoi pas ? Mais cela ne résoudra pas la question de la réticence des Européens à la prise de risque sur leur épargne. Il faudra donc développer les mécanismes de mutualisation et d'intermédiation des risques qui répondent aux craintes des épargnants.

L'Europe

Cela nous conduit à l'Europe. Elle dispose de compétences exclusives sur la politique commerciale extérieure au moment où les barrières tarifaires ressurgissent et où l'agressivité commerciale chinoise s'exacerbe. Il lui reviendra de jouer son rôle de défense de l'industrie européenne, d'une part en mettant vraiment en pratique le principe de réciprocité et d'autre part en protégeant les industries émergentes liées notamment à la transition écologique. La deuxième compétence exclusive de la Commission est la politique de la concurrence. Elle adopte depuis le Covid une attitude plus souple vis-à-vis des rapprochements d'entreprises européennes et des aides d'État. Il est essentiel qu'elle continue dans cette voie. Elle peut ainsi créer (en modérant son goût pour la réglementation !) un cadre plus propice au développement de l'industrie. S'agissant des grands enjeux de souveraineté où la coopération européenne est incontournable – les industries de défense, l'intelligence artificielle et le cloud, les semi-conducteurs, les matériaux critiques, l'espace et les principes actifs pharmaceutiques –, l'Union européenne peut certes faciliter les partenariats, mais le lancement effectif et la conduite opérationnelle de ces partenariats et des projets industriels qu'ils porteront devront relever de l'initiative d'un nombre réduit de pays ayant des capacités suffisantes et des intérêts communs, décidés à agir ensemble hors des lourdeurs de la gouvernance à 27 ; et cela d'autant plus qu'il faudra certainement y associer le Royaume-Uni pour éviter qu'il ne bascule totalement du côté américain.

Décrire l'industrie française en 2040, c'est décrire la capacité de notre pays à s'engager dans un effort collectif de longue durée dans lequel la part de l'État devra être planifiée pour lui donner cohérence et visibilité. Cet effort collectif ne sera possible que si les Français comprennent que la réindustrialisation est en fait un projet de société. Cela concerne au premier chef les jeunes qui s'en détournent trop souvent. Il est de notre responsabilité de rendre l'industrie attractive en montrant que c'est elle qui apporte la prospérité, la résilience face aux crises et qui permet de concilier la révolution écologique et la croissance.

Le monde bouge, devient de plus en plus agressif. L'affrontement Chine/États-Unis change les conditions de la mondialisation, fait ressurgir les enjeux de souveraineté. La France et l'Europe ne doivent pas se retrouver sur la touche ou devenir un enjeu de conquête. Nos concitoyens sont de plus en plus conscients de ces bouleversements et de la nécessité d'agir. Cette période rude doit être le levier de la réindustrialisation.

Ancien dirigeant de la SNCF et d'Airbus,
Louis Gallois est engagé dans le débat public
sur la réindustrialisation et la justice sociale,
notamment via le laboratoire d'idées
La Fabrique de l'industrie.

La place de la France dans le domaine spatial en 2040

Béatrice Hainaut

La France devrait se doter d'une stratégie spatiale nationale en 2025. Le domaine spatial étant transverse, l'ensemble des ministères s'est exprimé sur le sujet, sous l'égide du Secrétariat général de la défense et de la sécurité nationale (SGDSN). Ce dernier est placé sous l'autorité du Premier ministre. Les trois missions du SGDSN sont d'anticiper, de prévenir et de protéger. Appliquées à l'espace, ces trois tâches s'avèrent complexes mais non impossibles. Complexe, car le paysage spatial est, depuis une vingtaine d'années, en profonde mutation. Les changements sont structurels et leurs effets à court, moyen et long terme sont incertains. Non impossible, car la France est une puissance spatiale. Elle a, à sa disposition, nombre d'atouts pour tenter de le rester. Les tendances actuelles nous renseignent pour imaginer l'espace de demain. La France et l'Europe souhaitent y prendre leur pleine part. Ainsi la stratégie de long terme qui doit être publiée fin octobre 2025 doit-elle tenter de répondre aux nouveaux défis qui se poseront d'ici à 2040. Elle servira tout d'abord de boussole interne, puis d'expression de nos ambitions pour l'Europe et enfin d'explication de notre position auprès de nos partenaires étrangers.

Pourquoi un tel intérêt pour le domaine spatial aujourd'hui ? Quelle place tient-il dans notre présent et notre futur proche, celui de 2040 ? Si nous ne continuons pas à l'investir, en quoi cela peut-il affecter nos intérêts nationaux et notre souveraineté ? Quelle est la place de l'Europe dans les ambitions françaises ?

Un secteur en forte mutation

Il est indéniable que l'utilisation de l'espace subit aujourd'hui un changement de référentiel (sectoriel). Ce dernier peut être défini comme « une représentation du secteur, de la discipline ou de la profession »[1]. C'est un construit social issu d'un référentiel plus global qui lui, renvoie à une vision du monde particulière à laquelle adhère une société. Nous sommes en effet passés progressivement d'une utilisation de l'espace assez limitée, voire élitiste, réservée à un club restreint d'États, à une utilisation plus généralisée, voire banalisée. Paradoxalement peut-être, les puissances spatiales dominent toujours le secteur[2] mais les utilisateurs se multiplient de par le monde et se diversifient. De même, le secteur industriel mute. Les grands industriels traditionnels sont toujours présents, mais cohabitent avec des nouveaux entrants, qualifiés à tort ou à raison d'acteurs du *New Space*. Ces nouvelles entités commerciales, nourries par la puissance publique, favorisent une prolifération des produits spatiaux à destination de tous, civils comme militaires. Ils accélèrent également le développement de nouvelles utilisations de l'espace à l'instar des services en orbite[3]. Enfin, le secteur

1. Pierre Muller, *Les politiques publiques*, PUF, 2011, p. 61.

2. Les puissances spatiales sont des États autonomes dans leur aptitude à fabriquer, lancer et contrôler leurs capacités. C'est le cas des États-Unis et de la Chine, en tête, puis de la Russie, de la France et plus généralement de l'Europe, de l'Inde, du Japon et de la Corée du Sud. On pourrait ajouter à cette liste des puissances spatiales l'Iran, Israël et la Corée du Nord mais pour le moment leur programme spatial est dominé par des intérêts sécuritaires et moins commerciaux.

3. Service réalisé par un véhicule de service et qui nécessite une phase de rendez-vous et/ou d'approche et/ou de contact avec un objet cible telle que : inspection, capture, amarrage, transfert en orbite, réparation, assemblage, transfert de fluides, désamarrage.

spatial n'est plus cloisonné. Il « dialogue » avec les acteurs du numérique, de l'intelligence artificielle, des technologies quantiques etc.

La France tente de s'adapter à ce nouveau référentiel impulsé par les États-Unis. Elle prend acte également de la compétition aiguisée entre les deux protagonistes de l'espace, à savoir les États-Unis et la Chine. En termes de budgets[1] ou de capacités spatiales en orbite, ils sont loin devant tous les autres acteurs étatiques. Leur antagonisme tend à structurer les coopérations spatiales, chacun rassemblant ses « alliés » dans des projets internationaux. À ce titre, les États-Unis ont lancé un programme capacitaire de retour sur la Lune, baptisé Artémis. Il se double d'une initiative plus normative, constituée d'accords politiques bilatéraux, les accords Artémis, établissant des « principes pour un avenir sûr, pacifique et prospère dans l'espace ». Adoptés sous la première administration Trump, ils rassemblent 56 États partenaires. Des incertitudes tant techniques que politiques[2] entourent actuellement ce programme. De son côté, la Chine envisage le voyage d'un taïkonaute sur la Lune d'ici 2030. Elle a également élaboré un programme international de construction d'une base scientifique sur la Lune. Cette dernière devrait être installée pour 2035. Le projet, initié en 2021, est baptisé International Lunar Research Station (ILRS). Il réunit une dizaine d'États (Russie, Biélorussie, Vénézuéla, Pakistan, Afrique du Sud, Égypte, etc.) et une cinquantaine d'entités sub-nationales issues également du monde occidental. Malgré les incertitudes actuelles entourant ces deux projets, il est raisonnable de penser qu'un humain foulera de nouveau dans les dix ans à venir le sol sélène exempt de présence

1. 70 Mds $ par an, investis dans le secteur spatial aux États-Unis. Le budget de la Chine est estimé à environ 15 Mds $ par an.

2. Ce retour sur la Lune est conditionné par exemple au bon fonctionnement du lanceur Starship de SpaceX, ce qui n'est pas encore le cas actuellement. De plus, les coupes budgétaires annoncées par la seconde administration Trump pourraient, si elles sont confirmées, avoir un impact sur la fourniture de certains éléments technologiques par les États partenaires. Les États-Unis pourraient préférer en acheter auprès de leurs acteurs privés plutôt que de confier leur conception à leurs partenaires européens entre autres.

humaine depuis 1972. L'Europe via son agence spatiale est engagée auprès des États-Unis dans ce programme. Vingt et un États de l'Union européenne (UE) sur 27 le sont à titre bilatéral par la signature des accords Artémis.

Une ambition spatiale française et européenne pour les décennies à venir

La France a créé son agence spatiale en 1961 et devient puissance spatiale le 26 novembre 1965. Historiquement, c'est le troisième État, après les États-Unis et l'URSS, à accéder à l'espace de manière autonome, depuis le champ de tir nommé « Hammaguir » en Algérie. Après l'indépendance de l'Algérie, la Guyane française est choisie pour devenir base spatiale de la France. Le site est opérationnel en 1968, puis devient port spatial de l'Europe en 1974. L'histoire spatiale de la France, intimement liée aux armées et à l'Europe, est passionnante à de multiples égards[1]. Ce qui frappe notamment est le lien fort qu'entretiennent la recherche sur les missiles balistiques et le lancement des premières fusées. Ainsi les « couples fusée/bombe atomique et fusée/satellites artificiels » sont-ils vus comme renforçant l'indépendance nationale[2] et garantissant la sécurité de l'État français. La France se dote alors de satellites civils, militaires et duaux. Aujourd'hui, elle détient des moyens militaires de reconnaissance, d'écoute électromagnétique et de communications sécurisées.

En parallèle, l'Europe spatiale naît. Mais cette dernière est plurielle. Elle peut tout autant désigner l'Agence spatiale européenne et son organisation intergouvernementale, le programme spatial de l'UE et son organisation communautaire, ou encore les États européens séparément. Les règles ne sont alors pas les

1. On recommande la lecture des articles et ouvrages de l'historien Philippe Varnoteaux dont *L'aventure spatiale française : De 1945 à la naissance d'Ariane*, Nouveau Monde Éditions (Histoire des sciences), 2015, 432 p.

2. Philippe Varnoteaux, « La naissance de la politique spatiale française », *Vingtième Siècle. Revue d'histoire*, n° 77(1), 2003, pp. 59-68.

mêmes et c'est aujourd'hui cette disparité, parfois qualifiée d'incohérence, qui est aujourd'hui montrée du doigt comme la cause du manque de « puissance » de cette Europe spatiale. Pourtant, il ne faut pas occulter ou minimiser les succès de cette Europe née dans les années 1960, consolidée dans les années 1970 et complétée dans les années 1990[1]. Il est indéniable que cette Europe a su développer et entretenir une expertise technique élevée ayant permis la mise sur pied de missions scientifiques extrêmement complexes. De même, cette Europe a réussi à gagner en autonomie au regard de son allié américain en se dotant de satellites d'observation (issus du programme Copernic) et d'un système de géolocalisation (Galileo). Ces réussites ne doivent pas cacher les difficultés actuelles liées au contexte géopolitique de l'espace. En effet, si elle veut compter dans la décennie à venir, l'Europe spatiale se doit d'être unie autant que faire se peut pour faire face à des puissances spatiales compétitrices et ambitieuses (États-Unis, Chine, Inde, Japon, etc). À cet égard, le discours du président de la République, Emmanuel Macron, le 20 juin 2025 au Salon international de l'aéronautique et de l'espace (SIAE-Le Bourget) est éloquent.

En effet, il note que, même si l'Europe peut être fière de ce qu'elle a accompli en matière spatiale, elle doit à présent faire preuve de « lucidité ». L'Europe a « manqué plusieurs tournants » pouvant contrarier son avenir en tant que puissance spatiale. Ces tournants ont en revanche été saisis par certains compétiteurs. Concrètement, l'Europe n'a pas su assez innover en matière de lanceurs. Elle n'a pas su penser l'évolution vers des petits ou des mini-lanceurs mais a uniquement pérennisé son lanceur lourd Ariane. À raison bien sûr, mais l'exclusivité de cette démarche n'a pas permis de s'offrir de nouvelles opportunités. De plus, la réutilisation de certaines parties d'un lanceur

1. Cette « chronologie » correspond à la création en 1964 de l'ESRO (*European Space Research Organization*) et de l'ELDO (*European Launcher Development Organisation*), chargées de développer des satellites scientifiques et un lanceur lourd. Puis à la création de l'ESA en 1975, fusionnant l'ESRO et l'ELDO. Et enfin, à l'intérêt de l'Union européenne pour l'espace par l'adoption de programmes à la fin des années 1990.

n'a pas été jugée sérieuse ou rentable à long terme. L'archétype de cela étant la réutilisation des boosters de la fusée *Falcon* 9 de la société SpaceX. Cette réutilisation, jusqu'à une vingtaine de fois, permettrait de réduire le coût des lancements. Cela est d'autant plus pertinent lorsqu'on sait que la *Falcon* 9 a réalisé 132 des 261 lancements dans le monde en 2024, quand, dans le même temps, l'Europe procédait à 3 lancements. L'Europe a également pris du retard dans le domaine des constellations de satellites en orbite basse. Là encore, l'américain SpaceX domine. À cet égard, sur les 10 000 satellites environ opérationnels en orbite, plus de 6 000 appartiennent à la constellation de SpaceX, les Starlink. D'autres constellations de satellites de connectivité en orbite basse se constituent, à l'instar de la constellation Kuiper d'Amazon et de programmes chinois dont le nombre de satellites visés en orbite dépasse les 10 000. L'Europe doit donc procéder à une « reconquête à marche forcée »[1]. Cette reconquête s'inscrit non seulement dans un contexte de grande compétitivité avec les autres acteurs étatiques mais également dans un « espace contesté, instable et offensif »[2]. De quoi est-il question ici ?

Les risques et les menaces dans l'espace : de quoi parle-t-on et comment la France compte-t-elle y faire face ?

En 2019, « seuls » 2 000 satellites opérationnels étaient en orbite. En 2025, nous en comptons plus de 10 000. Et les projections pour les années à venir confirment cette tendance. L'accroissement sans précédent, en un temps record, du nombre de satellites opérationnels en orbite pose de nouveaux défis. La cohabitation devient de plus en plus complexe et la nécessité de réguler un tant soit peu ce trafic spatial se fait jour de la part des opérateurs. En outre, les satellites opérationnels ne sont pas les seuls objets orbitant au-dessus de nos têtes. Les débris

1. Discours du Président de la République au Salon international de l'Aéronautique et de l'Espace (SIAE), 20 juin 2025.
2. *Ibid.*

des soixante-huit ans d'utilisation de l'espace sont également là-haut. D'après les chiffres de l'European Space Operations Center (ESOC de l'ESA) du 5 mai 2025, il y aurait plus de 40 000 débris de plus de 10 cm en orbite et 1,2 million entre 1 et 10 cm. Ces débris peuvent être issus soit des satellites eux-mêmes (hors d'usage, fragmentés), soit des lanceurs (corps de fusée, fragmentation en orbite, etc.). Ainsi, autant les satellites opérationnels que les débris encombrent toujours plus les orbites autour de notre Terre, et notamment les orbites basses (entre 200 et 2 000 km). Le risque principal généré est celui des collisions. Cela ne relève pas de la fiction. Une collision majeure a eu lieu en 2009 entre un satellite russe hors d'usage et un satellite américain opérationnel. Cela a généré près de 1 800 débris de plus de 10 cm à une altitude d'environ 700 km. En 2021, un tir de missile anti-antisatellite russe a détruit un satellite russe hors d'usage situé aux altitudes de la station spatiale internationale. Les astronautes présents ont dû regagner leurs vaisseaux respectifs afin de se préparer à une éventuelle évacuation d'urgence, les 1 500 débris créés par le tir pouvant mettre en danger la station et, par là même, les astronautes eux-mêmes[1]. Si la plupart des débris, attirés par la gravité terrestre, brûlent dans l'atmosphère, un certain nombre restent également en orbite plusieurs années, voire des décennies, et risquent de provoquer de nouvelles collisions. En 1978, un scientifique de la NASA, Donald Kessler, élabore un scénario prospectif en se fondant sur le recensement des débris à l'époque. Il estime qu'une « ceinture de débris » pourrait se former d'ici 2020, provoquée par des collisions en chaîne entre satellites actifs ou hors d'usage et débris. Cela aurait pour conséquence de rendre inutilisables certaines orbites[2]. Même si nous ne subissons pas encore cette situation aujourd'hui, il est

1. Sophie Bécherel, « Ce que l'on sait du tir de missile russe qui a mis en danger la Station spatiale internationale », France Inter, 16 novembre 2021.

2. Donald J. Kessler et Burton G. Cour-Palais, « Collision Frequency of Artificial Satellites: The Creation of a Debris Belt », *Journal of Geophysical Research*, vol. 83, n° A6, 1978.

indéniable que la hausse de la population orbitale rend d'autant plus crédible ce type de scénario à l'avenir.

Pour éviter la création de débris, la France s'est dotée d'une loi sur les opérations spatiales (LOS) en 2008. Celle-ci s'applique principalement aux opérateurs de satellites, en imposant des règles qui visent à responsabiliser ces derniers, entre autres, sur la question de la création de débris. L'UE se saisit également de cette problématique en promouvant un projet de loi spatiale européenne dont deux volets sont consacrés à la *safety* et à la *sustainability* de l'espace. L'originalité de la démarche est de permettre à cette loi, si elle est votée par le Parlement européen, de s'appliquer autant aux opérateurs européens que non-européens qui souhaitent développer leurs activités spatiales au sein de l'UE. Cela donnera lieu dans les mois à venir à d'âpres négociations intra-européennes car les ramifications d'une telle loi sont étendues. Si cette loi est adoptée, elle aura un impact sur la viabilité à long terme des activités spatiales. Il pourrait être du même ordre que celui produit par la loi européenne sur le traitement des données personnelles (Règlement général sur la protection des données – RGPD). Forte de son expérience de la LOS, la France est le principal moteur et soutien de cette loi européenne qui tend à garantir un peu de régulation dans les activités spatiales. Pour compléter cet encadrement juridique, la France participe, avec l'appui de ses capacités de surveillance de l'espace et aux côtés de 14 autres États membres, à l'initiative European Union Space Surveillance and Tracking (EUSST). Cette composante propose de fournir aux États membres des alertes en cas de risques de collisions en orbite et de rentrées atmosphériques à risque d'objets sur Terre.

Mais les risques en orbite ne constituent pas les seuls défis pour 2040. Il s'agit également de prendre en compte les « menaces ». Les menaces sont la conjonction de capacités en orbite ou au sol, et d'une intention adverse hostile. La France, par exemple, a été victime en 2018 d'un « acte d'espionnage »[1] de la part de la Russie.

1. Déclaration de Mme Florence Parly, ministre des Armées, sur la défense spatiale à Toulouse le 7 septembre 2018.

En effet, le satellite militaire franco-italien Athena-Fidus a été approché « d'un peu trop près »[1] par un satellite russe prénommé Luch-Olymp. Cet événement a provoqué une prise de conscience par les autorités politiques françaises de l'importance de prendre en compte ce type d'actions dans l'espace, pouvant directement menacer nos moyens en orbite. Ainsi la France s'est-elle dotée en 2019 de sa première stratégie spatiale de défense (SSD). Cette dernière ne traite pas que des menaces mais y consacre une grande partie en élaborant également les moyens futurs de s'en prémunir. La France devrait dans les années à venir renouveler ses capacités de surveillance de l'espace, et être capable de protéger ses intérêts spatiaux. Cela devrait se concrétiser par des capacités qualifiées de « défense active » dans l'espace, en adéquation avec le droit international. Pour ce faire, elle développe le démonstrateur YODA (Yeux en Orbite pour un Démonstrateur Agile) en orbite géostationnaire, et a annoncé récemment étudier un système similaire pour l'orbite basse appelé TOUTATIS (Test en orbite d'utilisation de techniques d'action contre les tentatives d'ingérences spatiales). Les constats faits au sein de la SSD restent pertinents aujourd'hui. Depuis 2023, un deuxième satellite Luch-Olymp « butine » régulièrement d'autres satellites commerciaux de communications. D'ailleurs, les menaces semblent s'intensifier. Parmi elles, on peut citer les brouillages électromagnétiques depuis le sol ou dans l'espace, l'écoute électromagnétique, l'illumination laser depuis le sol vers l'espace, les attaques cyber sur les infrastructures sol, le sabotage de ces dernières, etc. La plupart ne sont pas nouvelles, requièrent plus ou moins de moyens, mais semblent en règle générale être utilisées de manière plus systématique.

Ainsi la tendance générale est-elle aujourd'hui de ne présenter l'espace que sous le prisme de la « guerre dans l'espace »[2]. En effet, un glissement s'est opéré. Les récits de coopération ont été peu à peu éclipsés au profit de récits portant sur la contestation

1. *Ibid.*

2. Voici quelques exemples : « Géopolitique de l'espace : La guerre en orbite a commencé », France Inter, 10 octobre 2024 ; « Guerre dans l'espace », *Conflits*, n° 52, juillet-août 2024.

et la compétition. Les théoriciens de la sécuritisation arguent alors que cette rhétorique permet de changer la réalité elle-même en provoquant des décisions politiques répondant à la menace évoquée[1]. Il ne faut néanmoins pas surestimer le rôle des récits dans la construction des menaces. Ils ne sont malheureusement pas les seuls moteurs de la vision qui s'impose aujourd'hui. Preuve en est l'énumération des menaces précédemment citées qui semblent s'intensifier. Mais ces récits servent également à délimiter les réactions considérées comme acceptables de la part des États face à ces menaces. À ce titre, on observe un changement récent opéré par les États-Unis, reconnaissant travailler sur des capacités offensives dans l'espace[2]. De même, que peut-on attendre dans un futur proche de l'annonce par l'administration Trump 2 de constituer un *Golden Dome* ? Même si ce dernier s'inscrit dans la longue histoire des systèmes de défense antimissile aux États-Unis, ce projet, faisable ou non, inclut la mise en place d'intercepteurs basés dans l'espace. Cela pourrait provoquer des réactions de la part de la Chine et de la Russie, alimentant paradoxalement le bien-fondé d'un tel système.

Au sein de ce cadre de compréhension, de cette vision du « monde spatial » et du destin (funeste ?) qu'on élabore pour lui, l'inéluctabilité de la guerre, tôt ou tard, semble s'imposer. Même si cette possibilité ne peut être écartée d'un revers de main, ce déterminisme pourrait être contrebalancé par un certain nombre d'États au premier rang desquels la France. En effet, fidèle à sa tradition diplomatique et attachée aux règles du droit international, la France doit pouvoir encore défendre une troisième voie, celle d'une approche multilatérale de la diplomatie spatiale. Elle n'est pas seule dans cette dynamique. Les États européens promeuvent une utilisation pacifique et

---

1. Le chercheur P. J Blount exprime brillamment cette idée en s'appuyant sur les théoriciens de la « sécuritisation » qui incitent à réfléchir au rôle des récits qui façonnent notre vision du monde. P. J Blount, « The Discourse of Space Securitization », *The Oxford Handbook of Space Security*, Saadia Pekkanen (ed.), P. J. Blount (ed.), 2024.

2. Victoria Samson et Laetitia Cesari, « 2025 Global Counterspace Capabilities Report », *Secure World Foundation*, 2025.

scientifique de l'espace[1]. D'autres pays également, nouveaux ou futurs utilisateurs des services spatiaux, ont à cœur de préserver l'espace des conflits afin de bénéficier de ses bienfaits.

Au cours de son discours au SIAE, le président Emmanuel Macron affirme : « Notre Europe doit donc décider de redevenir une puissance spatiale, et la France en étant au cœur, et d'abord militaire. » L'invasion de l'Ukraine par la Russie a marqué et marque encore les Européens. La réélection de Donald Trump à la Maison-Blanche plonge le continent européen dans une incertitude plus profonde encore pour sa sécurité. Or, « notre défense repose plus que jamais sur le spatial ». Le spatial est « une vraie jauge des puissances internationales ». Notre économie, notre société, notre défense et notre sécurité reposent en grande partie sur des systèmes spatiaux. Dépendre d'autres puissances pour lancer nos satellites ou pour communiquer est, selon les mots du président, « une folie ». Le contexte international présent et futur est peu propice au contentement. La France et l'Europe doivent avoir l'opportunité de regagner de l'influence et de la puissance dans le domaine spatial, sur les plans stratégique, industriel ou encore diplomatique. Les Européens ont des atouts indéniables pour y parvenir. L'incertitude reste la volonté politique. En fonction des engagements politiques et budgétaires de l'Union européenne, la France ajustera sa stratégie spatiale nationale. Reste qu'elle ne semble pas prête à perdre en souveraineté et en autonomie stratégique au moins pour les quinze ans à venir.

Capitaine de l'armée de l'Air et de l'Espace,
Béatrice Hainaut est chercheure à l'Institut
de recherche stratégique de l'École militaire
sur les stratégies spatiales des États.

1. Cette idée est notamment portée par un rapport d'information parlementaire récent en sa page 67. Lire le rapport d'information par la Commission de la défense nationale et des forces armées, en conclusion des travaux d'une mission d'information flash sur les satellites : applications militaires et stratégies industrielles et présenté par M. Arnaud Saint-Martin et Mme Corinne Vignon, députés, 14 mai 2025.

France hexagonale, 2040

Emma Haziza

Les vagues de chaleur répétées n'avaient fait qu'aggraver l'asphyxie d'une France à bout de souffle, enlisée depuis plus d'une décennie dans une crise profonde. L'actualité, saturée de catastrophes devenues ordinaires, oscillait entre des mégafeux incontrôlables et des crues éclair imprévisibles. Les gels et canicules successives contribuaient à l'effondrement des rendements agricoles. Le risque alimentaire devenait une réalité pour beaucoup. Puis les conflits frontaux éclatèrent autour du partage de l'eau. Initialement concentrés entre agriculteurs et locaux à propos des bassines, les tensions, coups bas ou intimidations se mirent à naître entre les industriels, les agriculteurs, les fournisseurs d'énergie et la population. Cette situation raviva les élans révolutionnaires d'un peuple prêt à s'affronter pour récupérer son dû. Entre des agriculteurs épuisés, sous-payés, dans un état de santé mentale et physique alarmant, des entrepreneurs effondrés sous les dettes et des populations malades, empoisonnées jour après jour par l'eau du robinet et les résidus de leur propre alimentation, jamais depuis des décennies la fracture sociale n'avait été aussi vive. Chacun accusait et attaquait l'autre.

Dans ce même temps, le cancer devenait un fléau structurel. Des décennies industrielles et agricoles trop concentrées sur les profits laissaient derrière elles ce lourd héritage. Le seuil tragique de 80 % de la population affectée, enfants inclus, fut atteint en 2035. Cette situation raviva les profondes lignes de faille d'une société incapable de se réinventer à la hauteur des bouleversements en cours durant des décennies. Mais le pire, que personne n'avait vu venir, c'était la possibilité de se retrouver un jour avec des territoires sans eau. L'été 2022 aurait dû tout changer. Avec plus de 1 300 communes privées d'eau potable et des centrales nucléaires fragilisées par l'assèchement des fleuves, la France avait brutalement découvert l'impact concret du réchauffement climatique. La vulnérabilité tant énergétique, alimentaire que touristique laissait entrevoir les prémices d'un monde en bascule. Mais le choc n'avait pas suffi. Comme anesthésiés, les Français avaient connu une année et demie de pluies quasi ininterrompues et s'étaient crus à l'abri, continuant de vivre… comme si de rien n'était. Mais dès 2030, la situation est devenue économiquement insoutenable. Les coûts de santé, aggravés par la répétition des canicules, ont explosé, mettant à genoux une sécurité sociale déjà à bout de souffle. Le nombre de victimes n'a cessé d'augmenter. Très vite, les plus de 70 000 morts de l'été 2022 en Europe ont semblé bien loin. Dès 2034, plus de 150 000 décès étaient recensés par an, chaque été se transformant en une véritable roulette russe. Les organismes, épuisés par des nuits caniculaires, la déshydratation chronique et une eau potable de plus en plus dégradée, ont fait exploser les dépenses médicales. La France n'a alors eu d'autre choix que de basculer vers un modèle de santé à l'américaine, où seuls ceux capables de payer une couverture privée exorbitante pouvaient encore accéder à des soins adaptés. Et pourtant, malgré l'accumulation des signaux d'alerte, la France continuait de s'accrocher à l'illusion d'une exception tempérée.

Pendant que l'Hexagone se croyait encore relativement épargné, ailleurs le seuil de l'irréversible avait déjà été franchi. Dans plusieurs régions du monde, les vagues de chaleur humides, là où l'air devient si saturé qu'il empêche le corps humain de transpirer, fauchaient des vies en quelques heures. L'Inde, l'Asie, et l'Amérique du Sud accumulaient les hécatombes de ceux qui n'avaient pas eu la chance de trouver un lieu de repli tempéré. La chute du tourisme dès les années 2030 avait, certes, permis de réduire les émissions mondiales de gaz à effet de serre, mais ce n'était plus suffisant face à des puits de carbone devenus inefficaces faute d'eau dans les sols. Le nombre de visiteurs en France, qui fut un temps le pays le plus important au monde en termes d'accueil touristique, avait chuté de 75 % en quinze ans. Chacun pensait d'abord à survivre, se nourrir, respirer plutôt que de parcourir un monde qui suffoque. Malgré des efforts comme l'interdiction des piscines, la restriction de nouveaux permis de construire, plusieurs villes françaises avaient dû choisir dès 2029 entre accueillir des afflux touristiques insoutenables et subvenir aux besoins de leurs populations locales. C'est le 22 août 2035 que tout a véritablement basculé dans les consciences collectives. Ce jour-là, l'agglomération de Toulouse a atteint son point zéro. Des robinets à sec, des tentatives d'approvisionnement d'autres territoires devenus impossibles, eux-mêmes en proie à des sécheresses historiques, ont fait franchir une nouvelle limite dans l'inacceptable. La peur s'est installée devant une population assoiffée, prise de panique, mais totalement impuissante. Ce choc a laissé une empreinte indélébile dans les consciences. Il fallait qu'on se réveille, qu'on agisse à grande échelle, collectivement, pour réussir là où le monde moderne avait échoué dans son modèle. On avait cru, un temps, que les solutions technologiques, la réutilisation des eaux usées ou la désalinisation de l'eau de mer suffiraient à alimenter en eau nos économies et nos vies. Mais on était bien loin du compte, avec des solutions court-termistes énergivores qui ne faisaient qu'aggraver le problème en laissant des cours d'eau et des bordures littorales dans des états de détérioration avancée. Dos au mur, face à une crise sans précédent, la France n'a plus eu le choix : elle s'est réveillée. L'eau est alors devenue une priorité nationale absolue.

Aujourd'hui, la France se regarde en face. Au bord de la rupture sociale et économique, la crise est venue tirailler toutes les douleurs accumulées pour permettre une réelle remise en question profonde. Devant ces défis colossaux, on est passé du mode survie à un sursaut de consciences. L'espoir jaillit enfin partout. Tous les acteurs privés et publics ont intégré le fait que l'eau n'était pas une ressource parmi d'autres mais la condition même d'une stabilité territoriale, économique, et sociale. Chacun, à son échelle, a alors commencé à reconstruire son lien au vivant. Dans les campagnes, le modèle agricole intensif n'avait pas survécu à l'effondrement de ses propres rendements. Sécheresses à répétition, épuisement des nappes, plus d'un millier de bassines inutilisables ayant été responsables de plusieurs épidémies de salmonelles et du déploiement du moustique-tigre, avaient précipité sa chute. Les sols, lessivés par des décennies de monoculture et de chimie, ont contraint les territoires à un virage radical. La régénération est devenue le maître-mot. Cela a pris du temps mais, peu à peu, on y est arrivé. Les agriculteurs, redevenus jardiniers du vivant, travaillent « avec » le cycle de l'eau plutôt que contre lui. Les nouvelles pratiques agricoles s'appuient sur la nature elle-même, en introduisant des animaux ou des insectes qui se nourrissent des espèces nuisibles, restaurant ainsi une chaîne alimentaire qui régule les équilibres sans produits chimiques. Les cultures visent désormais d'abord à nourrir les populations locales, plutôt qu'à être exportées sur les marchés internationaux. La logique même du marché établie depuis des décennies, basée sur les peurs et les logiques concurrentielles, s'est effondrée sur elle-même. Des semences issues de variétés anciennes, naturellement adaptées aux conditions de sécheresses et peu consommatrices en eau, ont remplacé les anciens modèles extractivistes. Les réussites sont maintenant transmises entre agriculteurs. Ils bénéficient des dernières avancées scientifiques mondiales instantanément traduites en français de manière vulgarisée, leur permettant de tester de nouveaux protocoles naturels respectueux du sol et de son microbiote. Arbres, cultures et animaux cohabitent sur des parcelles agricoles pensées comme des écosystèmes. Les rotations de cultures permettent de limiter les maladies et les ravageurs, réduisant le besoin en engrais. Les cycles ont commencé à se restaurer et, chaque jour, on découvre la résilience extraordinaire de la nature, dès lors qu'on la laisse se régénérer. La France a ainsi retrouvé, en partie, son autonomie alimentaire depuis deux ans maintenant. L'équilibre reste fragile mais tout semble aller dans le bon sens.

Au-delà des terres cultivées, face à une réalité tangible de réchauffement sans précédent, les collectivités ont imposé le design hydrologique des paysages comme un modèle généralisé pour réussir à freiner le cycle de l'eau. Cette méthode d'aménagement paysager, fondée sur les courbes naturelles du terrain, permet de capter, ralentir et infiltrer les eaux de pluie en profondeur, régénérant ainsi les nappes. Les pesticides, fongicides et herbicides sont maintenant interdits dans les villes comme dans les champs et ce qu'on qualifiait autrefois de mauvaise herbe est sacralisé pour de nombreux usages médicaux. L'homme ne joue plus aux alchimistes du dimanche, il s'inspire des mécanismes du vivant pour relancer tous les cycles biogéochimiques. L'eau est désormais considérée comme une alliée précieuse. Le niveau de chaque réservoir est évalué en temps réel par l'intelligence artificielle qui, trop consommatrice en eau, a aussi dû faire sa mue vers le solaire et la fusion nucléaire. Grâce aux capteurs au sol et aux analyses satellites, il est désormais possible de suivre avec précision la santé du cycle de l'eau en direct depuis la recharge des nappes, la qualité des rivières à la quantité d'eau contenue dans les sols. Évaporation, taux d'humidité de l'air, pluviométrie sont traduits en actions à mener et transmises à chaque acteur qui en porte la responsabilité. Plus besoin d'imposer des normes pour mettre en œuvre ces actions, la population générale a gardé en elle le traumatisme passé et sait que c'est sa seule chance de salut.

Dans le secteur du bâtiment, de grandes avancées ont été réalisées. Beaucoup de maisons sont construites sous terre lorsque cela est possible, permettant de limiter les radiations solaires. Tous les immeubles et maisons en zones inondables sont désormais adaptés, équipés de barrières amovibles qui s'activent automatiquement grâce à l'intelligence artificielle dès que les précipitations atteignent un seuil critique. Les habitants sont informés en temps réel de la quantité d'eau contenue dans les nuages, traduite à l'échelle territoriale sous forme de niveaux de risque inondation précis à l'échelle de chaque bâtiment. Les systèmes de pilotage automatique des maisons prennent le relais si besoin et déclenche des dispositifs de protection pour mettre les familles à l'abri, hors d'eau.

En cas de besoin, la coordination avec la sécurité civile est immédiate. L'état de santé des personnes étant désormais monitoré à domicile, les prises en charge médicales sont plus rapides et ciblées. Du côté de la qualité de l'eau du robinet, il est désormais possible de consulter sa teneur en temps réel, et chacun a retrouvé une entière confiance dans le simple geste de boire chez soi. L'usage du chlore a été abandonné pour la filtration membranaire et les biotechnologies naturelles maintenant un écosystème microbien bénéfique. L'ensemble des réseaux de distribution a été entièrement renouvelé et étanchéifié pour garantir une eau saine jusqu'au dernier mètre. Le marché des eaux embouteillées s'est effondré en 2036, à la suite d'un ultime scandale sanitaire et de la surexploitation des réservoirs profonds désormais à sec. Depuis janvier 2030, les villes ont débuté une désimperméabilisation de grande ampleur suite à un décret national. On comptabilise le moindre mètre carré qui ne permet pas d'infiltrer et on y apporte des solutions innovantes, fondées sur des matériaux intelligents, reproduisant les capacités hydrophiles capables d'attirer, de retenir et de canaliser l'eau. Le lézard du désert, la grenouille des brouillards ou encore le coléoptère du Namib ont servi de modèle pour mettre au point des revêtements et des matériaux captant la moindre goutte d'eau. Les routes sont maintenant composées de bétons et de chaussées drainantes perméables, capables de capter, filtrer et laisser pénétrer l'eau de pluie, rechargeant ainsi les nappes souterraines au fil des épisodes pluvieux. Les bâtiments ont également intégré des fondations capables de stocker l'eau de pluie redistribuée autour des maisons grâce à un réseau de microcapteurs. Les sols maintenus avec des taux d'humidité constants ne craquent plus et les sinistres liés aux retraits-gonflements des argiles ont quasiment disparu. Mais la véritable révolution des villes est venue grâce aux jardins de pluie. Chaque goutte venant du ciel est maintenant accueillie, ralentie et infiltrée à chaque coin de rue, dans chaque lopin de terre, sur chaque trottoir drainant, transformant les villes en éponges vivantes, résilientes et fraîches. Dans les jardins, les habitants cultivent des bactéries faiseuses de pluies, les Pseudomonas syringae, véritables catalyseurs de restauration du cycle de l'eau. On mesure leur taux de reproduction sur les plantes et on évalue, grâce à des cartographies photosensibles connectées, le pourcentage de contribution de sa propre culture à chaque nouvelle pluie. Observer son action concrète engendre des états de profonde fierté et permet d'accroître l'estime de soi. Grâce à ces changements conjoints, on a augmenté de près de 60 % le taux d'infiltration des pluies, permettant de tenir durant les périodes de chaleur extrême. Le nombre de jours de canicule s'atténue, les sols restaurés et hydratés captent à nouveau le CO_2 en excès. Le plan Eau a pris une nouvelle dimension dans sa quatrième génération, déclenché après que la cinquième métropole dans l'Hexagone eut aussi atteint son jour zéro. Devenu beaucoup plus ambitieux, il a permis de mettre fin à l'usage d'eau potable dans les toilettes. Désormais, toutes utilisent les eaux des douches ou des toitures. On a également réduit de 90 % le débit des robinets de toute la population, tout en conservant le même confort en prenant sa douche. L'eau ne déborde plus et son cycle se régénère en continu grâce à ses meilleurs alliés : les sols, les rivières et les nappes.

Peu à peu, ce soin porté à l'eau a transformé les liens entre habitants. « Prendre soin » est devenu un mot d'ordre collectif. Les nappes phréatiques autrefois invisibles, ont acquis un statut sacré. Les recherches les plus récentes sont venues confirmer que de leur niveau dépendait l'état de santé global des écosystèmes, la fertilité des sols ou encore l'équilibre des rivières. Tous les puits illégaux ont pu être repérés par satellite et plus personne ne peut s'approprier ce bien commun sans une réflexion profonde sur son impact et les conséquences pour les autres. Nous sommes passés à l'ère du partage et le renouvellement des nappes est aujourd'hui suivi en direct, sur des compteurs intégrés à nos objets connectés comme un baromètre de résilience collective. L'albédo urbain, lui aussi, s'est métamorphosé, limitant l'évaporation et les îlots de chaleurs urbains. Les villes réfléchissent désormais la lumière au lieu de l'absorber. Toits blancs, routes claires, végétation luxuriante : chaque surface contribue à faire baisser la température. Grâce à la généralisation de l'évapotranspiration par les couverts végétaux et la replantation de micro-forêts, la température moyenne des centres urbains a chuté de 6 °C à 12 °C. Les bâtiments respirent, les rues captent et infiltrent l'eau, et l'air est redevenu agréable, dépollué. La joie et le bien-être renaissent à nouveau dans chaque maison, au sein de chaque famille. Pour contrôler les températures, certains avaient bien tenté de reproduire les effets des grandes éruptions volcaniques en injectant des aérosols dans l'atmosphère pour réduire artificiellement la température, mais cela avait eu des répercussions incontrôlables sur les masses d'air.

En 2035, Dubaï, a été quasiment rayée de la carte, engloutie par des inondations dantesques conjuguées à une tempête cyclonique, provoquant une brutale élévation du niveau marin. Meurtrie dans sa chair, la cité avait décidé d'abandonner le gigantisme technologique et la démesure des constructions urbaines pour renaître comme un modèle de restauration planétaire. Radicalement opposée à son ancienne image, Dubaï est devenue depuis quatre ans un laboratoire du vivant. La ville a développé des capacités amphibies, pouvant maintenant cohabiter avec l'eau. Chaque quartier a installé des mangroves filtrant l'eau, atténuant la force des vagues et piégeant le carbone en excès. Les matériaux sont biosourcés et locaux : palmiers, algues, terre crue stabilisée. La ville respire autrement, ancrée dans un biorythme qui apaise ses habitants. Les dépressions et crises cardiaques ont disparu. Ce bouleversement a donné naissance à un nouveau modèle d'inspiration. L'Inde, l'Asie et le continent américain ont eux aussi suivi cette voie vers la régénération. Les influenceurs d'autrefois, centrés sur leur image et les partenariats commerciaux, se sont transmutés en porteurs de voix du vivant. À la place des placements de produits, ils sont devenus de véritables guides pour suivre l'évolution des espèces végétales et animales réapparues. On distingue les recenseurs de papillons, ceux qui cartographient le chant des oiseaux ou encore les suiveurs des trajectoires des insectes pollinisateurs.

La jeunesse française a suivi le mouvement, depuis les cours d'école jusque dans les universités. Une génération s'est levée, les yeux tournés non plus vers les écrans, mais vers les battements du vivant. Les réseaux sociaux se sont métamorphosés en grandes organisations collaboratives par thématique, recensant les signes du renouveau. La notoriété ne se mesure plus en *likes*, un système abandonné depuis qu'on en a mesuré les effets délétères sur la santé mentale de la jeunesse. L'état psychiatrique des adolescents était aggravé par les températures caniculaires répétées qui faisaient dysfonctionner les cerveaux déshydratés, poussant à des actes suicidaires cette jeunesse naviguant entre rage et désespoir. Mais tout cela est derrière nous. Les enfants respirent et profitent de leurs jeunes années avec un état de gratitude pour tout ce que la terre leur offre, de leur assiette aux paysages sublimes. Ce qui compte maintenant, ce sont les mètres carrés régénérés, les litres d'eau infiltrés dans les sols, les niches écologiques restaurées. Il faut dire que, socialement, les Français ont changé complètement de paradigme depuis qu'ils ont compris, grâce à l'arrivée de l'IA, que les arbres, les fleurs et les animaux avaient un langage capable d'être traduit en langage humain. Ils ont ainsi découvert les cris de douleur des arbres décimés, la peur des animaux, mais aussi la sérénité des règnes végétal et animal lorsque tout fonctionne avec respect. Ceux-ci, d'ailleurs, acceptent maintenant de se mettre au service de nos évolutions, à condition que nous les respections.

Les entreprises sinistrées, entre inondation, fin de l'importation du coton mondial, arrêt du plastique et extinction de la *supply chain* se sont également réinventées. Nos sacs à main de luxe comme nos chaussures sont produits avec les résidus des composts de fruits. Nos vêtements sont fabriqués en chanvre et lin locaux et l'industrie technologique a réussi à se passer du lithium et de l'extraction minière. Nous ne cherchons plus d'accroître les bénéfices par une extraction massive dans une terre finie. L'heure est à l'artisanat local, l'art, la poésie, la musique. Nous avons appris à nous passer des objets superflus du quotidien pour acquérir ce qui est essentiel.

Le bilan du premier trimestre 2040 est sans appel. Si la France n'est pas encore un modèle parfait, elle a enclenché des transformations profondes à une vitesse autrefois inimaginable. Le cap vers un mode de vie à la Dubaï régénérée semble désormais à portée de main. L'eau est devenue le ciment d'un nouveau lien territorial. Finis les comparaisons, jugements et idées reçues. L'intelligence collective guide désormais l'action publique comme privée. Chaque citoyen consacre deux heures par jour à la renaissance de son territoire. Ce qui fut autrefois un service civique réservé à la jeunesse est devenu un engagement collectif régulier, ouvrant droit à des réductions fiscales et des bénéfices partagés. Le pays s'oriente vers une autonomie alimentaire complète d'ici trois ans. Les gens sont heureux, ils ne paient plus d'impôts depuis qu'ils peuvent convertir leur temps pour la cité. Chaque jardin municipal est également devenu une forêt comestible, chaque piscine privée au chlore a été transformée en bassin naturel, servant de refuge pour la biodiversité locale. On mange à sa faim. On respire mieux. Une véritable prise de conscience sur ce qui est essentiel s'est installée dans la conscience du pays. Les sources d'eau naturelles rejaillissent, la vie foisonne à nouveau, les pluies sont régulières, les chaleurs disparaissent. La France est apaisée, voit son avenir avec enthousiasme en reprenant le pouvoir sur sa propre destinée.

Hydrologue et docteure de l'École des mines de Paris, **Emma Haziza** est une experte reconnue dans la compréhension des dérèglements planétaires du cycle de l'eau. Pionnière de la résilience territoriale face au changement climatique, elle est fondatrice et présidente de Mayane Resilience Center.

Retisser les liens entre les métropoles et les territoires

PIERRE JOUVET

Les métropoles sont les vitrines de la mondialisation. Leur réussite insolente n'interrogeait pas tant que les effets de la croissance irriguaient l'arrière-pays. Désormais, alors que la croissance est atone, on assiste à un revirement. Quel sera l'impact de l'avalement de ces campagnes, déjà méfiantes, par ces supernovæ urbaines en 2040 ? Car oui, les métropoles avalent les campagnes, les villages, petites et moyennes villes.

Elles les avalent d'abord géographiquement, en absorbant des communes limitrophes, en s'imposant au sein de la gouvernance des regroupements de communes qu'elles ont baptisé de leurs noms.

Elles avalent les richesses, transformant en spéculation financière le commerce des matières premières agricoles et minérales, mais aussi celui des productions issues de l'artisanat ou de l'industrie.

Par leur pouvoir d'attraction, elles avalent aussi leurs populations, notamment les plus jeunes, accentuant le vieillissement du reste du pays.

Enfin, elles avalent les compétences et les savoir-faire qu'elles concentrent dans leurs pôles universitaires ou dans les sièges sociaux d'entreprises.

Affamées par leur compétition planétaire, qu'arbitrent les expositions universelles, les compétitions sportives internationales et autres sommets politiques, les métropoles ont voulu aller plus loin et plus vite que le reste du pays. Alors qu'elles figuraient auparavant en avant-garde éclairée, en pionnières de l'innovation et des savoirs pour tout un pays, elles ont accéléré leur course. Elles ont distendu le lien avec le reste de la France.

La fracture entre les métropoles et les territoires n'est pas une opposition entre leurs habitants. C'est une fracture qui s'est surtout marquée par le délitement des deux grandes structures organisatrices de la société. D'une part l'État, dont les moyens se sont éparpillés, dissous et réduits au fur et à mesure qu'il a reculé sous la pression des partisans de l'austérité, et d'autre part les entreprises, dont le paternalisme offrait un cadre moral, jusqu'à ce que son remplacement par la doctrine de sous-traitance et de délocalisation à outrance mette des milliers d'emplois sur le carreau et précarise les travailleurs.

Désormais, un sentiment d'injustice, une méfiance pernicieuse se sont immiscés entre les habitants des ruralités et ceux des grandes villes. C'est bien plus qu'une querelle de voisinage, c'est un conflit de classe que les populistes manient à l'envi, en mobilisant ce référentiel des « décisions déconnectées prises à Paris », quelquefois à Bruxelles. La grande ville est devenue le réceptacle et le symbole des maux pour le reste du pays. Pourtant, Paris et aucune autre métropole ne sont exemptes de leurs propres inégalités, de leurs propres difficultés sociales, économiques et environnementales.

La dichotomie métropole *versus* reste du territoire s'installe sur des fractures spatiale, démographique, économique, et culturelle. En 2022, le PIB est de 63 250 euros par habitant en Île-de-France contre 29 200 euros en moyenne dans le reste de la France métropolitaine. Qu'en sera-t-il demain ? Une véritable fracture symbolique s'opère en France. Elle dépasse les clichés de ceux qui voudraient nous faire croire qu'il y aurait d'un côté les partisans du tofu et de l'autre les amateurs de barbecue.

Cette fracture est régulièrement réactivée dès lors que des mesures sont perçues comme dirigées contre la voiture. L'écotaxe nous a donné les Bonnets rouges, la fiscalité verte sur les carburants les Gilets jaunes, et la mise en place des zones à faibles émissions est décriée comme une politique de ségrégation des extra-métropolitains.

Entre ces groupes qui frôlent la déchirure identitaire, on trouve les interstices. Ces banlieues cossues ou classées « politique de la ville », ces zones pavillonnaires qui ceignent les métropoles, auxquelles elles sont ramenées sans en vivre la réalité. Elles forment le rivage irrégulier de ces îlots de richesses, de compétences, d'accès au soin que deviennent les métropoles.

Dans ces interstices comme dans les villages ou les villes moyennes, les difficultés s'accumulent et les élus locaux doivent y répondre avec des moyens toujours plus restreints. Face à la détresse sociale, à la déliquescence des services publics, à la destruction des emplois, à des paysages abîmés, au besoin de mise en désir du patrimoine... les élus des territoires n'ont d'autre choix que d'entrer eux aussi dans une logique de compétition.

Répondre aux appels à projets de l'État ou de l'Europe, tenter de séduire tel industriel à coups d'exonérations, inciter tel médecin à quitter le désert médical dans lequel il est installé pour rejoindre sa commune encore moins dotée... voilà les options dont disposent les élus locaux. Dépourvu de tout projet collectif et d'un quelconque horizon mobilisateur pour la communauté nationale, notre pays devient un jeu à somme nulle. En dehors des métropoles, « France » est devenu le nom de l'arène dans laquelle nos territoires s'affrontent.

Cette mise en compétition généralisée ne concerne pas que les territoires. Elle s'étend aux individus, à qui la société fait endosser la responsabilité croissante de leur propre réussite et porte à leur passif tout ce qu'ils ne font pas pour y parvenir.

Ainsi, parce que sa région n'offre pas suffisamment d'emplois, l'habitant d'un territoire non métropolitain sera incité à devenir mobile. Nous sommes de plus en plus poussés à la mobilité, qu'elle soit scolaire, professionnelle ou touristique. Le sociologue Benoît Coquard parle de la France de « ceux qui partent » pour désigner ces habitants des territoires ruraux qui ont quitté le lieu dans lequel ils ont grandi pour des motifs variés. Trop de travailleurs quittent leur région car l'emploi fait défaut. Trop d'étudiants s'éloignent pour pouvoir suivre un cursus inexistant chez eux. Trop de personnes âgées quittent leur foyer pour se rapprocher d'un médecin ou d'un hôpital. Et demain, combien devront migrer à la suite d'une catastrophe naturelle causée par le dérèglement climatique ?

Ces flux de migrations individuelles subies ne sont cependant pas un mal français. C'est toute la population d'Europe, des campagnes les plus profondes aux territoires d'outre-mer les plus éloignés, qui est drainée, et risque de l'être davantage, par les métropoles de l'Ouest concentrant les capitaux culturels, économiques et démographiques.

Parcourir la France, l'Europe et le monde est une chance, une opportunité qui doit être accessible à tous ceux qui le veulent mais cela ne doit jamais se transformer en injonction. Réciproquement, choisir de faire partie de « ceux qui restent », comme les a désignés Benoît Coquard, ne justifie aucun mépris, brimade ou dédain.

À l'avenir, les territoires extra-métropolitains feront face aux mêmes crises et défis que les villes avec des enjeux différents mais des atouts complémentaires. Qui peut croire que l'on résoudra la crise écologique en mettant de côté nos agriculteurs ? Qui imagine que l'on sortira de la crise démocratique sans les 22 millions de Françaises et Français ruraux ? Qui envisage de mener une nouvelle révolution industrielle sans les ressources et les compétences des 80 % d'extra-métropolitains répartis sur 99 % du territoire ?

La réconciliation des métropoles avec le reste des territoires est un impératif pour la cohésion nationale. Pour cela, il est temps de compléter notre panthéon des valeurs et d'associer à la liberté de circulation une véritable liberté de rester.

Le premier axe pour une mise en œuvre réelle de cette liberté de rester, c'est un changement de paradigme afin que les mobilités ne soient plus subies mais répondent désormais aux aspirations profondes des êtres humains. Fixons l'objectif que, d'ici 2040, aucun service public essentiel d'éducation, de garde d'enfant, de santé, de sécurité ne se trouve à plus de quinze minutes en voiture pour un ménage français. C'est à partir de cette contrainte que nous devons bâtir la présence des services de l'État dans les territoires, et non pas à partir de tableurs de moyens à allouer. Remettre des services publics de qualité, garantir la présence humaine partout dans les territoires, c'est une première étape.

Le second axe réside dans l'emploi. L'emploi public est nécessaire, l'État doit assumer son rôle d'accompagnement de la société. Il n'est pas pour autant celui qui doit organiser la vie économique. L'administration est le premier employeur dans trop de villes petites et moyennes de France.

Nous avons besoin d'emplois de qualité et rémunérateurs pour tous les niveaux de compétence, dans tous les bassins de vie. À partir d'une stratégie industrielle nationale pluriannuelle, chacun des 101 départements français devra être doté d'un plan de spécialisation économique. Sortons de la mise en concurrence des territoires pour bâtir une industrie française cohérente, décarbonée et décentralisée, qui apporte de la prospérité dans tous les départements.

En 2040, la politique gouvernementale devra être sortie des stratégies économiques qui favorisent les bénéficiaires de la mondialisation. Les cadres sont surreprésentés dans les métropoles et ils inscrivent avec facilité à l'agenda médiatique leurs revendications. La prochaine réforme du travail, nécessaire, devra agir autant sur la reconnaissance de la pénibilité des métiers de logisticiens ou d'aides-soignants que sur l'encadrement du télétravail des cadres.

Accès aux services publics essentiels et à des emplois de qualité et rémunérateurs, voilà deux éléments structurants de ce lien que nous pouvons retisser entre les métropoles et leurs périphéries dans les années à venir. Mais sans une reconnexion culturelle, sans un apaisement des crispations identitaires, cela restera insuffisant.

Le personnel politique devra d'abord adopter une attitude et un discours responsables en cessant de monter les citoyens les uns contre les autres. Ensuite, les décideurs publics devront avoir renoué avec l'héritage de Léo Lagrange et de Jack Lang. C'est le troisième axe de travail de cette liberté de rester. Le sport et la culture sont les derniers lieux de rencontre et d'échange de la société. Ils ne peuvent être laissés au seul domaine marchand. L'argent public alloué à ces secteurs n'est pas une dépense mais un investissement dans une ressource rare qui fait pourtant notre devise : la fraternité. Là encore, le clivage entre les métropoles et le reste du pays devra être gommé : nos ruralités ont besoin d'un plan culturel et sportif dédié. La France, ce n'est pas le Paris-Saint-Germain d'un côté et les paysans sans génie de l'autre. Célébrons le talent de nos artisans d'où qu'ils soient issus, reprogrammons des festivals et des fêtes populaires dans la ruralité, mettons en avant nos cultures régionales en créant par exemple un label de Capitale rurale de la culture.

Enfin, la réunion des grandes villes avec le reste du pays ne se fera pas sur la base d'une position statique. Ni la compétition ni la consommation ne sont des projets de société. Notre nation a besoin d'un grand dessein, d'une ambition commune dans laquelle s'engager pour plusieurs années, voire plusieurs générations. La lutte contre le changement climatique, parce qu'il affecte indifféremment les Françaises et les Français, pourrait être ce défi autour duquel s'unir.

Eurodéputé et secrétaire général du Parti socialiste, **Pierre Jouvet** est engagé sur les enjeux d'égalité territoriale et de renouveau institutionnel.

Enfance, éducation : le nécessaire changement de paradigme

Aude Kerivel

Petite enfance, protection de l'enfance et éducation : les moyens d'agir, la formation et la reconnaissance de l'expertise des professionnel.le.s dans des institutions publiques protectrices

Petite enfance, éducation, enseignement, animation, ces professions qui prennent soin, éduquent, protègent, instruisent les enfants d'aujourd'hui peinent à recruter et la tendance n'a aucune chance de s'améliorer si l'on n'agit pas très rapidement sur les causes. Non, il ne s'agit pas d'un manque de vocation ! Cette explication erronée conduit les décideur.euse.s d'aujourd'hui à des campagnes de communication pour recruter des postulant.e.s quitte à ce qu'ils et elles soient moins formé.e.s (pour les enseignant.e.s, les professionnel.le.s de la petite enfance), voire pas formé.e.s du tout (pour les animateur.rice.s ou les éducateur.rice.s spécialisé.e.s), ce qui n'améliorera absolument pas la situation en 2040.

Que se passera-t-il si nos institutions fondamentales manquent de personnel stable et formé ? Imaginez un avenir où de plus en plus d'enfants sont en danger, en souffrance et en difficulté. Comment ferons-nous face à l'augmentation de la délinquance, des problèmes de santé mentale et du décrochage scolaire ? Serons-nous capables d'intégrer ces enfants à l'école, sur le marché du travail et dans une société où la compréhension du monde et l'esprit critique seront cruciaux ?

Un travail empêché pour les professionnel.le.s de l'enfance et de l'éducation

Une bureaucratisation excessive a transformé ces professionnel.le.s en exécutant.e.s soumis à une organisation du travail absurde, au management par les chiffres, à une mise en concurrence contre-productive et à une subordination à des strates importantes de chaînes de décisions de plus en plus complexes.

Des injonctions aux chiffres, quand les directeur.rice.s de lieux d'accueil de la petite enfance, les éducateur.rice.s de jeunes enfants doivent faire remplir à tout prix toutes les heures de place en crèche par des bébés, tout en faisant des économies sur les couches et les repas.

Une position d'exécutant.e quand la moindre activité organisée par un.e éducateur.rice spécialisé.e pour un ou plusieurs enfants, doit être soumise à un process lourd et à l'accord de dix personnes qui sont ses supérieur.e.s hiérarchiques et de six comités de pilotage.

Une mise en concurrence systématique entre les associations de protection de l'enfance ou d'éducation populaire dans la course aux appels d'offres de la puissance publique conduisant à oublier leur raison d'être pour entrer dans des catégories hors sol.

Ces situations aboutissent à une totale impuissance face à des bébés, enfants, adolescent.e.s trop nombreux.ses qui ont besoin d'amour, de disponibilité, de soin, d'attention et de protection.

Comment permettre à un bébé de se développer en toute sécurité affective lorsqu'il se trouve en pouponnière et que des intérimaires se succèdent auprès de lui pour pallier les difficultés de recrutement, alors que le taux d'encadrement est déjà insuffisant ?

Comment protéger des centaines de fratries confiées par le juge aux services et associations de mesures ouvertes et soutenir chaque famille en prise avec la grande précarité, des handicaps, de la violence intrafamiliale, des conflits conjugaux, dans un contexte de crise de la psychiatrie ? Problèmes auxquels s'ajoutent de nouveaux types de situations : retour de zone de guerre, prostitution des mineurs accélérée avec les réseaux sociaux, alors que l'injonction est toujours : « plus de situation pour moins de professionnel.le.s ».

Comment tenir la promesse de l'inclusion des enfants en situation de handicap à l'école, lorsqu'un.e accompagnant.e. d'élèves en situation de handicap (AESH) mutualisé.e doit gérer une dizaine d'enfants répartis dans les différentes classes ?

Comment penser sa pédagogie, le contenu de ses cours et d'éduquer à la pensée lorsque les enseignant.e.s sont contraint.e.s d'appliquer deux nouvelles réformes ou circulaires par an, qui ont été, la plupart du temps, construites sans eux et elles, qui doivent être mises en place dans l'urgence, puis changées l'année suivante, avant même d'avoir pu en évaluer les effets ?

Comment instruire et accompagner à l'orientation tous les élèves d'une classe de collège ségrégé, où sont concentrés une très grande majorité d'enfants vivant chez eux grande pauvreté, précarité et dont les parents sont victimes de discrimination, puisque les écoles privées d'à côté, financées à 75 % par l'État, ont empêché toute mixité sociale ?

Privatisation rampante et réformes déconnectées

Si chaque gouvernement continue de mener des réformes en urgence, si l'on continue d'ajouter des strates hiérarchiques, des chargé.e.s de missions, chargé.e.s de surveiller les professionnel.le.s de terrain, à chaque nouveau problème, plus personne ne souhaitera travailler pour l'Éducation nationale ou pour l'Aide sociale à l'enfance. L'apparition d'éducateur.rice.s spécialisé.e.s « en libéral » (qui se tournent vers l'accompagnement des familles de classes moyennes) depuis quelques années risque fort de se développer, les travailleur.euse.s sociaux.ales fuyant des institutions où ils et elles ont le sentiment d'être maltraitant.e.s et de faire le contraire de ce pour quoi ils et elles ont été formé.e.s.

Il n'y a pas que les institutions publiques qui « empêchent ». Il y a aussi ces grosses associations (qui ont repris et continuent de reprendre de plus petites associations) de la protection de l'enfance ou de l'éducation populaire qui sont mises en concurrence les unes avec les autres, qui doivent baisser leurs coûts et automatiser les process pour espérer remporter des appels d'offres de l'État, et donc réaliser un travail de lobbying pour espérer être financées, ce qui entraîne l'ouverture de nouveaux services de contrôle et de vérification.

Le secteur privé n'est pas en reste. Il y a aussi ces entreprises privées qui par exemple ont une délégation de service public pour gérer l'accueil de la petite enfance dans les communes et qui cherchent à faire du bénéfice ; ces structures privées largement financées par l'État sans subir tous les contrôles auxquels sont soumises les structures publiques.

Il y a ces écoles privées qui, malgré un financement important de l'État, s'octroient le droit de sélectionner de manière opaque les candidat.e.s et de ne pas nécessairement appliquer les programmes de l'Éducation nationale.

Les réformes trop rapides et « hors sol » ont de lourdes conséquences sur les trajectoires des enfants. Pour n'en citer qu'une : la politique inclusive et de désinstitutionnalisation dans le champ du handicap (une bonne idée théoriquement) a conduit de nombreux enfants et jeunes en situation de handicap à se retrouver exclus du système scolaire et « sans solutions ». Des enfants que l'on retrouve, in fine, dans le système de l'aide sociale à l'enfance, faute d'autres possibilités.

Un changement de paradigme pour 2040

Les salaires et les conventions collectives sont à revoir aujourd'hui : alors que beaucoup de choses se jouent les mille premiers jours dans la petite enfance, ces professionnel.le.s gagnent aujourd'hui en moyenne 1 900 euros brut mensuels. Alors que le travail éducatif est fondamental : un.e éducateur.rice spécialisé.e gagne 2 190 euros brut, une AESH 1 250 euros brut et un animateur.rice périscolaire 2 313 euros brut. Alors qu'ils et elles œuvrent pour le futur de notre pays, un.e enseignant.e gagne 2 368 euros brut et un.e professeur.e d'université 4 405 euros brut. Nous parlons de professionnel.le.s qui ont suivi entre trois et huit ans d'études après le baccalauréat.

Au-delà des salaires, il s'agit d'un changement de paradigme, permettant aussi de rendre ces augmentations réalisables d'un point de vue budgétaire. Si ces professionnel.le.s ont suivi une formation et continuent d'être formé.e.s de manière continue pour faire face aux évolutions de la société, ils et elles doivent pouvoir être en mesure de répondre aux enjeux de la formation et de la désinformation, en passant par les nouvelles technologies et l'intelligence artificielle, ils et elles sont en mesure de prendre certaines décisions, sans se référer à une douzaine de strates hiérarchiques, et de penser les politiques publiques en interne. Ces professionnel.le.s innovent en permanence en s'ajustant au plus près des besoins des bébés, des enfants, des jeunes et des familles, tout en faisant face aux évolutions des enjeux et aux crises : proxénétisme en ligne, crise de la psychiatrie, gestion des crises et décompensation, terrorisme et embrigadement de jeunes ou retour de djihad. Il leur faut du temps libéré pour se former.

Il y a un changement de paradigme plus que nécessaire : reconnaître ces enseignant.e.s, ces éducateur.rice.s, ces animateur.rice.s, ces ATSEM (agents territoriaux spécialisés des écoles maternelles), ces maître.sse.s de maisons, ces AESH au même niveau, voire au-dessus de ceux et celles qui « coordonnent » ou « contrôlent », « vérifient », « pensent ». Tout simplement parce qu'ils et elles ne sont pas de simples exécutant.e.s mais sont acteur.rice.s des politiques publiques qui les concernent et prennent des décisions dans le cadre de leur travail, en se référant à une équipe plutôt qu'à de multiples strates hiérarchiques et descendantes. Le modèle du taylorisme, qui se traduit aujourd'hui par le *new public management*, n'est pas opérant lorsqu'il s'agit d'éduquer ou de former des enfants et d'accompagner des familles. Économisons d'abord sur l'externalisation de la pensée contre-productive : le recours à des cabinets de conseil pour penser de manière complètement hors sol le futur des enseignant.e.s et des travailleur.euse.s sociaux.ales, s'il continue, ne fera qu'augmenter la crise par une déconnexion croissante avec les besoins réels.

Il est essentiel de réduire le budget des établissements privés, subventionnés par les financements publics, qui empêchent l'enseignement public d'atteindre ses missions : la mise en œuvre du code de l'éducation, tout en encourageant la mixité sociale des publics scolarisés. Il faudrait également diminuer le budget alloué aux start-up du social et de l'économie sociale et solidaire, ainsi que des entreprises proposant des programmes dont elles vantent un impact social aucunement prouvé d'un point de vue scientifique. Elles raflent des financements publics et se trouvent bloquées face à une injonction à l'essaimage et au développement.

Économisons ensuite sur la démultiplication des systèmes de contrôle, des agences et des inspections, qui entraînent le remplissage de grilles inutiles avec des critères inopérants qui n'ont pas fait leurs preuves jusqu'à présent, ni dans le domaine de la protection de l'enfance, ni à l'école. Économisons, d'ici 2040, en réduisant, voire en supprimant les strates de certains services administratifs de corps intermédiaire et de contrôle ou d'agent.e.s payé.e.s plus du double des professionnel.le.s de terrain (en ne renouvelant pas les départs en retraite pour ces postes).

En outre, diminuons les services de lancement et de réponse aux appels d'offres qui parasitent les services publics à l'échelle de l'État, des départements, des collectivités et du secteur associatif, majoritairement acteur des politiques de prévention et d'éducation.

Enfin, laissons de côté la succession de réformes non expérimentées à petite échelle et non évaluées qui changent à chaque gouvernement. L'hubris des gouvernements conduit à « la rapidité sans la qualité », avec des politiques publiques de l'éducation et de l'enfance soumises au rythme des campagnes et des élu.e.s. Pour cela, une respécialisation des hauts fonctionnaires s'impose, en revenant sur l'injonction à la transversalité et au changement de postes, pour un suivi plus pointu des politiques éducatives et des politiques de l'enfance.

Une politique publique au plus proche de l'enfance et de la jeunesse

Pour que les professionnel.le.s qui s'occupent au quotidien des bébés, des enfants, des jeunes et de leur famille aient le temps, la disponibilité, les marges de manœuvre pour les « élever » ; pour leur proposer des projets collectifs, pour éduquer et transmettre, comme pour accompagner les familles, les soutenir autant que nécessaire, former les nouvelles générations et travailler en partenariat ; afin qu'ils et elles aient le temps de mettre en œuvre des politiques publiques qui constituent en théorie de bonnes idées, il faut du temps et des moyens en plus d'une implication de terrain.

Pour avoir des professionnel.le.s formé.e.s et stables sur le terrain (ATSEM, maître.sse.s de maison, éducateur.rice.s, AESH, animateur.rice.s, enseignant.e.s…), il faut augmenter les salaires de tous ceux et toutes celles qui sont au quotidien en face des enfants, des jeunes et des familles. Une telle mesure aura, par ricochet, des effets sociétaux puisque ces professionnel.le.s sont majoritairement des femmes, parfois cheffes de famille monoparentale, risquant elles-mêmes d'être en situation de pauvreté, gonflant alors les rangs des familles ayant besoin d'être soutenues.

Par ailleurs, il faut également investir pour assurer des équipes stables, cohérentes et formées de professionnel.le.s. C'est la seule manière de relever collectivement, avec les familles, les enfants et les jeunes, les défis actuels, anciens et nouveaux. Sécurité et protection ne peuvent se faire sans stabilité. L'accompagnement ne peut exister sans possibilité d'adaptation aux nouveaux défis sociétaux, et sans temps de réflexivité collective et formation continue. Valorisons également la stabilité des hauts fonctionnaires en mettant le bien commun et le service public au-dessus des carrières personnelles.

Profitons de cette fameuse baisse démographique pour diminuer le nombre d'élèves par classe. Dans le même temps, il est urgent de stopper la fermeture des écoles, à la fois poumons de la France rurale et institutions à taille humaine des grosses agglomérations urbaines. Cette stratégie peut s'inscrire dans une visée plus globale de soutien à ces institutions sur tout le territoire : les lieux d'accueil de la petite enfance, les structures parentales pour lutter contre les situations de danger, les petites associations historiques ancrées localement et les mouvements d'éducation populaire, véritables acteur.rice.s de prévention.

Augmentons aussi le nombre d'éducateur.rice.s, d'animateur.rice.s, d'éducateur.rice.s sportif.ve.s et socioculturel.le.s dans le domaine de la prévention et de l'accompagnement en milieu ouvert, pour éviter au maximum les placements auprès de l'Aide sociale à l'enfance ou la protection judiciaire de la jeunesse.

Enfin, menons une véritable politique de mixité sociale volontariste dans les écoles publiques et privées en nous appuyant sur des expérimentations (« Mixité au collège », procédure « Affelnet ») ayant été déjà mises en œuvre et en impliquant le secteur privé.

Dans le contexte politique et social qui s'annonce, il s'agit de s'appuyer sur des institutions, des organisations et des corps professionnels compétents, de leur donner les moyens d'agir dans leur travail quotidien auprès des enfants, des jeunes et de leur famille, prévenir et anticiper plutôt que de panser, subir et agir dans l'urgence.

Docteure en sociologie et directrice
du Laboratoire d'évaluation des politiques publiques
et des innovations (LEPPI), **Aude Kerivel**
travaille sur la protection de l'enfance
et les politiques éducatives.

Le numérique dans quinze ans

ANNE-MARIE KERMARREC

Prédire ce que sera l'informatique dans quinze ans et quelle place tiendra le numérique dans notre société n'est pas une chose aisée tant les avancées dans le domaine ont été aussi spectaculaires que surprenantes. Et si nous reléguions le Web, tel que nous le connaissons, pour confier l'ensemble de nos interactions à un agent conversationnel capable de comprendre le langage naturel et de prendre en charge toutes nos requêtes, même les plus complexes ?

Avant d'en arriver là, prenons un peu de recul… Si l'on s'en tient aux prophéties du siècle dernier, dès les années 1980 on s'imaginait s'épargner embouteillages et créneaux avec des voitures volantes en l'an 2000. 2025 : certes les voitures autonomes évoluent prudemment (ou presque) dans la Silicon Valley, mais les autoroutes aériennes à la *Blade Runner* ne sont pas près d'être mises en œuvre.

Étonnamment, les archives de l'INA révèlent un ancêtre de Zoom dès 1947, des pseudo-GPS dans les années 1960, et même une séquence filmée – toujours en 1947 – montrant des passants marchant dans la rue, les yeux rivés sur un appareil doté d'un écran. Une scène qui préfigure le spectacle familier de nos trottoirs en 2025, où les passants risquent leur vie à chaque fois qu'ils traversent la route, absorbés par les dernières vidéos suggérées par TikTok.

Nous n'avons cependant pas vu venir de nombreuses prouesses du numérique. En particulier, s'il y a bien un phénomène que personne n'avait anticipé – ni les chercheurs ni le grand public –, c'est l'avènement des réseaux sociaux. Personne n'avait soupçonné l'importance qu'ils prendraient en à peine une dizaine d'années dans nos vies, la dépendance sans précédent qu'ils engendreraient, notamment chez les jeunes, et l'influence considérable qu'ils exerceraient, tant dans la sphère privée que dans la sphère professionnelle. Leur impact va jusqu'à manipuler l'information, polariser l'opinion, créer des bulles d'enfermement – merci encore une fois à l'intelligence artificielle – qui fournissent aux utilisateurs une vue limitée, voire fausse, de l'information, et même influencer les processus électoraux.

J'ai d'ailleurs posé la question de l'avenir de l'informatique à ChatGPT, me disant que s'il est capable de m'écrire un poème dans le style de Baudelaire ou de réussir l'examen du barreau, il peut peut-être avoir une idée sur le futur, même si, rappelons-le, ChatGPT est entraîné sur des données du passé. J'avoue qu'il m'a servi un ensemble de banalités, dont le résumé pourrait être : « En 2040, le numérique sera sans doute plus fluide, intégré et "invisible", tout en soulevant de nouvelles questions éthiques et sociétales. L'enjeu majeur ne sera plus seulement ce que le numérique peut faire, mais comment nous voulons qu'il le fasse et sous quel contrôle. »

Le monde académique ne sait pas davantage prédire ce que sera l'informatique dans quinze ans – et, d'ailleurs, il n'ose plus vraiment s'y risquer. Je me lance donc dans cet exercice avec une grande humilité. Ce que nous savons néanmoins, c'est qu'un certain nombre d'enjeux sont déjà cruciaux, même si nous les avons trop souvent sacrifiés sur l'autel des prouesses technologiques. Sans les détailler entièrement tout de suite – car nous y reviendrons –, on peut toutefois en citer trois, qui méritent toute notre attention.

D'abord, la consommation énergétique du numérique est préoccupante, surtout à l'heure où le réchauffement climatique s'accélère. Ensuite, la protection de la vie privée, et plus généralement l'éthique, revêt une importance considérable. Enfin, l'éducation au numérique reste un défi majeur, qu'il est indispensable de relever pour préparer les générations futures.

L'informatique est à la fois la science la plus jeune de notre société et la plus transformatrice de notre époque. Elle a provoqué des bouleversements culturels et économiques majeurs dont nous commençons à peine à mesurer pleinement les effets. Elle a tout renversé sur son passage : nos usages, nos emplois, nos cultures, la politique, l'éducation, l'industrie, la santé. On prédit tour à tour qu'elle réduira les inégalités ou, au contraire, qu'elle les creusera, qu'elle créera autant d'emplois qu'elle en fera disparaître. Certains affirment qu'elle permettra de lutter contre le réchauffement climatique, tandis que d'autres sont convaincus qu'elle y contribue.

Les faits sont là : la révolution numérique, amorcée au siècle dernier, sous l'égide d'Alan Turing a pris un nouvel essor au XXIe siècle avec l'avènement de l'intelligence artificielle. Fasciné par ses prouesses, chacun s'est pris à converser avec un ChatGPT, Lechat, Gemini ou autre Claude pour un oui ou pour un non, dès 2022. Mais ne nous arrêtons pas à cette utilisation personnelle des agents conversationnels. L'IA est bien installée pour rester et impacter profondément notre société.

Une brève histoire de l'Internet

Revenons un instant sur l'invention numérique majeure du XXe siècle : Internet[1] qui reste l'un des projets les plus collaboratifs de l'histoire de l'informatique dont le but ultime était de créer des communications instantanées gratuites et universelles entre ordinateurs. Sa force réside dans sa décentralisation. À l'origine, l'objectif était de garantir la continuité des télécommunications même en cas d'attaque : si un nœud tombait, le reste du réseau devait continuer à fonctionner et les données

1. Vinton G. Cerf et Robert E. Kahn, « A Protocol for Packet Network Intercommunication », *IEEE Transactions on Communications*, vol. 22, n° 5, 1974, pp. 637-648.

devaient rester accessibles. Internet fonctionne comme un immense réseau routier : lorsqu'une communication part d'un point A pour atteindre un point B, elle progresse à travers le réseau en passant par des machines intermédiaires. Chacune de ces machines, à partir d'informations purement locales, transmet les données à l'intermédiaire suivant. C'est un peu comme voyager de Lausanne à Rennes : les panneaux signalent d'abord Genève, puis Paris, puis enfin Nantes et Rennes. Les routes ont des capacités variables et, en cas d'embouteillage, une déviation est empruntée. Le trafic se régule de manière autonome, sans chef d'orchestre central.

La véritable démocratisation d'Internet viendra en 1989 avec le World Wide Web[1], inventé par Tim Berners-Lee, initialement inventé pour permettre aux chercheurs d'échanger facilement de l'information.

Et pourtant, l'Internet que nous connaissons aujourd'hui est, paradoxalement, éminemment centralisé, malgré une couche réseau qui reste décentralisée par conception même si ce n'était clairement pas l'objectif de l'inventeur du Web. Les données sont stockées et les calculs réalisés dans d'immenses centres de données – appartenant aux géants du numérique – particulièrement énergivores. La plupart des applications lucratives qu'ils nous proposent exploitent sans vergogne l'ensemble de nos données personnelles. Ils ont réussi ce tour de force de collecter massivement nos données, de les analyser et de nous les revendre, généralement sous la forme détournée de publicité. Cette centralisation, si elle est économiquement efficace, crée de fortes fragilités : risques techniques, atteintes à la vie privée, concentration du pouvoir, et surtout, un éloignement préoccupant de l'idéal d'un Internet ouvert, résilient et partagé.

Il en va de même pour les modèles d'IA qui, s'ils nous semblent très utiles, se nourrissent allègrement de nos données et de nos requêtes sans que nous ayons réellement la maîtrise de

1. Tim Berners-Lee, Robert Cailliau, Ari Luotonen, Henrik Frystyk Nielsen et Arthur Secret, « The World Wide Web », *Communications of the ACM*, vol. 37, n° 8, 1994, pp. 76-82.

leur usage. Or, nous le savons, si l'IA permet d'aller beaucoup plus vite que les humains, elle est aussi sujette à des hallucinations ou à des biais. Il suffit de lancer une requête Google sur les jouets pour filles par exemple pour voir notre écran se colorer en rose. De même, demander un conseil d'orientation révélera des stéréotypes : ingénieur pour un garçon, infirmière pour une fille. La reconnaissance faciale, quant à elle, fonctionne notoirement moins bien pour les personnes de couleur que pour les hommes blancs. À terme, ces biais, appliqués à des décisions cruciales – octroi de prêts bancaires, calcul des primes d'assurance, évaluation du risque de délinquance –, peuvent produire des conséquences gravement inéquitables. L'IA est biaisée car elle s'entraîne sur des données elles-mêmes imparfaites. Des garde-fous et des solutions techniques existent bel et bien pour limiter ces dérives, mais peut-on réellement faire confiance aux entreprises dominantes pour les appliquer de manière transparente et responsable ?

Vers un Internet décentralisé, éthique et durable

Une voie d'accès à un Internet éthique et dépourvu de biais consiste à revenir aux principes fondateurs d'Internet : la collaboration et la décentralisation. C'est justement ce que proposent les architectures décentralisées, ou pair à pair : elles visent à rendre les applications aussi décentralisées que la couche réseau d'Internet. Or, même si l'informatique est aujourd'hui massivement répartie – en particulier dans les centres de données –, on conserve encore la notion d'un serveur ou d'une entité unique pouvant accéder à l'ensemble des informations du système. Bien entendu, le but n'est pas de tourner le dos au cloud, mais d'offrir une alternative plus vertueuse.

Dans un système décentralisé, la notion même de serveur disparaît : chaque nœud endosse à la fois les rôles de client et de serveur. Il contribue donc à l'exécution de l'application – calcul, stockage de données, communication – tout en profitant du service comme utilisateur. Popularisée au début des années

2000, cette architecture pair à pair[1] offre d'excellentes propriétés de passage à l'échelle. En éliminant le serveur central, on supprime la dépendance à un point unique : celui-ci concentre le pouvoir, devient un goulet d'étranglement et représente un point unique de défaillance. Prenons une analogie : si un seul serveur doit accueillir toujours plus de clients, il finit par saturer ; il faut en recruter un deuxième, puis un troisième, jusqu'à rendre l'organisation complexe et fragile. Dans un modèle décentralisé, la charge est répartie entre toutes les machines ; si l'une tombe en panne ou se déconnecte, les autres poursuivent le fonctionnement sans interruption. En termes de passage à l'échelle, c'est d'autant plus intéressant que chaque nouveau client devient aussi un serveur, accroissant automatiquement et linéairement la capacité du système.

Les premières applications grand public de l'architecture pair à pair ont surtout concerné le partage de musique et de films – plus ou moins légal – avec des protocoles comme Gnutella[2] ou BitTorrent[3]. Depuis, ce modèle a été décliné pour de nombreux usages : stockage distribué de fichiers, réseaux sociaux décentralisés, et plus récemment blockchains, pierre angulaire des cryptomonnaies telles que le Bitcoin.

Entrons un peu plus dans la technique. Dans un système distribué comptant potentiellement des millions de machines, chaque nœud ne communique pas avec l'ensemble des autres, mais seulement avec un petit sous-ensemble. Concrètement, si n désigne le nombre total de machines, un nœud échange en général avec un nombre logarithmique, log(n) de machines. En informatique, on apprécie particulièrement le logarithme : même lorsque n croît énormément, log(n) n'augmente que lentement. Tout l'enjeu consiste donc à sélectionner, pour chaque nœud, un sous-ensemble avec lesquel communiquer. Cette

1. « Peer-to-Peer ». Modèle de réseau distribué dans lequel chaque nœud agit à la fois comme client et comme serveur (Wikipedia).

2. « Gnutella ». Protocole de partage de fichiers pair à pair décentralisé, apparu au début des années 2000 (Wikipedia).

3. « BitTorrent ». Protocole de transfert de fichiers en pair à pair conçu pour optimiser la distribution de données volumineuses (Wikipedia).

sélection doit impérativement éviter toute partition du réseau : il faut qu'il existe à tout moment un chemin reliant n'importe quelle paire de pairs, même si certains d'entre eux se déconnectent temporairement.

Depuis quelques années, ce paradigme s'est invité dans le domaine de l'IA. Transposé à l'apprentissage automatique – on parle alors d'apprentissage collaboratif – il s'attaque à un enjeu majeur : la confidentialité des données. Imaginons un réseau d'hôpitaux répartis dans plusieurs régions, voire dans différents pays. Chacun possède des quantités considérables d'informations, notamment les dossiers médicaux de ses patients : une mine d'or pour former des modèles de prédiction. Or, pour des raisons éthiques et réglementaires, il est impensable de partager ces données. Appliqués à l'intelligence artificielle, les systèmes décentralisés permettent à chaque entité – des hôpitaux, par exemple – de participer à l'entraînement d'un modèle global sans jamais divulguer ses données brutes. Celles-ci restent là où elles sont produites, préservant ainsi la confidentialité et le respect des réglementations. Le même principe vaut pour bien d'autres usages : les SMS ou courriels pour la prédiction de texte, l'historique de navigation pour les moteurs de recommandation, ou les photos stockées localement pour la classification d'images.

Bien sûr, il reste nécessaire d'échanger des informations : c'est là que l'aspect collaboratif intervient. Une méthode classique consiste à entraîner un modèle local sur chaque machine, puis à transmettre les paramètres au serveur central, qui les agrège et renvoie le modèle mis à jour à tous les participants pour la ronde suivante ; c'est le principe de l'apprentissage fédéré[1]. On obtient ainsi un modèle formé sur l'ensemble des données sans jamais déplacer celles-ci. Mais cette architecture conserve les faiblesses de la centralisation : difficultés de montée en charge, point unique de défaillance et risques résiduels pour la vie privée.

1. Peter Kairouz, et al., « Advances and Open Problems in Federated Learning », *Foundations and Trends in Machine Learning*, vol. 14, nos. 1-2, 2021, pp. 1-210.

Pour lever ces limites, on adopte une approche entièrement pair à pair. Chaque nœud n'échange plus que son modèle local, entraîné sur ses propres données, avec un petit ensemble d'autres pairs. Des algorithmes épidémiques[1] diffusent ensuite ces paramètres à travers le réseau, c'est-à-dire que les modèles sont diffusés de proche en proche dans le réseau à la manière d'un virus. L'apprentissage finit donc par couvrir l'intégralité du corpus, sans qu'aucune donnée brute circule. La convergence est plus lente, mais on l'accélère en faisant évoluer dynamiquement le graphe de communication, de manière à rapprocher temporairement les participants les plus pertinents.

C'est le principe de l'apprentissage décentralisé (DL)[2]. Un essaim d'appareils – les nœuds – construit collectivement un modèle d'IA tout en préservant la confidentialité. À chaque cycle, chaque nœud entraîne un modèle local sur ses données privées et il l'améliore sur ses données locales. Il partage ensuite les poids mis à jour avec ses voisins (les autres pairs sélectionnés pour la communication). Enfin, il agrège les modèles reçus de ses voisins avec le sien. Ce processus est itéré jusqu'à ce que tous les nœuds du réseau aient convergé vers un modèle global sans point de défaillance unique ni atteinte à la vie privée.

Cependant, partager un modèle n'est pas totalement sans risque : il reste possible pour un attaquant de deviner des informations sur les données d'origine en analysant uniquement les modèles échangés. Pour limiter ce risque, certaines méthodes ajoutent du bruit (confidentialité différentielle ou *differential privacy*[3] en anglais), chiffrent les échanges (agrégation sécurisée ou encryption homomorphique[4]) ou encore fragmentent le

1. « L'algorithme épidémique », *Binaire, Le Monde*, 10 oct. 2016.

2. X. Lian, C. Zhang, H. Zhang, C.-J. Hsieh, W. Zhang, et J. Liu, « Can Decentralized Algorithms Outperform Centralized Algorithms? A Case Study for Decentralized Parallel Stochastic Gradient Descent », *NeurIPS*, 2017.

3. « Differential Privacy ». Technique garantissant la confidentialité statistique des individus dans une base de données (Wikipedia).

4. « Homomorphic Encryption ». Méthode de chiffrement permettant de réaliser des calculs sur des données chiffrées sans les déchiffrer (Wikipedia).

domaine[1], approche plus récente dans laquelle un nœud n'envoie jamais la totalité de son modèle à un autre mais le fragmente, de manière à ne pas divulguer suffisamment d'information à un attaquant potentiel pour reconstruire le modèle initial, et qui permet de ne pas sacrifier la précision pour les approches basées sur le bruit, sans présenter les coûts prohibitifs des approches sécurisées. Ce domaine est donc un enjeu majeur sur lequel le monde académique continue de se pencher activement.

Si cette approche permet de respecter la confidentialité des données, il reste de nombreux défis liés à l'adoption de ce paradigme. Pourtant, il semblerait que nous soyons aujourd'hui prêts techniquement et sociétalement parlant à adopter cette approche : il est de plus en plus de cas ou décentralisation répond déjà à un besoin criant – par exemple le partage de données médicales ou la mise en commun de puissance de calcul coûteuse. Pour faciliter l'adoption il est aussi nécessaire de bâtir une pile technique open source éprouvée (combinant algorithmes épidémiques pour la communication, algorithmes d'apprentissage, technique de sécurisation). La lutte contre les biais passera également par l'établissement de standards d'interopérabilité et des audits ouverts pour rassurer régulateurs et métiers, tout en alignant les intérêts économiques. On peut imaginer des crédits pour les fournisseurs de calcul (il existe déjà des start-up qui effectuent la correspondance entre offre et demande de calcul), accès privilégié aux inférences pour les organisations contributrices, et pourquoi pas des dividendes pour les producteurs de données utiles. Il est donc possible à un horizon de quinze ans de voir s'établir durablement les approches décentralisées pour créer une infrastructure de confiance.

Je crois que le monde est prêt pour cette quatrième révolution du Web et également pour aller plus loin dans le cadre de l'IA. L'IA agentique collaborative[2] en est encore à

1. Ratul Biswas, et al., « Noiseless Privacy-Preserving Decentralized Learning », *Proceedings on Privacy Enhancing Technologies (PoPETS)*, 2025.
2. Mohit Sharma, et al., *Collaborative Agentic AI Needs Interoperability across Ecosystems*, arXiv, 24 mai 2025.

ses balbutiements mais devrait bouleverser des secteurs entiers en permettant à des agents dopés à l'IA de percevoir, planifier et agir de façon autonome dans des environnements numériques. L'IA agentique est cette approche émergente dans laquelle des agents autonomes, généralement alimentés par de grands modèles de langue (LLM), peuvent prendre des décisions, agir et apprendre à partir de l'environnement où ils sont déployés.

Leurs capacités dépassent celles de l'IA générative : ils peuvent invoquer des outils, conserver une mémoire à court et à long terme, et s'engager dans des flux de travail complexes avec d'autres agents. Cette aptitude à planifier, communiquer et collaborer de façon autonome ouvre une nouvelle palette de possibilités, de la découverte scientifique à l'orchestration d'entreprises multi-agents. À mesure que le monde académique et l'industrie approfondissent leur compréhension de ces systèmes, l'impact de l'IA agentique s'annonce profondément transformateur. Si des agents isolés ont déjà démontré un potentiel remarquable grâce à des outils d'analyse approfondie ou de recherche web, les systèmes d'IA multi-agents gagnent du terrain pour permettre une IA agentique collaborative. Les déploiements récents en témoignent dans plusieurs domaines scientifiques. Aujourd'hui, pourtant, les solutions actuelles se développent chacune dans leur coin, nous menant vers un paysage d'écosystèmes fragmentés et incompatibles. Dans ce contexte, l'interopérabilité – rendue possible par l'adoption de standards minimaux – sera indispensable pour garantir des écosystèmes agentiques ouverts, sûrs, à l'échelle du Web et largement adoptés.

Un autre enjeu crucial est la consommation d'énergie. L'IA est notoirement énergivore : si le streaming vidéo domine aujourd'hui, les projections montrent que les modèles d'IA pourraient bientôt le détrôner tant leur puissance de calcul explose – une requête ChatGPT, par exemple, peut consommer jusqu'à trente fois plus d'électricité qu'une recherche Google. Dans ce contexte de lutte contre le réchauffement climatique, promouvoir une IA frugale devient urgent ;

l'architecture décentralisée, qui exécute des modèles plus légers directement sur les appareils (et, au besoin, personnalisés), offre une piste crédible.

On peut aussi repenser nos usages, à l'image de l'évolution du plastique : dans les années 1980, son utilisation avait atteint des sommets ; les sacs plastiques avaient supplanté les paniers et les emballages siliconés avaient remplacé le carton. Même si l'industrie continue d'en produire, la croissance s'est depuis ralentie sous l'effet d'une prise de conscience citoyenne. De la même manière, reconnaître les risques d'une consommation numérique effrénée – dont l'omniprésence des écrans qui on le sait présente de plus en plus de défis aux jeunes et aux enfants – pourrait nous conduire vers un usage du numérique plus sobre, responsable et compatible avec les impératifs climatiques.

Grâce à ces technologies, on peut rêver d'un Internet réinventé : nos interactions ne passeraient plus par une succession de requêtes web mais par un dialogue continu avec un agent personnel. Cet agent, capable de comprendre notre langage naturel, se chargerait en coulisse de contacter tous les acteurs pertinents – serveurs ou autres agents – pour nous fournir la réponse optimale. Le tout en garantissant la confidentialité de nos données, en maîtrisant la consommation d'énergie et en restant suffisamment transparent pour que nous puissions comprendre et contrôler chacune de ses décisions.

Au-delà d'un Internet décentralisé et de cet agent personnel, d'autres révolutions numériques se profilent. L'informatique quantique, par exemple, pourrait enfin se démocratiser et décupler nos capacités de calcul – au prix, toutefois, d'exigences énergétiques considérables. Le métavers, annoncé naguère comme imminent par Meta mais resté discret depuis, deviendra-t-il vraiment l'environnement numérique quotidien ? En médecine, l'IA est appelée à se généraliser : notre futur « médecin de famille » sera-t-il un agent intelligent ? Quels nouveaux métiers émergeront de ces bouleversements ? Est-ce que l'homme sera réellement augmenté et comment ?

Il est certes difficile, aujourd'hui, d'apporter des réponses définitives. Une certitude subsiste néanmoins : pour aborder ces bouleversements sereinement, il faut placer l'informatique au cœur de l'éducation et de la formation, à tous les niveaux. Chacun doit comprendre qu'au-delà de la « magie » de l'IA – qui suscite parfois la crainte d'être dominés par les machines – se trouvent simplement des assemblages ingénieux de machines, de données et d'algorithmes, autant de concepts aussi fondamentaux à maîtriser que le théorème de Pythagore ou les vers de Victor Hugo.

Informaticienne, professeure à l'EPFL (École polytechnique fédérale de Lausanne) et fondatrice de Mediego, **Anne-Marie Kermarrec** est spécialiste des systèmes distribués et de la personnalisation.

Avoir 20 ans dans vingt ans

Gaspard Koenig

Léo s'assoit en tailleur sur la terre humide et débouche le pétillant de sureau qu'il a mis en bouteille au printemps dernier. Il ne se refuse rien. On n'a pas tous les jours 20 ans !

— On est vraiment la génération bénie, dit Sofia.

Les autres hochent la tête. Comme tous ceux nés au mitan des années 2020, ils ont conscience d'appartenir à un moment privilégié de l'histoire. Tout est possible, tout est nouveau, tout leur sourit. La plupart sont étudiants. Ils ont choisi les matières à la mode, celles où les débouchés sont certains : agronomie, écologie urbaine, biochimie, langues régionales, hydrologie régénérative, architecture vernaculaire, médecine microbienne, éthologie, sciences politiques appliquées… À l'inverse, administration et communication ont disparu des cursus, tandis que les ingénieurs, les juristes, les informaticiens et les financiers vivotent dans des départements de recherche exsangue. Difficile de prétendre à une grande carrière si l'on n'est pas passé, à un moment ou à un autre de ses études, par une formation en biologie.

— Les darons daronnes, ils en ont bien bavé quand même.

Chacun déballe ses victuailles dans un silence gêné, mettant en commun quiches maison, légumes frais et même gâteaux au cannabis AOC. Ils sont assez âgés pour se souvenir de la Grande Faillite, même si, plongés à l'époque dans le monde enchanté de l'enfance, ils ne comprenaient pas trop les angoisses de leurs parents. L'État, ruiné par plus d'un demi-siècle d'incontinence budgétaire et d'abandon moral, avait fait banqueroute. Du jour au lendemain, les fonctionnaires ne furent plus payés, les services publics plus financés, les produits de base plus subventionnés. Une bonne moitié des entreprises, dépendantes de la commande publique ou des aides de l'État, durent mettre la clé sous la porte. Les coupures d'eau et d'électricité devinrent quotidiennes. Soudain privés de réseau et de moyens de communication, les gens erraient dans les rues comme des zombies. Certains hurlaient en serrant contre eux un portable éteint. Avec une rapidité stupéfiante s'imposa à nouveau dans chaque foyer la grande question de l'histoire humaine : que peut-on manger ce soir ?

Le père de Léo, consultant en affaires publiques, avait perdu non seulement son poste mais aussi son métier, qui ne faisait plus aucun sens dans cette société en pleine décomposition. Après une semaine de claustration, il avait éteint son MacBook Air et ressorti du grenier une machine à coudre Singer qui avait appartenu à sa grand-mère dentellière. Il s'était mis au travail, d'abord en bougonnant et en pestant contre les politiques, puis avec la fierté nouvelle pour lui du travail bien fait. Quant à la mère de Léo, qui travaillait auparavant dans un département de ressources humaines, elle avait immédiatement mis en place un comité d'immeuble qui tentait tant bien que mal d'assurer la survie collective, en effectuant par exemple des rondes de nuit contre les pilleurs. Elle y consacrait toute son énergie mais devait lutter contre le vertige que lui donnait une organisation sans process prédéfini, où les règles naissaient au fur et à mesure, floues et mouvantes, provisoires et contestables.

Léo et la bande d'enfants du quartier, eux, ne s'étaient jamais autant amusés. Ils gambadaient dans les rues vidées de véhicules, explorant les magasins et les bureaux abandonnés. Sofia et Léo s'adonnaient avec succès à un petit trafic de bidons d'eau potable qu'ils échangeaient contre du bois ou des fruits. Même l'école était devenue un jeu. Ayant dû renoncer à leurs logiciels de notation, à leurs présentations PowerPoint et à leurs manuels interactifs, étant par ailleurs libérés de toute tutelle hiérarchique comme de toute obligation de respecter le programme, les profs qui restaient s'étaient mis à raconter des histoires et à parler aux élèves. Le soir venu, tout le monde sortait. Les adultes se réunissaient dans les cours ou sur les trottoirs pour discuter de la situation, échanger des conseils et organiser des actions communes. Les nuits se finissaient souvent en dansant au son d'une guitare ou d'un vieux lecteur CD. Léo en garde le souvenir d'une fête perpétuelle.

— Moi, je ne me sens pas trop béni, lance Elouenn en tartinant son pain.

Les autres soupirent et le taquinent. Ils reconnaissent bien là Elouenn, toujours nostalgique d'une époque qu'il a si peu connue. Il faut dire que sa famille vivait autrefois sur un grand pied, en voyageant aux quatre coins du monde et en achetant tous les derniers gadgets technologiques. Ils ont particulièrement souffert des blackouts : plus rien ne marchait chez eux sans électricité, même pas la porte d'entrée ! Elouenn avait souvent dû se réfugier chez les uns et les autres pour dormir. Il en a conservé une peur permanente, celle de devoir fuir.

— D'accord, il y a eu les Longues Émeutes, admet Léo. Mais on n'est pas bien, maintenant ? À partir de demain, je vais toucher mon revenu universel comme tout le monde en France. Je n'aurai jamais à me soucier de mes besoins de base. Je peux faire mille projets. Je suis tellement curieux de vivre chaque jour qui vient.

— Un revenu universel, pour quoi faire ? ironise Elouenn. On ne peut plus rien acheter. Avant, les gens travaillaient beaucoup mais ils utilisaient ensuite leur argent comme ils le voulaient. Il y avait bien plus de choix dans les boutiques. On ne passait pas son temps dans toutes ces assemblées locales qui finissent toujours par nous retirer des libertés.

— Mais c'est quoi, la liberté ? réagit Léo. Pouvoir tout faire, à tout moment ? Acheter des avocats l'hiver, passer le week-end en Grèce, changer de fringues chaque semaine, se faire livrer des brosses à dents connectées, mater des séries toute la nuit ?

— Par exemple, oui. Chacun selon ses goûts.

— Eh bien, moi, je me sens plus libre aujourd'hui. Parce que je participe aux délibérations pour décider des règles de la communauté. Parce que je ne dépends pas des réseaux centralisés et des chaînes d'approvisionnement mondiales, notre biorégion étant autonome sur le plan alimentaire et énergétique. Parce que je communique toute la journée avec des êtres humains au lieu d'être dirigé par des robots.

— On connaît par cœur ce discours. Tu récites la propagande des ultras !

Le soir commence à tomber et une forte odeur de jasmin se répand dans l'air. Les jeunes gens s'allongent dans l'herbe. Tout autour, les arrosages automatiques se sont mis en marche et irriguent les potagers avec l'eau de la Seine. On entend aussi le sifflement de quelques drones désherbeurs.

— De toute façon, conclut Sofia, on ne pourrait pas revenir à l'ordre ancien, qu'on le veuille ou non. On n'a même plus de Président !

Tout le monde rit. C'est une vieille histoire, les Présidents. Difficile pour cette génération d'imaginer un homme qui s'exprimait en permanence et décidait de tout. À présent, les délégués des différentes communautés se rencontrent pour discuter des sujets qu'ils n'arrivent pas à gérer eux-mêmes. Ils mettent en commun, de manière ad hoc, une part des impôts locaux, qui constituent 90 % de la fiscalité. Il y a bien un coordinateur national, mais c'est un poste tournant et personne ne saurait nommer l'actuel titulaire du poste. De toute façon, l'essentiel des grands investissements pour l'infrastructure ferroviaire ou les centrales à hydrogène est discuté au Parlement européen, dont les débats sont suivis au jour le jour sur des applications participatives.

Sofia se rapproche de Léo et lui prend la main. Elouenn détourne ostensiblement son regard.

— Il est toujours jaloux, murmure Sofia.

— Tiens, on voit l'étoile du berger qui apparaît, dit Elouenn.

— Moi, les étoiles, ça me fait flipper, répond immédiatement Léo.

La tension entre les deux est palpable. Sofia jette un regard courroucé à son petit ami.

— C'est vrai, quoi ! insiste Léo. Deux mille cinq cents ans que l'humanité observe un ciel mort. Je préfère sentir l'humus, dit-il en prenant une poignée de terre et en s'en barbouillant le visage.

— Tu es quand même bien content d'utiliser une géolocalisation satellitaire quand tu pars en bivouac, non ?

— Vous faites quoi pendant les vacances d'été ? intervient Sofia pour alléger l'atmosphère.

— Rando dans les Cévennes, comme d'hab.

— Skipper sur un voilier.

— On loue un gîte dans le Cantal.

— Je me suis inscrit pour reméandrer une rivière dans les Deux-Sèvres.

— J'accompagne une transhumance dans les Pyrénées.

— Du woofing, on verra bien où.

— Je vais en Chine, susurre Emma.

Murmures de stupéfaction. Emma a toujours été la plus réservée. Qui aurait cru qu'elle serait la première de la bande à quitter l'Europe ?

— En Chine !

— Génial !

— Tellement exotique…

— Tu utilises ton crédit carbone décennal ?

— Oui, répond Emma. On part six mois, du coup.

— T'as complètement raison.

— Il se passe quoi, en Chine, ces temps-ci ?

— Ils ont mis un moment à se remettre de la rupture des traités de libre-échange, explique Emma. Mais leur programme « Grande Muraille Verte » fonctionne bien. Ils sont encore plus avancés que nous sur l'agroécologie ! J'ai hâte de voir ça.

— Tu vas rater la rentrée universitaire ?

— Quelle rentrée ? À mon retour, je commence à bosser.

Deuxième révélation. Emma cachait bien son jeu !

— T'arrêtes tes études ?

— Je fais une pause.

Il est vrai qu'à présent, études et vie active se mêlent en permanence. On peut reprendre des cours quand on veut.

— Je vais lancer ma boîte, dit Emma en rougissant.

— Alors là, Emma, tu nous achèves !

— Dans quel domaine ?

— Vous allez vous moquer, minaude Emma.

— Allez !

— La collecte d'urine. L'idée, c'est de fournir aux particuliers des urinoirs intelligents pourvus de bacs réservoirs, qu'on vient récupérer dès qu'ils sont pleins. On stocke le fluide...

— La pisse, quoi !

— Oui, voilà... Donc on la stocke dans des cuves, on y applique quelques traitements et on la revend directement aux agriculteurs.

Tous réagissent en désordre.

— Trop fort !

— Pourquoi des traitements ? Maintenant que les molécules de synthèse sont interdites, on est tous sains, non ?

— Ça ne peut plus continuer, cet or jaune qui part dans les égouts...

— Vu le prix de l'azote, tu vas faire fortune.

— Je voudrais appeler l'entreprise Vespasie, rêve Emma. Je commence à chercher mes coopérateurs, alors si vous avez des envies ou des idées...

L'enthousiasme du groupe semble retomber.

— Bon courage ! ironise Elouenn. Le capitalisme avait quand même du bon. C'était plus facile de recruter des salariés que des associés...

— Peut-être plus rapide au début, mais plus fragile ensuite.

— De toute façon, c'est comme ça, on a voté cette loi, on ne va pas en changer à la première difficulté. Attendons de voir ce que ça donne.

— Moi, intervient Léo, coopérative ou pas, je n'aime pas le commerce. Peut-être que l'argent est mieux réparti aujourd'hui, mais c'est toujours de l'argent. Et l'argent corrompt les êtres humains. Est-ce qu'il y a de l'argent dans la nature ?

Emma baisse la tête, gênée.

— Tu nous emmerdes, Léo ! cingle Sofia. Toi et les ultras, vous gâchez toujours tout. Si tu veux rester pur, tu n'as qu'à partir vivre dans une cabane avec ton revenu universel.

— Bonne idée !

— On en reparle dans vingt ans.

Sofia se lève brusquement et fait quelques pas sur le chemin qui longe les parcelles maraîchères, suivie par Elouenn qui croit de nouveau en sa chance, selon les vieilles règles de l'amour qu'aucune révolution ne changera jamais. Parvenue à l'allée centrale, Sofia s'arrête. Les rayons rasants du soleil couchant l'aveuglent. Elle met sa main en visière et distingue en face d'elle, à quelques dizaines de mètres, l'extrémité de l'obélisque de la Concorde qui semble recouvert d'une poussière rose.

— Au fait, c'était quoi cet endroit, avant de devenir un potager ? demande Elouenn pour engager la conversation.

— Un jardin, je crois.

— C'est quoi la différence ?

— C'est pareil, sauf qu'on n'avait le droit de toucher à rien. Comme la France, avant.

Philosophe et écrivain, fondateur du think tank GenerationLibre, **Gaspard Koenig** explore les libertés individuelles à l'ère numérique et algorithmique.

La population de la France en 2040 et sa structure par âge

HERVÉ LE BRAS

Quel sera le nombre d'habitants de la France en 2040 et quels problèmes posera la structure par âge ? Pour permettre d'y répondre, l'INSEE a effectué en 2021 un jeu de projections, en retenant trois hypothèses de mortalité, trois hypothèses de fécondité et trois hypothèses de solde migratoire. La population, âge par âge, masculine et féminine, a été calculée année par année de 2021 à 2070 pour les 27 combinaisons possibles des hypothèses, soit au total 324 000 résultats et, pour la seule année 2040, 6 480. Heureusement, on peut résumer l'influence de chaque hypothèse à 1 % près, par des coefficients simples qui rendent lisible et comparable l'influence de chacun des trois facteurs : fécondité, mortalité et solde migratoire.

Le nombre d'habitants en 2040

En 2040, les trois hypothèses d'espérance de vie sont de 83,4 ans, 85 ans et 86,8 ans, l'indice de fécondité, de 1,6, 1,8 et 2 enfants par femme et le solde migratoire de 20 000, 70 000 et 120 000 personnes par an. Au résultat des 27 variantes de l'INSEE, la population de la France en 2040 est comprise dans une fourchette allant de 66,150 millions d'habitants à 72,440, soit près de 10 % d'écart. Afin d'estimer l'importance de chacun des trois facteurs – mortalité, migration, fécondité – on regarde de combien varie la population totale entre deux valeurs de l'un des facteurs, les deux autres facteurs prenant alors toutes leurs valeurs, soit neuf possibilités. Ainsi l'écart de population entre l'hypothèse basse et l'hypothèse haute d'espérance de vie (83,4 et 86,8 ans) est-il compris entre 1 595 000 et 1 609 000 personnes, soit une quasi-égalité, quelle que soit l'hypothèse considérée pour la fécondité et pour le solde migratoire. En arrondissant à 1,6 million de personnes, l'erreur maximale est inférieure à +/- 0,6 %. Puisque l'écart d'espérance de vie entre les deux hypothèses haute et basse est de 3,4 ans, cela signifie que le gain d'une année d'espérance de vie entraîne une augmentation de la population totale de 470 000 personnes, quelles que soient les hypothèses de fécondité et de solde migratoire.

La même opération peut être effectuée pour les deux autres facteurs. On obtient ainsi une contribution du solde migratoire à la croissance de la population (en 2040) de 1 275 000 personnes pour 50 000 immigrés supplémentaires et de 534 000 personnes pour une hausse de l'indice de fécondité de 0,1 enfant. On peut donner une idée de la qualité de ces estimations en reconstruisant le résultat de la projection pour laquelle la population est la plus élevée, à partir du résultat moyen (69,225 millions de personnes). Il bénéficie d'1,8 année d'espérance de vie supplémentaire, de 50 000 migrants et de 0,2 enfant en plus, ce qui doit donc donner une population de :

$$69\,225\,000 + 1{,}8 \times 470\,000 + 1\,275\,000 + 2 \times 534\,000 = 72\,414\,000 \text{ personnes}$$

Ce qui est presque exactement la valeur fournie par l'INSEE de 72 440 000 personnes.

L'intérêt d'une telle construction est de pouvoir comparer différentes politiques. Ainsi, en termes de population totale, un solde migratoire de 50 000 migrants de plus est-il équivalent à un relèvement de l'indice de fécondité de 0,25 enfant par femme, ce qui était loin d'être évident a priori.

On s'est un peu attardé sur le calcul de l'apport de chacun des trois facteurs car on va maintenant opérer de la même manière pour évaluer leur influence sur la structure par âge, en particulier sur la population active et sur la charge des actifs en 2040, préliminaires à l'évaluation du poids des retraites pour les actifs.

Population active et charge des actifs en 2040

Pour des raisons de facilité dont on discutera plus loin la pertinence, on assimile souvent la population active au nombre de personnes âgées de 20 à 64 ans, dite population en âge d'activité, et la population à la retraite au nombre de personnes âgées de 65 ans et plus. Le rapport de la seconde à la première est qualifié de charge des actifs. Les différences de fécondité n'ont pas d'impact sur ces quantités puisque, en 2040, ceux qui sont nés après 2020 n'ont pas encore 20 ans. La population d'âge actif et celle d'âge à la retraite sont donc les mêmes, quelle que soit l'hypothèse de fécondité, ce qui ramène à neuf le nombre de projections de l'INSEE à prendre en compte.

En utilisant la même méthode que pour la population totale, l'augmentation de la population active en 2040 est de 760 000 personnes pour 50 000 migrants supplémentaires et de 47 000 par année gagnée d'espérance de vie. La fourchette des neuf projections va de 35,4 millions de personnes d'âge actif à 37,087. L'hypothèse centrale (tous les facteurs y sont à leur valeur moyenne) est de 36,65 millions. On vérifie que l'hypothèse maximale calculée à partir de ces chiffres donne bien le résultat de l'INSEE :

36 650 000 + 760 000 + 1,8 x 47 000 = 37 094 000 au lieu de 37 087 000, soit 0,02 % d'écart.

Comme on pouvait s'y attendre avec ces projections, seule l'immigration joue un rôle important dans la variation du nombre des personnes âgées de 20 à 64 ans, la mortalité étant faible avant 65 ans.

En ce qui concerne la charge de la population en âge d'activité, donc le rapport de la population âgée de 65 ans ou plus à la population âgée de 20 à 64 ans, la fourchette des projections de l'INSEE varie en 2040, de 0,488 à 0,535 personne âgée de plus de 65 ans (0,505 pour la projection centrale). En employant toujours la même méthode, on trouve que 50 000 migrants de plus diminuent la charge de 0,009 et une année d'espérance de vie supplémentaire l'augmente de 0,011. Pour compenser l'accroissement de charge dû au gain d'une année d'espérance de vie, il faut donc un solde migratoire supplémentaire d'environ 60 000 personnes. Le plus important dans ces chiffres est cependant l'écart qui sépare la charge des actifs en 2040 de sa valeur de 0,368 en 2020. Dans l'hypothèse moyenne de l'INSEE, cette charge augmentera donc au cours des vingt prochaines années de 37 %. Pour rester jusqu'en 2040 à la valeur actuelle de la charge, il faudrait un solde migratoire de 820 000 personnes par an, ce qu'une étude des Nations unies avait déjà montré en 2001. Autant dire que l'on sort de l'épure. Les craintes qui s'expriment au sujet du système de retraite mettent toutes en avant l'accroissement important de la charge de la population en âge d'activité. Pourtant, la situation peut être présentée sous un autre angle plus réaliste en considérant directement les actifs et les retraités et non les personnes en âge d'activité ou de retraite.

La population active réelle et sa charge

Toutes les personnes âgées de 20 à 65 ans ne sont pas actives. La charge des actifs n'a de sens que si l'on met au numérateur les retraités et au dénominateur les actifs. Déterminer ces derniers est facile car de nombreuses sources donnent les taux d'activité par âge et par sexe. De même, les retraités ne sont pas toutes les personnes âgées de plus de 65 ans. Certains le sont dès 55 ans, d'autres ne le sont jamais car n'ayant pas été actifs. Le nombre de ces derniers peut être estimé par la proportion d'inactifs masculins à l'âge où elle est la plus faible, soit 5 %. Pour les retraités, au maximum, il s'agit donc, à chaque âge, du complément de la proportion d'actifs diminuée de ces 5 %. En conservant en 2040 les mêmes taux d'activité qu'en 2020, la charge réelle des actifs de la projection moyenne de l'INSEE passe, entre 2020 et 2040, de 0,436 à 0,634 retraité, soit une augmentation de 45 %, plus importante que dans le calcul précédent effectué à partir de l'âge d'activité, et assez inquiétante.

Mais, un tel calcul repose sur l'hypothèse d'un maintien des taux actuels d'activité par âge jusqu'en 2040. Or, la tendance est au contraire à leur accroissement rapide depuis l'âge de 55 ans. Entre 2000 et 2023, le taux d'activité des hommes de 55 à 59 ans est passé de 59,5 % à 83,4 % et celui des femmes de 48,5 % à 78,6 %. Même progression rapide dans la classe d'âge suivante, les 60-64 ans : de 11,5 % à 41,5 % pour les hommes comme pour les femmes. Vraisemblablement la tendance est appelée à se poursuivre. Jusqu'où ? On peut prendre comme référence pour 2040 les taux actuels de la Suède : 93,1 % pour les hommes et 87,1 % pour les femmes à 55-59 ans et, respectivement, 76,3 % et 70,1 % à 60-64 ans. La charge des actifs en 2040 baisse alors nettement car son numérateur diminue tandis que son dénominateur augmente. Dans ces conditions, la charge des neuf projections de l'INSEE est comprise entre 0,488 et 0,541. L'estimation des variations de cette charge en fonction de l'espérance de vie et du solde migratoire est d'une baisse de 0,009 pour 50 000 migrants supplémentaires et d'une hausse de 0,010 pour chaque année gagnée en espérance de vie.

Les hypothèses des projections de 2021 sont-elles encore valables au début 2025 ? En fait, non. La fécondité a rapidement diminué pour s'établir à 1,62 en 2024, juste au-dessus de l'hypothèse basse, l'espérance de vie des femmes a seulement augmenté de 3 mois depuis 2013 et le solde migratoire s'est élevé à 180 000, bien au-dessus des 120 000 de l'hypothèse haute. Il est alors légitime d'établir une projection qui tienne compte de ces nouveaux éléments. Cela est facile grâce aux coefficients donnés plus haut. Si l'on suppose que le solde migratoire atteigne 220 000 personnes par an et que l'espérance de vie reste stationnaire, ce que plusieurs études évoquent, la charge des actifs baissera à partir de sa valeur minimale, de 2 x 0,009 + 0,01 = 0,028. Elle sera alors de 0,488 – 0,028 = 0,460, ce qui la rapproche nettement de la charge actuelle de 0,436. L'augmentation en 2040 ne serait alors que de 5,5 %, soit en vingt ans, puisqu'on a pris comme point de départ l'année 2020, une très faible croissance annuelle d'un peu moins de trois pour mille.

En conclusion

Le dernier calcul est spéculatif, mais l'est-il plus que les projections de l'INSEE ? Il s'inspire de données plus récentes. Cependant sa vertu est ailleurs. Alors que les premières estimations fondées sur la population en âge d'activité avaient un caractère irrémédiable, prendre en compte les taux d'activité par âge et le niveau de l'immigration réintroduit la volonté politique et tout simplement la volonté humaine. La charge des actifs en 2040 dépendra de l'évolution du solde migratoire et de celle des âges au départ en retraite, non pas les âges légaux qui ont trop occupé la scène publique, mais les âges réels. Elle ne constitue pas une fatalité.

Démographe et historien, directeur d'études à l'EHESS, **Hervé Le Bras** est reconnu pour ses analyses des dynamiques territoriales et démographiques françaises.

Bibliographie

Élisabeth Algava et Nathalie Blanpain, « Projections de population 2021-2070 pour la France. Méthodes et hypothèses », *INSEE Résultats*, 29 novembre 2021.

Les taux d'activité suédois proviennent de la base de données du Bureau international du travail (BIT) : *Base de données sur les taux d'activité*.

Éric Le Bourg, « Is Life Expectancy of French Women Going to a Plateau and Oscillate? », *Gerontology*, vol. 65, 2019, pp. 288-293.
Hervé Le Bras, *Il n'y a pas de grand remplacement*, Grasset, 2022.
Nations unies, Département des affaires économiques et sociales, *Replacement Migration: Is It a Solution to Declining and Ageing Populations?*

L'Europe peut-elle encore éviter le naufrage technologique ?

MICHEL LEVY PROVENÇAL

Au début du siècle dernier, perdus en pleine tempête dans les Alpes, des soldats croyaient leur dernière heure venue. La neige avait effacé tout repère. L'un d'eux trouva une carte dans sa poche. Armés de ce plan, ils se remirent en marche et retrouvèrent finalement leur camp… de l'autre côté de la frontière, en Suisse. Ce n'est qu'une fois sains et saufs qu'ils s'aperçurent de la méprise : la carte qu'ils avaient utilisée était celle des Pyrénées ! Avoir un plan, même faux, les avait sauvés.

La France et l'Europe, en matière de technologie, ont trop souvent stagné entre 2010 et 2025. Sans carte. La décennie écoulée regorge d'erreurs : investissements stratégiques timorés, souveraineté numérique sacrifiée au profit de solutions importées, innovations locales happées par des géants étrangers. À force de consommer ce que d'autres inventaient, intelligence artificielle (IA), cloud, et j'en passe, notre dépendance a grandi, et notre richesse s'est érodée. Voilà résumées quinze années d'errance technologique. Mais à quoi s'attendre en 2040 ? Et surtout, qu'est-ce que 2040 attend de nous ?

Trois scénarios

Nous pourrions entrer dans une époque de croissance technologique fulgurante, difficile à maîtriser. Des IA optimiseraient chaque ressource, les villes vibreraient au rythme des algorithmes, et l'innovation bouillonnerait sans répit. L'euphorie technologique flirterait avec la surchauffe : l'économie prospérerait, mais l'humain peinerait à suivre un progrès qui le dépasse.

À l'opposé, nous pourrions assister à l'éclatement d'une bulle technologique. Un ralentissement brutal : budgets de R&D asséchés, public désenchanté, retour forcé à une forme de frugalité. L'Europe freinerait ; le durable et le local primeraient. Ce ne serait pas une décroissance heureuse, mais une stagnation morose : le progrès patinerait, l'enthousiasme retomberait, et avec lui la prospérité.

Enfin, nous pourrions basculer dans une ère paradoxale : celle d'une société ultra-sécurisée pilotée par l'IA. La santé de chacun serait suivie en temps réel, ses déplacements optimisés.

Tout y serait fluide – à condition d'accepter d'être transparent. Crises obligent, les citoyens troqueraient une part de liberté contre un confort absolu. Big Brother se muerait en majordome bienveillant. Un cauchemar ? Pour certains, sans doute. Pour d'autres, un bonheur assumé.

Entre hyper-technologie débridée, stagnation du progrès ou douce dystopie, la réalité de 2040 sera sans doute plus nuancée. L'essentiel sera alors d'éviter deux écueils : l'immobilisme, fruit de l'absence de vision ; et l'idéalisme, qui revient à suivre une carte déconnectée du terrain.

Esquisser notre carte pour 2040

De la santé aux biotechnologies, de l'exploration spatiale à la robotique, l'avenir sera façonné par une constellation d'innovations de rupture. Nous devrons être à la hauteur des révolutions du métavers, des jumeaux numériques, du quantique, de la santé prédictive et régénérative, de la cybersécurité, des semi-conducteurs, de l'impression 3D, de l'adaptation au changement climatique, de l'éducation personnalisée... Autant de défis, autant d'horizons. Mais certaines étapes fondamentales s'imposeront à nous, Européens, durant ce voyage.

D'abord, développer une véritable puissance, à la hauteur des enjeux de l'époque : l'IA.

Cette technologie est l'épine dorsale des secteurs d'avenir. De la gestion de l'énergie à l'éducation, aucune avancée ne se fera sans IA. Sa maîtrise est la clé de voûte de la puissance technologique et économique à l'horizon 2040. Or, face à la nouvelle donne géopolitique et au retard accumulé, l'Europe aurait tout à perdre à tenter de réinventer ce que les États-Unis ou la Chine ont déjà bâti.

L'Europe doit donc déployer une stratégie pragmatique, fondée sur une doctrine nouvelle de limitation des risques qui consiste à privilégier les alliances diversifiées et à renforcer ses domaines d'excellence. Appelons-la la « doctrine du patchwork ». C'est une approche qui consiste à fortifier les secteurs où l'Europe excelle déjà : nucléaire, aéronautique, santé, biotechnologies, industries créatives... et à éviter de reconstruire une chaîne de valeur complète et autonome. Pour combler les « trous » du patchwork, l'Europe diversifie ses sources d'approvisionnement, mise sur la commoditisation rapide, notamment grâce à l'open source, de l'IA générative, du cloud et des plateformes logicielles, et concentre ses investissements sur des innovations réellement différenciantes : applications fondamentales et infrastructures stratégiques.

Par exemple, en haut de chaîne, la France et l'Europe peuvent tenter de devenir leaders dans les biotechs, les nanotechs et les nouvelles énergies. L'Europe excelle en R&D, mais les réglementations freinent l'innovation, les financements sont insuffisants et les cadres juridiques inadaptés. C'est d'ailleurs pour cette raison que de nombreuses entreprises de biotech préfèrent miser d'abord sur le marché américain, où les autorités permettent une commercialisation plus rapide.

Autre exemple : les neurotechs. Les interfaces cerveau-machine ouvrent des perspectives vertigineuses : comprendre la cognition pour soigner, communiquer par la pensée, augmenter nos capacités. Jadis science-fiction, ces projets deviennent réalité. La France est pionnière, avec des centres comme Clinatec à Grenoble, qui a développé des neuroprothèses permettant à des patients tétraplégiques de contrôler un exosquelette par la pensée, ou encore l'Institut du Cerveau à Paris, acteur majeur dans ce domaine.

L'Europe doit renouer avec son génie industriel. En bas de chaîne, dans le domaine des matières premières, les nouveaux matériaux représentent une filière à haut potentiel. L'industrie du graphène, des polymères ou des matériaux biosourcés est un socle fondamental pour révolutionner des secteurs entiers comme l'énergie, l'électronique, la chimie ou la construction. Celui qui découvrira l'« acier du XXIe siècle » ou la batterie miracle détiendra un leadership mondial. La France possède des laboratoires de pointe en la matière, comme le Genopole, pionnier en xénobiologie avec ses recherches sur l'ADN artificiel.

Dans l'énergie, notre savoir-faire nucléaire est un atout stratégique encore sous-exploité. Il revient aujourd'hui au premier plan : entre ces petits réacteurs modulaires qu'on appelle les SMR (*small modular reactors*) et la fusion à venir, l'atome peut offrir une énergie propre et stable – indispensable pour le climat comme pour l'alimentation, cruciale pour les centres d'entraînement et d'hébergement des IA.

Une société et une démocratie à renouveler

La technologie infusera toutes les strates de la société. Elle influencera nos démocraties, nos institutions, notre sécurité, notre justice. Nous connaissons déjà les effets des algorithmes sur la manipulation des opinions. L'addiction entretenue par les géants du numérique – comparable à celle autrefois induite par les industries du tabac ou de l'agroalimentaire – devient un enjeu démocratique majeur.

Face à cela, l'Europe pourra jouer un rôle pionnier : non seulement en régulant, mais aussi en incitant à un usage vertueux du numérique. Pourquoi ne pas imaginer, par exemple, un Nutriscore cognitif imposé à chaque plateforme numérique, qui indiquerait le niveau de « toxicité mentale » qu'elle génère ? Face aux infox et à l'infobésité, de tels repères pourraient protéger à la fois notre santé mentale… et nos démocraties.

Demain, dans une société désincarnée, jumeaux numériques, métavers et IA pourraient devenir la colonne vertébrale de nos institutions. Une police ou une justice « augmentées » pourraient émerger. La liberté, infinie dans les mondes virtuels, s'opposerait à une réalité physique hyper-surveillée. Les régimes autoritaires seraient probablement les premiers à adopter ce paradigme. L'Europe, elle, devra affirmer des principes éthiques forts, et développer les technologies pour les faire respecter.

La question du travail et de la prospérité partagée

Dans une économie où la ressource intellectuelle et manuelle serait assurée par des IA incarnées dans des robots humanoïdes, dotés d'un QI supérieur à 140, de la dextérité d'un chirurgien et de l'empathie d'un aide-soignant, quelle place restera-t-il à l'humain sur le marché du travail ? D'autant plus si leur coût horaire est dix fois inférieur à celui d'un être humain…

À l'horizon 2040, une société sans travail humain n'est plus de la science-fiction. Libérés des tâches pénibles, nous devrons redéfinir le rôle de chacun. Le travail deviendra un choix, une quête de sens, non plus une contrainte. À la manière des grandes utopies du XIXe siècle, ce moment pourrait représenter une révolution anthropologique, où la valeur se déplacerait vers la créativité, le lien social et l'économie du vivant.

Quelle prospérité imaginer dans ce monde ? Sera-t-elle partagée ? Nous devrons repenser la redistribution à la hauteur des gains de productivité à venir. Ils seront massifs. Grâce à l'automatisation, nous entrerons dans une ère de déflation structurelle. Pourquoi ne pas envisager un revenu universel financé par les dividendes du progrès technologique ? Les robots travailleraient ; une part de leur production pourrait garantir à chacun un socle de dignité. Utopique ? Peut-être pas. Des chercheurs comme Robin Hanson (*The Age of Em*) ou Aaron Bastani (*Fully Automated Luxury Communism*) ont théorisé ces modèles – dans leurs versions libérale ou sociale – de société sans travail.

Avancer avec une carte imparfaite

Quel que soit le plan, l'Europe n'atteindra la prospérité qu'en osant, comme ces soldats perdus dans les Alpes, avancer avec une carte même erronée, car cela reste préférable à ne pas avancer du tout. À mesure que le paysage se dévoilera, l'itinéraire s'affinera. Mais sans ce premier plan, jamais nous ne ferons le premier pas.

La doctrine du patchwork ; l'investissement « en haut de chaîne » dans les biotechs, nanotechs et neurotechs, et « en bas de chaîne » dans les nouveaux matériaux et un nucléaire de nouvelle génération ; l'invention d'un nouveau modèle social dans un monde sans travail humain ; la fondation d'une démocratie augmentée par la machine… On devine là quelques jalons. Et même incomplet, ce début de plan, cette première carte est préférable à la page blanche.

Reste à aller plus loin : renforcer le sentiment d'horizon commun, prioriser nos actions, accepter de corriger la trajectoire à chaque pas, jusqu'à faire de 2040 non plus une ligne d'arrivée, mais un point de passage. En réalité, la carte ne sera jamais terminée, et c'est précisément ce qui fera notre force : continuer de la dessiner, ensemble.

Entrepreneur et ingénieur, fondateur de TEDxParis,
Michel Levy Provençal travaille
sur l'impact sociétal des technologies.

Le futur incertain du salariat

Pascal Lokiec

Le salariat aura-t-il disparu en 2040 ? Sans doute pas mais avec des sondages qui nous indiquent que plus de la moitié des jeunes aspirent à être leur propre patron, la trajectoire est préoccupante. Ce que certains se plaisent à présenter comme le passage du vieux monde, incarné par l'ouvrier en bleu de travail, vers un monde idéal peuplé de freelances et d'influenceurs affichant un large sourire dans des décors de rêve, est en effet lourd de conséquences. Pour notre système de protection sociale, construit sur le salariat, pour l'entreprise qui ne peut espérer le même degré d'engagement de la part d'un salarié et d'un indépendant qui la considérera comme un simple client, et bien entendu pour les travailleurs eux-mêmes. Loin de l'image vieillissante qui lui est associée, le salariat peut cependant redevenir résolument moderne dans les décennies à venir si l'on veut bien s'attaquer à ce qui est devenu un repoussoir pour les nouvelles générations : l'idée de subordination.

La fuite en avant

Qui aspire aujourd'hui à être subordonné à un employeur qui peut lui imposer des ordres et des directives, le contrôler et le sanctionner puisque tels sont les critères juridiques de la subordination ? Repoussoir pour quantité de jeunes en 2025, la subordination le sera tout autant en 2040 avec, de surcroît, un pouvoir patronal d'une amplitude jusqu'alors inconnue. Ce pouvoir prendra de moins en moins la forme d'un pouvoir de direction, de plus en plus celle d'un pouvoir de surveillance. Dans l'incapacité de dicter le contenu du travail d'un salarié dont les compétences seront toujours plus spécifiques, l'employeur exercera très probablement sur lui une surveillance accrue pour s'assurer qu'il est au travail, qu'il remplit ses objectifs, qu'il ne viole pas les règles de sécurité des données en entrant des informations sur ChatGPT ou son équivalent, qu'il est motivé…

Sans ériger en modèle le cas de cette femme-robot devenue dirigeante d'une grande entreprise chinoise, le pouvoir sera, en 2040, principalement technologique et échappera très largement au contrôle humain. Les salariés seront embauchés, rémunérés, promus et licenciés par décision algorithmique sans possibilité aucune de la discuter voire, pour le salarié mais aussi pour l'employeur – ce qui est peut-être plus inquiétant encore – de la comprendre. Les ordres et directives seront définis et transmis par des robots à commande vocale. Amazon le fait d'ores et déjà dans ses entrepôts ; une proportion significative d'ouvriers seront dans cette situation en 2040 lorsqu'ils ne seront pas purement et simplement remplacés par la machine.

C'est dire que loin de s'estomper du fait de la distanciation entre le lieu d'exercice du travail et la localisation de l'entreprise (télétravail, travail nomade, itinérant…), le pouvoir verra sa puissance décuplée. Il abolira, d'abord, les frontières spatiales, capable de franchir les murs du domicile du télétravailleur, d'appréhender les salariés où qu'ils se trouvent à travers le monde grâce à une laisse électronique d'une longueur et d'une résistance quasi infinies. La peur d'une perte de contrôle qui justifie encore la frilosité de certaines entreprises vis-à-vis du télétravail – d'où les demandes de retour au bureau – se sera probablement très largement estompée en 2040. Et si les pressions côté patronal l'emportent, on aura un droit du télétravail distinct du droit du travail (une obligation de sécurité allégée pour l'employeur, un régime dérogatoire de temps de travail, notamment quant au décompte des heures supplémentaires...), avec le cas échéant des visas spécifiques au télétravail. Comme l'Espagne a commencé à le faire, la France cherchera à attirer les travailleurs étrangers les plus qualifiés avec des visas télétravail.

Le pouvoir sera ensuite sans frontières temporelles. D'ores et déjà poreuse aujourd'hui, la frontière entre vie personnelle et vie professionnelle le sera plus encore avec des dispositifs assurant une connexion permanente du salarié à son entreprise. On commence à voir des entreprises belges, suédoises et américaines implanter sous la peau de leurs salariés des puces pour l'ouverture des portes de l'entreprise, le paiement de consommations à la cafétéria ou l'accès au réseau informatique. Impossible pour les salariés de savoir si l'entreprise ne les utilise pas comme moyen de surveillance ! Autant il est aisé de sortir du champ d'une caméra – à la condition que celle-ci soit visible –, autant on n'empêchera pas l'entreprise d'activer le soir, le week-end ou pendant les congés la puce sous-cutanée ou le dispositif de géolocalisation placé dans le véhicule de fonction du salarié.

Le pouvoir sera enfin invisible. La lecture à distance des e-mails des salariés l'illustre très bien, tout comme l'émergence de logiciels d'analyse comportementale capables d'analyser des milliers d'e-mails pour mesurer motivation, signes précoces de désengagement, degré de stress... De cette surveillance masquée, le salarié ne saura rien tout comme il ne saura pas si un logiciel de *keylogging* est en train d'enregistrer les frappes sur son clavier.

L'impact de ce type de procédé tant sur la vie personnelle que sur la santé mentale est d'ores et déjà connu. L'algorithme ne change pas son mode de calcul parce que le salarié vient d'apprendre que son épouse est atteinte d'une grave maladie, parce qu'il vient d'être victime de violence conjugale ou parce qu'un plan de licenciement est annoncé. De même, quoi de plus stressant que de savoir que nos faits, nos gestes, nos émotions sont potentiellement surveillés à tout moment ! Bien sûr, les avancées technologiques ne peuvent être vues sous ce seul angle. Elles faciliteront davantage encore qu'aujourd'hui le recrutement, le travail à distance, et éviteront aux salariés les tâches dangereuses ou pénibles... Et on est incapable de savoir jusqu'où nous emmèneront le métavers, l'IA collaborative, la réalité augmentée ou encore les jumeaux numériques en 2040. Un travailleur handicapé devrait trouver un avatar mobile dans le monde virtuel et bénéficier dans le monde réel de prothèses intelligentes, d'interfaces cerveau-machine (ICM) et autres implants à un niveau de performance inconnu aujourd'hui. Il est cependant urgent de reprendre le contrôle.

Reprendre le contrôle

S'il n'est évidemment pas question de prôner l'arrêt du progrès technologique, on n'inversera pas la tendance sans une remise en cause de nos rapports à l'innovation. Il faut en effet cesser de prendre le progrès scientifique comme une donnée sur laquelle nous n'aurions aucune prise, de prendre les évolutions du management (management par les objectifs, management algorithmique...) comme des faits dont on ne pourrait que réparer les conséquences dommageables, à supposer qu'elles soient réparables. Contrairement aux apparences et à ce que peut laisser croire l'hostilité du nouveau président des États-Unis vis-à-vis de l'idée même de régulation de l'innovation, il n'existe pas de déterminisme scientifique. Autrement dit, le poids accordé à la technologie, tout comme du reste à l'économie, résulte de choix, de politiques publiques ou de décisions privées, non d'une sorte d'ordre naturel contre lequel on ne pourrait rien, sinon en réparer les effets sur l'homme. Ces choix peuvent et doivent nous conduire non seulement à sanctionner les usages déviants des nouvelles technologies, mais aussi à poser, ab initio, des interdits, même si empêcher la mise sur le marché de produits et services est complexe à l'heure de l'e-commerce. Le règlement européen sur l'IA vient de le faire à propos des dispositifs de reconnaissance des émotions et celui sur la protection des données personnelles interdit les décisions entièrement automatisées affectant, entre autres, les salariés. Sans aller bien entendu jusqu'à l'interdiction, le droit de licencier pour mutations technologiques, qui permet de fonder le licenciement de salariés dont le poste est remplacé par une IA, devra être aussi mieux encadré. De nouvelles règles devront être inventées – ne faudra-t-il pas, pour limiter le remplacement de l'homme par la machine, fixer une règle de redistribution des gains de productivité occasionnés par l'IA ? – et des règles insuffisamment mobilisées aujourd'hui l'être davantage demain. On pense notamment au principe d'adaptation du travail à l'homme inscrit dans le Code du travail.

Mais réguler ne suffira pas. Pour réhabiliter le salariat, il faudra reconnaître aux salariés des capacités d'action. Cela veut dire, à un premier niveau, leur accorder des capacités d'initiative sur la définition de leurs conditions de travail (horaires, lieu, congés, semaine de quatre jours...) auxquelles l'employeur ne pourra s'opposer que s'il dispose d'un motif légitime. Ce type de dispositif de « flexibilité inversée » – c'est-à-dire à l'initiative non pas de l'employeur mais du salarié – existe, à des degrés divers, aux Pays-Bas, en Australie, au Canada, en Belgique et au Royaume-Uni où il a fait l'objet de nombreuses études. Celles-ci montrent un impact positif sur le turnover, la productivité, l'innovation, la santé au travail et l'équilibre entre vie personnelle et vie professionnelle, ce que corrobore le fait que les gouvernements travaillistes aussi bien que conservateurs s'y sont montrés favorables. Il faudra, à un deuxième niveau, associer les salariés à la définition de leur travail, y compris à la définition des objectifs. Le droit d'expression qui cherche sa voie depuis sa mise en place par les lois Auroux en 1982 pourrait servir de cadre à un indispensable dialogue sur l'usage de l'IA, sur la configuration et la mise à jour des algorithmes (objectifs, limites, critères éthiques). Le troisième niveau implique de donner une place significative aux représentants des salariés dans les instances de direction des entreprises. L'enjeu est important aujourd'hui. Il sera essentiel en 2040. On pourra toujours permettre aux salariés de contester la suppression de leur emploi parce qu'une IA fera cent fois plus vite, et sans repos le dimanche ou chômage le 1er mai, le travail à leur place, ou interdire la fixation d'objectifs exclusivement par algorithmes ! Cela restera d'une efficacité limitée si on n'agit pas au stade de la définition de la politique de l'entreprise. En réservant aux représentants des salariés 30 %, voire 50 % des sièges au sein des conseils d'administration, on s'assurera que la considération de l'emploi est prise en compte, et pas seulement les gains de productivité, comme on s'assurera, sur des sujets qui seront plus brûlants encore en 2040 qu'actuellement, que la décision de déménagement d'un établissement prendra en compte les conditions de travail ou l'environnement. Ce troisième niveau est indissociable d'une vision renouvelée de l'entreprise qui ne pourra plus être tournée vers les intérêts des seuls actionnaires. On saura en 2040 – le temps du droit est un temps long – si les espoirs placés dans le statut d'entreprise à mission ou dans le nouvel alinéa de l'article 1833 du Code civil, qui oblige les dirigeants à prendre en compte les enjeux sociaux et environnementaux de l'activité de l'entreprise, se réalisent.

Un tel changement de logiciel devrait permettre de rendre au salariat son attractivité, en évitant que la seule véritable option pour ceux qui souhaitent être acteurs de leur travail ne soit d'embrasser la logique liberté/risque propre au travail indépendant – une voie qui convient à certains, mais pas à ceux pour qui la sécurité économique est un besoin fondamental. Gageons que le mot subordination aura disparu du vocabulaire du salariat en 2040 et que nous serons entrés dans l'ère de l'autonomie contrôlée. Car la question n'est pas tant celle de l'existence du pouvoir, sans lequel les protections associées au statut de salarié perdent toute raison d'être, que celle de la manière dont les rapports de pouvoir sont envisagés et structurés dans l'entreprise.

Professeur de droit à Paris 1 Panthéon-Sorbonne,
président honoraire de l'Association française de
droit du travail et de la sécurité sociale, **Pascal Lokiec**
est spécialiste du droit du travail
et des mutations du salariat.

La ferme des algorithmes

JULIE MARTINEZ

Il fut un temps où l'on redoutait les tanks, les missiles, les drones. En 2040, les guerres se mènent sans tirer une balle, sans faire décoller un Rafale. On envahit des esprits, on bombarde des certitudes, on retourne une population contre elle-même. Le champ de bataille, c'est l'opinion publique. L'arme ultime : l'intelligence artificielle au service de la désinformation.

La France, jadis patrie des Lumières, est devenue celle des lueurs vacillantes. Depuis que les IA génératives ont dépassé le seuil critique, celui où l'on ne distingue plus le vrai du vraisemblable, et encore moins du faux, la République française lutte dans un brouillard permanent. Ici, on n'a plus besoin de censurer la vérité puisqu'il suffit de l'ensevelir sous un déluge de fake news. Si la France de 2040 est toujours debout, c'est une République de l'incertitude. Une démocratie où l'électeur, surinformé, est en réalité désorienté. Et si Orwell craignait la censure, nous avons inventé mieux : la dilution, cette noyade de la vérité dans un océan de récits concurrents, tous crédibles mais faux. Nous vivons dans une société d'hypermnésie collective et d'amnésie du réel : chaque jour, une vérité naît puis meurt. À midi, elle est virale ; à minuit, elle est périmée. Et le lendemain, tout recommence.

Une déclaration présidentielle peut être « deepfakée » en temps réel. Il a suffi d'une vidéo crédible où le chef de l'État s'inquiétait en privé des pénuries de biens de première nécessité pour déclencher un raz-de-marée de réactions et de pillages dans les supermarchés. Il y eut un temps, c'était en 2029, où les rues se sont à nouveau remplies suite à des deepfakes inquiétantes : occupations de préfectures, sit-ins filmés par drones, une sorte de *revival* 2.0 des Gilets jaunes, cette fois sans gilets, sans revendications claires, mais avec des slogans générés par IA. Et puis, comme souvent dans les sociétés sursaturées d'informations, la mobilisation s'est émoussée. L'indignation perpétuelle a cédé la place à la lassitude chronique. Les citoyens, usés par la complexité artificielle du réel, se sont retirés de la sphère publique, dans l'indifférence. Ce fut plus dangereux encore que la colère : on ne croit plus, on ne vérifie plus, on scrolle c'est tout. Les effets de cette désinformation massive sont considérables.

La presse, jadis quatrième pouvoir, est devenue suspecte par nature. Les quelques quotidiens encore actifs n'ont plus beaucoup de journalistes, mais des « curateurs d'algorithmes », censés vérifier les milliers de contenus automatisés produits chaque jour. En vain. Chaque article publié peut être immédiatement contredit par une version alternative, plus émotionnelle, plus virale, et, bien sûr, fausse.

La presse, vidée de ses lecteurs, a fini par s'effondrer économiquement. Les grands titres historiques ont fait faillite les uns après les autres, incapables de rivaliser avec les flux automatisés d'actualités virales produits par les IA étrangères ou clandestines. Ce qu'il en reste vit sous perfusion : quelques rédactions réduites à peau de chagrin, survivant grâce à des subventions publiques versées au nom de la « pluralité de l'information », un pluriel ironique dans un paysage où la diversité d'opinions a été remplacée par la prolifération des illusions. Les journaux ne publient plus d'enquêtes, mais des « capsules » adaptées aux formats des réseaux sociaux, conçues pour capter trois secondes d'attention entre deux vidéos de désinformation. Leur crédibilité est désormais sujette à caution, précisément parce qu'ils dépendent de l'État qu'ils sont censés challenger. Pour une majorité de citoyens, les journalistes ne sont plus des sentinelles, mais des agents d'un système déconnecté, financés pour répéter une version officielle contrôlée que plus personne n'écoute. Face à cela, le complotisme, jadis marginal, est aujourd'hui institutionnalisé. Les chaînes d'« informations parallèles » sur RealYou, créées par des puissances étrangères ou des groupuscules nationaux, ont, elles, pignon sur rue.

Face à cela, la politique est devenue un théâtre d'ombres. Les partis utilisent des IA sophistiquées pour générer leurs contenus programmatiques et autres interventions, calibrés en temps réel selon les émotions des électeurs, scannées en continu sur les réseaux. Le discours politique n'est plus une vision mais un produit, un flux optimisé pour percer l'attention… car qui ne capte pas l'attention n'existe pas, et qui n'existe pas ne se fait pas élire. Les élus ont bien tenté, dans les premières années, de résister à cette logique. Certains ont souhaité limiter leurs interventions, ne pas surréagir à tout, d'autres ont voulu parler lentement, expliquer, reconstruire un lien rationnel avec l'opinion. Mais très vite, ils ont compris que le silence médiatique équivalait à l'effacement politique. Alors ils se sont jetés dans la mêlée à leur tour. Ils ont accepté les règles du jeu. Ils ont laissé leurs équipes d'IA leur écrire des discours émotionnels, des indignations calibrées, des indignités rentables. Chaque candidat dispose désormais de milliers d'agents, ces avatars numériques qui mènent campagne dans les groupes WhatsApp, les forums privés, les plateformes clandestines. Des débats, il en existe partout, tout le temps, en apparence. Mais ce ne sont plus que des simulations, des miroirs tendus à l'électeur pour lui renvoyer ce qu'il veut entendre. Le pays, lui, ne débat plus de rien qui puisse réellement le sauver du naufrage.

Les gouvernements successifs ont bien tenté de lutter grâce à des programmes éducatifs. Dans les écoles, les manuels en ligne doivent désormais changer chaque mois. Le ministère tente de maintenir un « narratif central » contre les récits concurrents diffusés par des IA hors de contrôle. Malheureusement les élèves eux-mêmes ne croient plus en rien, sauf à ce qui les arrange. On appelle cela le « relativisme assisté par machine » depuis la thèse portée par le nouveau ministère de l'Information. La vérité objective, elle, est devenue en effet suspecte. Elle sent l'élitisme, la condescendance, l'ancien monde. Dans les cafés, sur les réseaux, on se méfie de ceux qui « savent ». Les scientifiques reçoivent des menaces constantes. Les journalistes vivent sous protection. Les enseignants, bien sûr, font de leur mieux.

L'ARCOM, rebaptisée en 2032 « Autorité nationale de la cohérence publique », publie tant bien que mal chaque semaine une liste des « faits établis ». Bien que cette liste doive être ouverte avant qu'un citoyen puisse accéder à ses réseaux sociaux, elle n'est véritablement lue que par 12 % de la population. À force de mensonges, la société a désappris le réel.

L'Europe, impuissante, a tenté de réguler. Trop lente, trop divisée, elle a laissé à d'autres le soin d'écrire les règles du jeu, en l'occurrence les grandes plateformes elles-mêmes. La France, pour une fois, a voulu aller plus vite que ses voisins. Dès 2027, elle a interdit l'accès aux réseaux sociaux avant 15 ans, banni les bulles de filtres sur les plateformes de plus de 10 millions d'utilisateurs, imposé la mise en avant des journalistes « labellisés fiables » dans les fils d'actualité, et lancé un ambitieux programme d'éducation à la désinformation, inspiré du modèle finlandais (ce même modèle que la Finlande avait adopté avant de se faire envahir en 2029 par une Russie qui, elle, avait très bien compris l'usage stratégique de la désinformation). Tout cela fut fait avec courage, méthode et détermination. Et tout cela fut inutile. Car l'information ne connaît pas de frontières, et les fake news encore moins. Les IA, hébergées dans des juridictions lointaines, changent de visage en un clic. Elles ne relèvent d'aucun État. Elles ne dorment jamais. Leur logique n'est pas politique, elle est algorithmique. Elles ne veulent ni bien ni mal, elles veulent l'attention. Et la France, isolée dans son volontarisme républicain, n'a pu qu'assister à la noyade de sa population dans une mer de contenus apatrides, viraux et toxiques.

Cela pourrait être ça, la France de 2040. Une démocratie du vertige, où la vérité a été privatisée, où la parole publique s'est effondrée sous le poids de ses contrefaçons, où l'IA n'a pas remplacé l'homme mais l'a dispersé dans une infinité de narrations inutiles.

Et dans ce brouillard, nous continuerions d'avancer. Aveugles. Mais connectés.

Avec beaucoup d'énergie et le soutien des grandes puissances de ce monde, nous pourrions faire tout autrement.

Avocate, essayiste et spécialiste
de l'intelligence artificielle et de la désinformation,
Julie Martinez dirige le think tank France Positive.

Repenser le travail et l'emploi à l'ombre de la reconversion écologique

Dominique Méda

En 1995, la Commission réunie à l'initiative du Commissariat général au Plan et ses rapporteur.e.s[1] avaient proposé quatre scénarios pour imaginer ce que serait « Le travail dans vingt ans ». À côté du premier scénario, dit de l'« enlisement », avaient été distingués un scénario du « chacun pour soi », un scénario de l'« adaptation » et enfin un scénario de la « coopération ». L'objet de ce texte n'est pas de savoir lequel de ces scénarios s'est finalement révélé le plus proche de ce qui s'est réellement passé – d'une certaine manière, notre pays a goûté un peu aux quatre – ni pourquoi le scénario le plus désirable n'est pas advenu. Mais plutôt de voir dans quelle mesure les configurations forgées pour imaginer le futur en 1995 sont toujours adéquates pour nous permettre de nous projeter en 2040.

Pour nous aider à dresser les lignes de force du paysage nous disposons d'outils très utiles, notamment les projections réalisées à l'occasion des exercices réguliers de « Prospective des métiers et des qualifications » de France Stratégie et de la Dares qui

1. J'étais, jeune membre de l'Inspection générale des affaires sociales à l'époque, à la fois rapportrice de la Commission dite « Boissonnat » et rédactrice de l'annexe du rapport sur l'histoire longue du travail. Le livre a été publié en 1995 sous le titre : *Le Travail dans vingt ans*, Commissariat général au Plan / Odile Jacob, 1995.

s'appuient sur les grandes tendances observées par le passé et les évolutions attendues sur les plans démographiques, économiques, technologiques et environnementaux. Dressé pour la dernière fois en 2022, et publié sous le titre *Les Métiers en 2030*, ce panorama prévoyait un million de créations d'emplois entre 2019 et 2030, en grande partie dans les services, une poursuite de la réduction de l'emploi agricole et un redressement de l'emploi industriel.

Trois éléments majeurs doivent être pris en considération pour contraster et ajuster ce tableau. D'abord, l'irruption soudaine des dispositifs mobilisant l'intelligence artificielle dont les effets sur l'emploi et le travail pourraient être massifs. Ensuite, la reconversion écologique dans laquelle nos sociétés doivent absolument s'engager si elles veulent éviter des dégradations irréversibles et gravissimes des conditions de vie de leurs membres, mais dont l'ampleur dépendra du courage des dirigeants. Enfin, l'évolution de la situation géopolitique et de la mondialisation, où il s'agit de savoir si et dans quelle mesure les flux d'échanges de biens et de services entre grandes zones régionales vont se raréfier.

Avant de présenter mes trois scénarios, je voudrais décrire rapidement la situation française actuelle. Après avoir connu une certaine décélération du chômage, notre pays risque de renouer avec les taux élevés que nous avons supportés pendant plus de quarante ans. Par ailleurs, les conditions de travail françaises sont extrêmement médiocres : qu'il s'agisse des pénibilités physiques, des contraintes émotionnelles, des discriminations, de la reconnaissance, de l'autonomie, de la participation aux décisions ou du sentiment d'être bien payé pour les efforts fournis, la France fait non seulement systématiquement pire que les « bons élèves » (Allemagne, Danemark, Pays-Bas) mais aussi que la moyenne de l'UE. Elle est en queue de peloton[1]. Cette situation – qui explique notamment la réaction

1. Maëlezig Bigi et Dominique Méda, « Prendre la mesure de la crise du travail en France », in *Que sait-on du travail ?*, Presses de Sciences Po, 2023.

violente des Français à l'annonce d'un allongement du temps de travail nécessaire pour accéder à la retraite – fait dans notre pays l'objet d'un véritable déni. Le fait que la France soit la championne des accidents du travail mortels et non mortels devrait conduire à prendre pleinement au sérieux la situation.

La question essentielle qui se pose est donc de savoir quel scénario pourrait permettre à la France de résoudre la double crise de l'emploi et du travail dans laquelle elle est enfermée depuis si longtemps. En m'appuyant sur les trois éléments majeurs indiqués ci-dessus, je propose de considérer, de façon, je le reconnais, un peu arbitraire, trois scénarios.

J'ai intitulé le premier : *le scénario de la flexibilité et du démantèlement du droit du travail.* Il consiste à accentuer encore la féroce compétition à laquelle se livrent les pays, et à continuer à tirer vers le bas l'ensemble des législations protectrices des droits du travail et de la protection sociale. L'OCDE a encouragé les pays les plus riches à suivre cette logique dans les années 1990 et 2000 et la dérégulation actuelle que promeuvent les États-Unis ne fait qu'exacerber cette tendance. La poursuivre épuisera à la fois les ressources naturelles et les travailleur.e.s, renforcera les nationalismes et les partis d'extrême droite, aggravera les conditions de travail sans créer d'emplois. Ce n'est pas le scénario dont nous avons besoin.

Le deuxième scénario est celui de la *révolution technologique.* Il consiste à croire dans la capacité de la digitalisation et de l'extension démesurée de l'usage de l'IA à alléger et faciliter le travail humain et, selon la théorie du déversement d'Alfred Sauvy, à permettre de créer de nouveaux emplois dans des secteurs spécialisés dans le « relationnel », voire à libérer du temps libre. Jusqu'à aujourd'hui, et quoi qu'en dise le rapport *IA : notre ambition pour la France*, le déploiement de l'IA a surtout permis de fragmenter considérablement le travail, de développer des plateformes numériques qui échappent aux règles du salariat, de surveiller et de contrôler comme jamais les travailleur.e.s, de détruire des emplois – même si les prédictions les plus inquiétantes ne se sont jamais réalisées – et… d'augmenter la quantité des émissions de CO2 qu'il est pourtant impératif de réduire. Il ne semble donc pas non plus qu'il s'agisse du meilleur scénario.

Reste donc le dernier candidat, un scénario rose (et vert) que j'ai intitulé le scénario de la *reconversion écologique*. Il consiste à prendre au sérieux les menaces qui pèsent sur nos conditions de vie et de travail et à garantir ce que Hans Jonas qualifiait dans son *Principe responsabilité* de « conditions de vie authentiquement humaines ». Cela suppose une véritable conversion de nos représentations et de nos cadres cognitifs, de manière à comprendre que les humains ne sont pas supérieurs à (mais bien encastrés dans) la nature et à substituer, comme le suggérait l'écologue Aldo Leopold dès 1949 dans son *Almanach d'un comté des sables*, à un paradigme de la conquête et de l'exploitation de la terre un paradigme de respect, d'amour et de prendre soin. C'est aussi à une véritable conversion de nos politiques – publiques et d'entreprise – qu'avait appelée le vice-président de la Commission européenne, Sicco Mansholt, au début de l'année 1972, à la suite de sa lecture des bonnes feuilles du rapport des Meadows, *Limits to Growth*, qui mettait en évidence que sans rupture radicale avec le rythme de croissance des Trente Glorieuses les sociétés allaient immanquablement à la catastrophe.

Mansholt avait produit dans la courte lettre qu'il avait adressée à son collègue, président de la Commission européenne, un véritable programme de bifurcation écologique qui est d'une actualité bouleversante. Diminution radicale de la consommation matérielle au profit des consommations immatérielles (équipements collectifs, prévoyance sociale, activités légères...) ; planification européenne de la production articulée à une planification nationale (pour produire de manière appropriée des biens essentiels) ; orientation de la production par la puissance publique, protection des produits nationaux et européens par une forme de protectionnisme ; limitation de la libre utilisation des biens et de la production des biens non essentiels ; priorité donnée au secteur public sur le secteur privé ; répartition organisée des matières premières ; lutte contre le gaspillage ;

transferts financiers du Nord vers le Sud, etc. Tels étaient les composants essentiels d'un programme qu'il jugeait l'Europe seule capable de mettre en œuvre.

Le développement de ce scénario Mansholt – le plus désirable à l'horizon 2040 –, porté par l'Union européenne à 27 – ou par les États membres les plus convaincus de son importance et de son urgence –, constituerait à mes yeux le scénario le plus susceptible de créer des emplois et de transformer le travail, sans compter les innombrables autres bénéfices dont il serait porteur en matière de santé, d'alimentation, de cohésion sociale… En effet, les études montrent que la transition écologique devrait être créatrice d'emplois : même si un certain nombre d'entre eux devront être supprimés, le solde devrait être positif dans la mesure où les secteurs à développer sont plus intensifs en main-d'œuvre. Si nous voulons économiser l'énergie mécanique, nous aurons besoin de plus de travail humain dans l'agriculture, dans l'industrie, dans la réparation. Il s'agit donc d'organiser une forme d'antidéversement. Nous devrons être capables non seulement de répartir cette plus grande quantité de travail sur l'ensemble de la population active, mais aussi d'anticiper et d'accompagner cette transition pour qu'elle ne se fasse pas au détriment des travailleur.e.s des secteurs à fermer. C'est un enjeu majeur qu'il nous faut dès aujourd'hui considérer comme une priorité absolue. Sinon, nous ne pourrons pas entraîner l'ensemble de nos concitoyens dans cette direction.

Nous ne pourrons pas non plus le faire si nous ne revoyons pas en profondeur l'organisation du travail au sens large. Impossible d'infléchir radicalement les modes de production mais également et surtout les biens et services produits sans permettre aux salarié.e.s de participer pleinement à cette réorientation. Nos organisations devront donc être profondément démocratisées comme nous l'avons proposé avec Isabelle Ferreras et Julie Battilana dans notre *Manifeste travail. Démocratiser, démarchandiser, dépolluer*.

Comme je l'ai suggéré plus haut, il ne sera pas possible d'organiser un tel processus à l'échelle d'un seul pays :

l'Union européenne apparaît le lieu le plus adapté à l'organisation d'une transformation aussi puissante. Une Europe plus intégrée, plus solidaire, ayant développé des coopérations industrielles étroites, et des politiques économiques et sociales communes. Une Europe ayant travaillé sur ses dépendances et capable d'une forme d'autosuffisance, redupliquée aux niveaux nationaux et locaux, autant que possible, par exemple à travers des organisations comme les biorégions.

En 2040, l'Europe devrait avoir atteint depuis dix ans la réduction de 55 % de ses émissions de gaz à effet de serre, et se diriger vers le net zéro à l'horizon de dix ans. De nombreux emplois auront été créés dans le bâtiment, les transports, l'agriculture, la réparation, l'énergie. La productivité sera moindre mais les besoins essentiels de tous satisfaits. Le travail s'organisera au sein d'entreprises et d'organisations dont le fonctionnement sera démocratique et la production orientée par des aides dispensées exclusivement à celles d'entre elles qui seront socialement et écologiquement vertueuses. D'une taille plus réduite qu'à l'heure actuelle, elles seront implantées dans le territoire et seront principalement au service des besoins des habitants de celui-ci. Ainsi la vision proposée par Simone Weil en 1943 dans *L'Enracinement* retrouvera-t-elle une puissante actualité : « Les grandes usines seraient abolies [...]. La profession de chef d'entreprise devrait, comme celle de médecin, être au nombre de celles que l'État, dans l'intérêt public, autorise à exercer seulement sous la condition de certaines garanties. Les garanties devraient avoir rapport non seulement à la capacité, mais à l'élévation morale. Les capitaux engagés seraient bien plus réduits que maintenant. Un système de crédit pourrait facilement permettre à un jeune homme pauvre qui a la capacité et la vocation d'être chef d'entreprise de le devenir. L'entreprise pourrait ainsi redevenir individuelle. Quant aux sociétés anonymes, il n'y aurait peut-être pas d'inconvénient, en ménageant un système de transition, à les abolir et à les déclarer interdites [...]. En tout cas, un tel mode de vie sociale ne serait ni capitaliste ni socialiste. Il abolirait la condition prolétarienne, au lieu que ce qu'on nomme socialisme a tendance, en fait, à y précipiter tous les hommes. »

Haute fonctionnaire, philosophe et sociologue du travail, **Dominique Méda** milite dans son ouvrage *Une société désirable. Comment prendre soin du monde*, paru en 2025, pour un rééquilibrage écologique et social dans l'emploi.

Le défi d'une Ve République vraiment parlementaire

BENJAMIN MOREL

La Ve République de 2040 pourra-t-elle continuer de fonctionner, comme depuis 1962, sur les fondements d'un présidentialisme plébiscitaire ? Ce modèle, reposant sur une base électorale de plus en plus fragile et volatile, semble aujourd'hui en crise. Pourtant, il continue de structurer nos représentations en instaurant un affrontement binaire et récurrent, où l'électeur est appelé, tous les cinq ans, à trancher entre deux options politiques. Il doit d'abord choisir un programme au premier tour, puis, au second, arbitrer entre un vote de raison et un choix par défaut. Or, une telle mécanique suppose une bipolarisation électorale et une majorité soumise au Président. Ce modèle n'est en rien inscrit dans le texte de 1958 ; il résulte d'une construction politique portée par une sociologie électorale aujourd'hui en pleine mutation. D'ici quinze ans, la fragmentation et la balkanisation de la vie politique risquent de remettre en cause ce que nous pensions connaître de la Ve République, faisant de la situation apparue lors de la dissolution de 2024 non plus une exception, mais une norme.

Face à cette impasse, les régimes parlementaires européens offrent un modèle alternatif. Plutôt que d'imposer un choix binaire, ils permettent aux électeurs de voter pour le parti qui correspond le mieux à leurs convictions. Dans la plupart des cas, aucun parti ne détient seul la majorité absolue, ce qui oblige à la formation de coalitions après le scrutin. Toutefois, une transition vers un tel modèle en France se heurterait à de nombreux obstacles. Après des décennies de présidentialisme dominant, le Parlement a perdu l'habitude de former des coalitions et d'exercer un rôle actif dans l'élaboration des compromis. Il ne suffit pas d'envisager une réforme constitutionnelle radicale : la reparlementarisation suppose d'adapter les lois et, surtout, de modifier profondément les pratiques politiques, afin que l'Assemblée ne soit plus une chambre organe d'enregistrement des décisions présidentielles.

Rendre possible la formation de coalitions

La reparlementarisation du régime implique que les prochaines décennies soient marquées par un élargissement des coalitions politiques, ce qui soulève la question de l'espace des partis de gouvernement et de la rigidité des alliances. L'Assemblée nationale de 2024 rappelle en bien des points celle de 1956, notamment par l'incapacité des formations politiques, susceptibles de bâtir des alliances stables, à en contrôler une part significative. Si la Ve République a su préserver sa stabilité, ce n'est pas uniquement grâce à ses institutions, mais aussi grâce à l'élargissement progressif du champ des alliances. Si 2024 ressemble à 1956, alors il n'y aura plus de Ve République en 2040.

Contrairement à une vision souvent influencée par la rhétorique gaullienne contre la IVe République, ces alliances ne sont pas nécessairement synonymes de compromissions faites en secret, trahissant les électeurs. Les partis établissent des priorités et déterminent les points non négociables sur la base du mandat reçu. Un parti écologiste insistera sur des mesures environnementales, tandis qu'une formation nationaliste mettra en avant des restrictions en matière d'immigration. Ces négociations se déroulent sous le regard attentif des électeurs, qui sanctionnent toute concession jugée excessive. La stabilité des coalitions repose d'ailleurs en partie sur l'opinion publique : lorsqu'un parti voit son électorat se détourner, il peut choisir de quitter l'alliance pour éviter une défaite aux prochaines élections. Ce modèle offre ainsi une représentation plus large : chaque électeur se sent concerné par la politique menée, sans pour autant voir l'ensemble de ses idées appliquées. Dans ces pays, environ un électeur sur deux se considère comme représenté par les institutions, un taux supérieur à celui observé en France. L'adhésion aux politiques publiques y est aussi plus forte, car un électeur ayant voté pour l'un des partis de la coalition se sent plus impliqué dans les décisions prises.

Un mode de scrutin majoritaire devenu facteur d'instabilité

L'histoire en témoigne : en 1958, les gaullistes ne se contentent pas d'un succès électoral massif, ils s'insèrent durablement dans le jeu des coalitions, en devenant progressivement son pivot. De même, à partir de 1972, la gauche parvient à réintégrer le Parti communiste grâce au programme commun, rendant ainsi l'ensemble de l'échiquier politique propice à des coalitions structurées. Ce fragile équilibre sera perturbé en 1986 par la montée du Front national, dont l'influence sur la représentation parlementaire restera néanmoins limitée jusqu'aux élections de 2022. Aujourd'hui, l'enjeu d'une stabilisation durable du régime passe inévitablement par une recomposition des alliances, qui ne pourra se faire qu'en intégrant ou en marginalisant électoralement des forces comme La France insoumise et le Rassemblement national.

Quelle que soit la configuration future des coalitions, celles-ci ne peuvent se cantonner aux blocs préexistants. Or, le mode de scrutin actuel freine considérablement la possibilité d'alliances postélectorales. Si une reparlementarisation est envisageable dans le cadre du système majoritaire à deux tours, elle semble néanmoins peu probable.

Faut-il alors envisager une introduction de la proportionnelle ? Probablement, mais encore faut-il en définir les modalités précises. En France, ce débat est souvent pollué par des idées reçues. Certains responsables politiques présentent la proportionnelle comme une porte ouverte au chaos, prophétisant des catastrophes dignes des fléaux bibliques : inondations de sang, pluies de grenouilles… Pourtant, presque tous nos voisins européens, à l'exception du Royaume-Uni, appliquent ce mode de scrutin sans sombrer dans l'anarchie. L'Espagne, le Portugal, la Belgique, les Pays-Bas, le Luxembourg, l'Autriche, la Pologne, la République tchèque ou encore le Danemark ont inscrit la proportionnelle dans leur Constitution sans que leurs démocraties en soient fragilisées.

Plutôt que d'aborder cette question sous un angle dogmatique, il convient de replacer les modes de scrutin dans leur contexte. Être favorable ou opposé à un système électoral en soi n'a pas de sens : c'est faire d'un outil technique un dogme intangible. Historiquement, le scrutin majoritaire se justifie dans deux cas de figure précis. D'une part, il fonctionne dans des systèmes où la représentation politique repose sur des réseaux de socialisation locaux et où la charge idéologique est faible. Ce fut le cas en France au XIXe siècle, lorsque les électeurs choisissaient un notable perçu comme le mieux placé pour défendre leurs intérêts à l'échelle nationale. Or, ce modèle est aujourd'hui obsolète, comme l'ont démontré les récentes élections. Les Français, bien qu'ayant une relation ambivalente aux partis, n'ont jamais autant voté en fonction d'une étiquette politique, comme en témoigne la vague de députés élus sous l'étiquette La République en marche en 2017 ou celle du Rassemblement national en 2024.

D'autre part, le scrutin majoritaire est pertinent dans un système fortement bipolarisé, où l'alternance donne à chacun le sentiment d'être légitimement représenté à un moment donné. À l'origine de la Ve République, cette dynamique a permis de structurer un paysage politique relativement stable. Cependant, cette logique s'érode progressivement, rendant l'adéquation entre le mode de scrutin et l'état actuel du système partisan de plus en plus incertaine. Un mode de scrutin majoritaire à deux tours ne produisant plus de majorité a comme effet pervers de figer les blocs en rendant très dangereuses les alliances post-second tour.

Dans cette perspective, une réflexion sur le mode de scrutin s'impose. La question n'est pas tant d'opposer frontalement scrutin majoritaire et scrutin proportionnel, mais d'identifier un système adapté aux évolutions du paysage politique français et à la nécessité de rendre possibles des coalitions viables.

Le mode de scrutin proportionnel est souvent accusé de fragiliser la stabilité gouvernementale. Pourtant, les comparaisons internationales montrent que cette critique mérite d'être nuancée. Alors que la durée de vie moyenne d'un gouvernement au Royaume-Uni, où prévaut un scrutin majoritaire, est de quatre ans, elle atteint cinq ans en Suède, six ans en Espagne et huit ans en Allemagne, où la proportionnelle est de mise. Par ailleurs, le Bundestag compte aujourd'hui sept groupes politiques, contre onze à l'Assemblée nationale française.

Le délicat choix d'une modalité de proportionnelle

La proportionnelle recouvre en réalité une grande diversité de systèmes, aux effets très variables. Ironiquement, l'un des modes de scrutin les plus majoritaires et les moins représentatifs en vigueur est… un scrutin proportionnel français. Pour les élections municipales, le système combine un second tour avec une prime majoritaire de 50 % : la moitié des sièges est répartie à la proportionnelle entre les listes qualifiées, tandis que l'autre moitié revient intégralement à la liste arrivée en tête. À l'opposé, les Pays-Bas appliquent une proportionnelle intégrale à l'échelle nationale, accordant un siège à toute liste obtenant plus de 1 % des suffrages. Israël, quant à lui, impose un seuil de représentation de 3,5 %. Ces modèles extrêmes peuvent conduire à un éclatement de la représentation et donner un poids excessif à de petits partis charnières, capables de monnayer leur soutien à prix fort. Entre ces deux pôles existent cependant de nombreuses alternatives conciliant représentativité et gouvernabilité. La vraie question n'est pas d'être pour ou contre la proportionnelle, mais de définir quel type de proportionnelle serait adapté au contexte français.

Plutôt que d'opposer de manière dogmatique scrutin majoritaire et scrutin proportionnel, il convient d'admettre que le mode de scrutin actuel est devenu un facteur de blocage pour la stabilité parlementaire. Il est alors nécessaire d'explorer des solutions garantissant à la fois une meilleure représentation et une capacité effective de gouvernance. L'un des leviers les plus efficaces pour y parvenir est l'instauration d'un seuil de représentation. En Allemagne, où il est fixé à 5 %, le Bundestag ne compte que six groupes parlementaires, contre onze à l'Assemblée nationale, ce qui facilite la constitution de majorités. Une prime majoritaire pourrait également être envisagée, à condition qu'elle ne dépasse pas 10 %, comme en Italie, où des partis peuvent s'apparenter pour bénéficier d'un renfort de sièges si leur alliance atteint un certain seuil. Un tel mécanisme permettrait d'équilibrer représentativité et efficacité gouvernementale.

En France, le débat sur la proportionnelle est souvent réduit à deux solutions inadaptées. La première consiste à revenir au modèle de 1986, qui reposait sur une répartition départementale des sièges. Or, plus une circonscription est réduite, moins la proportionnelle remplit son rôle, et plus les distorsions territoriales sont marquées. Dans un département comme la Lozère, où un seul député est élu, la proportionnelle départementale se résumerait à un scrutin majoritaire à un tour. De plus, un tel système ne favoriserait pas l'émergence de nouvelles dynamiques de coalition : les partis resteraient contraints à des alliances préélectorales rigides, empêchant toute recomposition après le scrutin.

La seconde fausse bonne idée est l'introduction d'une « dose » de proportionnelle. Cette mesure ne résoudrait en rien le problème du blocage des alliances. Les partis resteraient prisonniers de leur logique préélectorale pour la part de députés élue au scrutin majoritaire. De plus, si cette réforme s'appliquait sans augmentation du nombre de sièges à l'Assemblée, elle nécessiterait de fusionner certaines circonscriptions. Or, plus une circonscription est vaste, plus sa composition sociologique se rapproche de celle du pays dans son ensemble, ce qui tend à uniformiser les résultats électoraux. L'exemple des élections présidentielles illustre ce phénomène : en 2017, Marine Le Pen était arrivée en tête dans 44 circonscriptions, mais seulement dans deux départements ; Jean-Luc Mélenchon avait dominé dans 67 circonscriptions, mais seulement trois départements. En d'autres termes, la fusion des circonscriptions annulerait en grande partie les gains attendus d'une introduction partielle de la proportionnelle.

Si une réforme du mode de scrutin s'avère nécessaire, elle doit donc éviter ces écueils. L'objectif ne doit pas être simplement d'ajouter une touche de proportionnelle, mais de concevoir un système équilibré, permettant à la fois une meilleure représentation et la formation de majorités stables.

Si la circonscription départementale est souvent critiquée pour ses limites en matière de représentativité, elle est néanmoins défendue pour des raisons qui méritent d'être prises en compte. L'un des principaux arguments en sa faveur repose sur la nécessité de préserver un ancrage territorial fort, que les listes nationales ou même régionales ne garantiraient pas toujours. Certes, l'ampleur des parachutages électoraux tend à relativiser cette préoccupation. Néanmoins, dans un contexte de fragilisation des réseaux locaux des partis et de l'administration déconcentrée, il n'est pas déraisonnable de s'interroger sur la manière dont les liens entre les bases électorales et les instances dirigeantes peuvent être préservés.

Le modèle allemand apporte à cet égard une solution intéressante, proche du système imaginé par Léon Blum en 1926, puis théorisé par Étienne Weill-Raynal avant d'être intégré au programme socialiste de 1972 et timidement proposé par François Mitterrand au début des années 1990. Ce modèle allie représentativité et ancrage local en assurant une répartition des sièges proportionnelle au score de chaque parti dépassant le seuil de 5 %. Ce seuil, bien que relativement élevé, est compensé en Allemagne par une disposition permettant à un parti d'être représenté dès lors qu'il remporte au moins trois sièges au scrutin majoritaire.

La répartition des sièges repose sur un mécanisme en deux temps. Une première partie des députés est élue au scrutin majoritaire, ce qui garantit leur implantation locale. La seconde partie permet de corriger les écarts entre le pourcentage de voix obtenu et le nombre de sièges, afin de rétablir une représentation proportionnelle. Ce modèle préserve ainsi l'ancrage territorial tout en limitant l'influence des appareils partisans et en réduisant les distorsions géographiques dans la composition du Parlement.

Dans cette lignée, Étienne Weill-Raynal avait conçu un système combinant 332 sièges attribués au scrutin majoritaire à un tour et 212 sièges répartis sur une liste nationale, portant le total à 544 députés. Contrairement au modèle allemand, qui utilise des listes complémentaires, son système attribuait les sièges supplémentaires aux candidats battus ayant obtenu les meilleurs pourcentages de suffrages exprimés. Ce dispositif répondait ainsi à une critique récurrente de la proportionnelle mixte allemande : l'existence de deux catégories de députés, certains élus directement et d'autres désignés via les listes.

Un tel modèle permettrait de concilier l'exigence d'un ancrage territorial fort et celle d'une représentation fidèle du paysage politique. Il offrirait une alternative crédible à la proportionnelle départementale, dont les défauts sont bien documentés, tout en évitant de figer les alliances politiques dans des cadres trop rigides. Bien sûr, ce type de système est plus sophistiqué qu'une proportionnelle intégrale ou qu'un scrutin départemental classique. Mais il est grand temps de cesser de sous-estimer la capacité des électeurs à comprendre un mode de scrutin plus élaboré.

Les Allemands ne sont pas intrinsèquement plus aptes à assimiler un mécanisme électoral complexe. Si l'argument de la simplicité devait l'emporter sur tout, il faudrait alors remettre en question l'organisation simultanée des élections régionales et départementales, qui impliquent déjà un double vote. Que dire, d'ailleurs, du scrutin régional en France, qui combine une proportionnelle à deux tours, des seuils de maintien et de fusion, ainsi que des listes départementalisées ? En matière de complexité électorale, la France a déjà adopté des systèmes bien plus sophistiqués sans que cela ait constitué un frein significatif à la participation ou un facteur de défiance politique.

Donner au Parlement des capacités d'agir

Pour que la reparlementarisation du régime soit effective, la chambre doit être capable de fonctionner au-delà des clivages partisans qui risquent de la paralyser. Elle doit également disposer des outils nécessaires pour exercer efficacement ses missions. Il faut donc repenser dans les prochaines années l'organisation du Parlement. Il faut le faire de préférence par temps froid, à défaut de quoi les choix peuvent non seulement être malheureux mais également difficiles à mettre en place pour des raisons de majorité. Il faut également viser dans les quinze prochaines années une hausse régulière des moyens des assemblées.

Changer la gouvernance des chambres

Au début du XXIe siècle, la vie politique française semblait s'orienter vers une bipolarisation durable. L'union des droites au sein de l'UMP visait à mettre un terme aux rivalités interpartisanes dans ce camp. Le nom initial du parti, Union pour la majorité présidentielle – remplacé après les législatives par Union pour un mouvement populaire – traduisait clairement cette ambition. De son côté, le Parti socialiste s'était imposé comme une force hégémonique à gauche, étant le seul à résister à l'effondrement électoral des autres formations de ce camp.

C'est dans ce contexte que la réforme constitutionnelle de 2008, portée par Nicolas Sarkozy, a cherché à adapter les institutions à cette nouvelle réalité politique. La conception traditionnelle de la séparation des pouvoirs, inspirée de Montesquieu, repose sur une spécialisation et une indépendance des organes politiques. Le Parlement doit contrôler le gouvernement, qui peut, en retour, agir sur la chambre par des mécanismes de rationalisation parlementaire. Dans de nombreux régimes parlementaires, le Président dispose aussi du pouvoir de dissolution, garantissant un équilibre entre les institutions.

Cependant, lorsque le Parlement se montre docile, que le Président en contrôle l'orientation et que le gouvernement se contente d'être le simple prolongement d'une majorité acquise, la séparation des pouvoirs devient largement théorique. Dans ce cas, le contrôle démocratique ne repose plus sur une distinction organique entre les pouvoirs, mais sur l'opposition entre la majorité et la minorité au sein de l'Assemblée. Ce fonctionnement accorde un rôle central à l'opposition, qui, en mettant le gouvernement en difficulté, peut influencer le débat public et peser sur les orientations politiques. Une opposition vigilante et efficace contraint l'exécutif à être plus rigoureux dans son action, sachant qu'il sera scruté et contesté à chaque faux pas.

C'est dans cette logique que la réforme de 2008 a cherché à renforcer la place de l'opposition en s'inspirant du modèle britannique, où l'opposition au gouvernement de Sa Majesté joue un rôle structurant. De nouveaux droits lui ont été accordés : la possibilité d'ouvrir une commission d'enquête par session ordinaire, des créneaux dédiés pour présenter ses propres propositions de loi, ainsi que la présidence de la commission des finances.

Toutefois, ces avancées restent limitées par le contrôle exercé par la majorité parlementaire. Ainsi les commissions d'enquête, bien qu'initiées par l'opposition, sont-elles composées à la proportionnelle des groupes parlementaires, garantissant de facto une domination des élus de la majorité. C'est d'ailleurs au Sénat, où les soutiens d'Emmanuel Macron sont minoritaires, que les commissions d'enquête les plus marquantes ont vu le jour ces dernières années.

De même, les propositions de loi portées par l'opposition, bien qu'inscrites à l'ordre du jour lors de séances qui lui sont réservées, sont rarement adoptées. Elles servent davantage d'outil de communication politique que de levier législatif réel. Quant à la présidence de la commission des finances, si elle revêt une certaine importance, son rôle reste secondaire dans l'élaboration budgétaire. L'irrecevabilité financière est contrôlée par la présidence de l'Assemblée, tandis que la coordination des débats budgétaires repose essentiellement sur le rapporteur général du budget. Par ailleurs, le président de la commission est normalement élu par les voix de l'opposition, la majorité s'abstenant. Cette pratique a toutefois été remise en cause en 2024, lorsque la majorité a décidé de peser sur l'élection du président issu de l'opposition, brouillant ainsi la logique initiale de cette réforme.

Un modèle de parlementarisme efficace repose sur une distinction claire entre majorité et opposition. Or, dans l'Assemblée nationale de 2024, cette démarcation est tout sauf évidente. En l'état actuel du fonctionnement parlementaire, la qualification de « groupe d'opposition » est purement déclarative : chaque groupe choisit lui-même de s'en revendiquer ou non. Cependant, à l'exception du groupe d'opposition le plus important, ces formations disposent des mêmes droits que les groupes « minoritaires », c'est-à-dire ceux qui ne se sont pas déclarés comme appartenant à l'opposition. Cette situation permet à certains partis de jouer sur les deux tableaux, bénéficiant des outils de l'opposition tout en participant, d'une manière ou d'une autre, à la conduite du gouvernement.

Dans l'analyse comparée des systèmes parlementaires, l'appartenance d'un groupe à la majorité ou à l'opposition est généralement déterminée par son vote sur le budget, qui constitue l'élément central de la politique d'un gouvernement. Toutefois, cette grille de lecture est inopérante dans le contexte actuel, où la plupart des budgets sont adoptés par l'usage de l'article 49.3. Peut-on alors se baser sur le vote des motions de censure pour identifier l'opposition ? Si tel était le cas, Les Républicains auraient fait partie de la majorité entre 2022 et 2024. Le Rassemblement national peut-il aujourd'hui être considéré comme un groupe de la majorité ? L'élection de Charles de Courson comme rapporteur général de la commission des finances illustre bien ces ambiguïtés. Les soutiens d'Emmanuel Macron lui ont reproché d'être issu de l'opposition, alors que ce poste est traditionnellement occupé par un membre de la majorité – ce qui, en réalité, ne repose sur aucune règle écrite. Encore faudrait-il, d'ailleurs, qu'une majorité claire soit identifiable.

Cette incertitude se reflète également dans la difficulté à qualifier les groupes soutenant Emmanuel Macron (EPR, Modem,

Horizons). Par commodité, on parle souvent de l'« ancienne majorité », signe que les alliances politiques contemporaines peinent à se définir autrement que par leur degré de soutien au Président.

Face à cette confusion, une réforme du fonctionnement parlementaire s'impose. Si la division entre majorité et opposition devient de moins en moins pertinente, un modèle plus pluraliste, à l'image de celui du Parlement européen, pourrait être envisagé. Dans ce système, les postes sont répartis à la proportionnelle entre les groupes, sans distinction de statut. Un tel dispositif inciterait à davantage de coopération et garantirait une répartition plus équilibrée du pouvoir au sein de l'Assemblée nationale.

Doter le Parlement de moyens d'expertise

Une reparlementarisation du régime suppose enfin une évolution des ressources allouées aux chambres législatives. Pour affirmer ses positions et exercer pleinement ses missions, le Parlement s'appuie sur deux éléments fondamentaux mais limités : le temps et l'argent. Or, il souffre aujourd'hui d'un manque significatif des deux.

En 2018, la révision constitutionnelle proposée par Emmanuel Macron reposait sur l'idée que le Parlement devait accélérer son rythme jugé trop lent. Pourtant, cette critique mérite d'être nuancée. En comparaison internationale, le Parlement français n'est pas particulièrement lent : l'examen d'un texte y prend en moyenne 149 jours, contre 156 en Allemagne et 400 aux Pays-Bas. Peu d'assemblées législatives adoptent des lois plus rapidement, à l'exception notable de la Hongrie, où le Fidesz de Viktor Orbán domine un Parlement monocaméral largement soumis à l'exécutif.

Par ailleurs, les procédures destinées à contourner un Parlement supposé trop lent aboutissent parfois à des délais encore plus longs. La généralisation de la procédure accélérée sous les dernières législatures a certes réduit le temps d'examen des lois, mais le recours aux ordonnances produit l'effet inverse. Il faut en moyenne 455 jours pour qu'une ordonnance soit prise après l'adoption de la loi d'habilitation, certaines dépassant même 700 jours. De même, les décrets d'application tardent souvent à être publiés : certaines mesures de la loi El Khomri ont ainsi attendu plus d'un an avant d'entrer en vigueur.

Depuis 2022, l'absence de majorité absolue a conduit à accorder davantage de temps au Parlement, faute de consensus sur des textes majeurs. Toutefois, ce répit reste limité par le manque de moyens et les contraintes juridiques, notamment l'irrecevabilité financière. Le déséquilibre entre les ressources des parlementaires et celles des ministres affaiblit la capacité d'action du Parlement. Bien qu'impopulaire à rappeler, l'action politique requiert des moyens, et la démocratie a un coût.

Le budget de l'Assemblée nationale pour 2023 s'élève à 571 millions d'euros, soit un montant comparable à celui de la ville de Bordeaux. Celui du Sénat, fixé à 346,3 millions d'euros, correspond à peu près au budget de Grenoble. Malgré la compétence des fonctionnaires parlementaires, leur nombre reste insuffisant pour rivaliser avec les ressources considérables dont disposent les ministères. Une augmentation même modeste du budget parlementaire, de l'ordre de 10 millions d'euros, permettrait de recruter environ 100 administrateurs supplémentaires. Une hausse plus significative de 10 % (soit 57 millions d'euros pour l'Assemblée et 34 millions pour le Sénat) resterait raisonnable au regard des enjeux et renforcerait sensiblement l'expertise des chambres.

Un tel investissement améliorerait le travail des commissions et le contrôle parlementaire, notamment pour les groupes d'opposition, qui peinent aujourd'hui à accéder à des ressources et expertises externes. Actuellement, la majorité des moyens est concentrée entre les mains des rapporteurs et des présidents de commission, issus pour l'essentiel de la majorité. À l'instar du modèle allemand, il serait pertinent d'accorder aux groupes d'opposition des moyens financiers accrus afin de rééquilibrer leur capacité d'analyse et de contrôle. Ce renforcement des ressources contribuerait à un meilleur fonctionnement du Parlement et garantirait un pluralisme politique plus effectif.

Renforcer le poids du gouvernement

Le XXe siècle n'a pas été celui des assemblées et ça ne sera sans doute, quoi qu'on en dise, toujours pas le cas en 2040. Avec la montée en puissance des partis politiques, la délibération parlementaire n'a plus eu pour fonction de construire des majorités texte par texte. Désormais, les coalitions se forment en amont, avant même l'ouverture des travaux législatifs. Les élections législatives enregistrent un rapport de forces entre les partis, qui négocient ensuite un programme commun. La mise en œuvre de cet accord repose sur le gouvernement, dont le rôle devient alors celui d'un chef d'orchestre. Ce qu'il faut viser dans les quinze prochaines années c'est un meilleur contrôle des musiciens sur celui qui les dirige effectivement.

Un gouvernement indépendant du chef de l'État

En France, les assemblées figurent parmi les plus faibles des démocraties occidentales. Pourtant, cette faiblesse ne se manifeste pas tant par un nombre restreint de propositions de lois émanant du Parlement que par son incapacité à exercer un véritable contrôle sur un gouvernement qui, lui-même, se limite souvent à relayer la parole du président de la République. Dès lors, une reparlementarisation du régime impliquerait deux évolutions complémentaires : un gouvernement émancipé du chef de l'État et un Parlement chargé de garantir le respect de l'accord de coalition. Dans des démocraties parlementaires comme le Royaume-Uni, par exemple, environ 90 % des lois sont d'origine gouvernementale. Toutefois, le contrôle du gouvernement y est rendu plus difficile par le bipartisme, qui limite les risques de rupture de coalition. Le contrôle du pouvoir exécutif s'exerce donc directement au sein des partis. C'est ainsi qu'une élection interne au sein des

Tories a entraîné la chute de Margaret Thatcher, tout comme c'est dans les rangs du Labour que s'est préparée la démission de Tony Blair.

L'un des principaux obstacles à cette évolution en France réside dans les pouvoirs attribués au président de la République. En réalité, ses prérogatives sont limitées, en dehors de certains pouvoirs exceptionnels rarement utilisés. Cependant, l'élection présidentielle lui confère une légitimité perçue comme considérable, alimentant un sentiment de toute-puissance. Ce pouvoir ne repose ni sur les textes ni sur une supposée culture politique nationale, mais sur des représentations collectives profondément ancrées.

Cette perception tient au fait que l'élection présidentielle est aujourd'hui perçue comme le moment structurant du cycle politique. Les électeurs et les partis ont intégré l'idée que l'avenir du pays pour les cinq années suivantes se joue lors de cette échéance. Peu importe les causes profondes de cette croyance : elles ne sont jamais réellement analysées ou remises en question. Par habitude, l'électorat continue d'accorder une primauté absolue à ce scrutin et n'a aucune raison de penser que les choses pourraient changer.

Contrairement à une idée reçue, cette situation ne découle pas mécaniquement de l'élection du Président au suffrage universel direct. D'autres pays, comme le Portugal, l'Autriche ou la Finlande, élisent également leur chef de l'État de cette manière, sans pour autant voir les campagnes présidentielles prendre la même tournure qu'en France. Dans ces pays, aucun candidat ne promettrait une réforme des retraites ou une loi sur l'immigration, car le mode de scrutin proportionnel rend ces engagements irréalisables sans coalition préalable. Un électeur portugais ou autrichien ne prendrait pas au sérieux un candidat présentant un programme législatif détaillé, car il sait que la formation d'une majorité repose sur des négociations postélectorales, et non sur des engagements individuels.

Ainsi, si les Français constataient progressivement qu'un président sans majorité parlementaire ne détient en réalité que peu de pouvoir, l'élection présidentielle perdrait son caractère décisif.

À terme, cela conduirait naturellement à un fonctionnement plus parlementaire du régime, sans qu'il soit nécessaire de revenir sur l'élection du Président au suffrage universel.

Le véritable enjeu est donc moins juridique que psychologique et culturel. La déshabituation au pouvoir présidentiel constitue la clé de cette évolution. Or, ce processus ne nécessite aucune révision institutionnelle : le pouvoir repose avant tout sur la manière dont il est perçu. Il est là où la société accepte collectivement de le situer.

Dans un régime davantage parlementarisé, la place du président de la République ne disparaîtrait pas pour autant. Il pourrait conserver un rôle fondé sur l'idée du *pouvoir neutre*, telle que théorisée par Benjamin Constant. Autrement dit, le chef de l'État disposerait de prérogatives lui permettant d'intervenir en cas de crise institutionnelle, sans pour autant s'immiscer directement dans la conduite des affaires courantes.

La Constitution actuelle va déjà en partie dans cette direction. L'article 12 confère au Président le pouvoir de dissoudre l'Assemblée nationale, lui permettant ainsi de convoquer de nouvelles élections en cas de blocage politique. L'instauration d'un mode de scrutin proportionnel, en favorisant la formation de coalitions stables, réduirait d'ailleurs les risques d'un usage stratégique de cette prérogative. De même, l'article 11 lui permet de recourir au référendum, notamment en cas de désaccord persistant entre le gouvernement et le Parlement. Quant à l'article 16, il prévoit un régime d'exception en période de crise majeure, incarnant ainsi, par nature, la notion de *pouvoir neutre*.

Le Président dispose également de plusieurs leviers de blocage. Il peut refuser de signer certains actes de nomination contresignés en Conseil des ministres ; s'opposer à la promulgation d'un texte en demandant une seconde délibération au Parlement ; refuser de convoquer une session extraordinaire des assemblées en dehors de la période constitutionnelle ; ou encore saisir le Conseil constitutionnel. L'élection du Président au suffrage universel direct garantit la légitimité de ces interventions, lui permettant par conséquent de jouer un rôle de garde-fou institutionnel.

La délicate question du « domaine réservé »

Toutefois, un point de friction majeur dans l'évolution des rapports entre le Président et le gouvernement concerne la notion de *domaine réservé*. Constitutionnellement, ce concept n'existe pas. Il s'agit d'une construction politique introduite par Jacques Chaban-Delmas en 1961 pour rassurer les députés gaullistes sceptiques face à la politique algérienne du général de Gaulle.

Certes, l'article 15 de la Constitution fait du Président le chef des armées, tout comme l'article 167 de la Constitution belge confère ce titre au roi des Belges. Ces dispositions sont classiques dans les régimes parlementaires et font du chef de l'État l'incarnation de la permanence de la nation. Néanmoins, l'article 35 de la Constitution française attribue clairement au gouvernement la responsabilité devant le Parlement en matière d'engagement des forces armées. De plus, les articles 20 et 21 confèrent au Premier ministre la direction des forces armées, tandis que la ratification des traités relève du gouvernement et nécessite l'autorisation du Parlement.

En pratique, le Président a conservé une influence en matière de défense et de politique étrangère, notamment à travers les décrets de 1964 et 1996 lui reconnaissant la compétence en matière de dissuasion nucléaire. Toutefois, cette prérogative est d'un usage exceptionnel. La cohabitation a déjà démontré les limites du pouvoir présidentiel dans ces domaines. En décembre 1999, Jacques Chirac souhaitait une intervention militaire à Abidjan, mais le refus du Premier ministre Lionel Jospin entraîna l'abandon de l'opération. Ainsi la place du Président en matière de diplomatie et de défense dépend-elle largement de l'espace que lui laisse le chef du gouvernement. Dans un régime davantage parlementarisé, ces prérogatives pourraient être encore plus réduites.

Un domaine où une évolution s'imposerait, pour des raisons institutionnelles, est la représentation de la France au sein de l'Union européenne. Actuellement, le Président siège au Conseil européen, qui prend les décisions stratégiques et oriente les politiques européennes. Ce Conseil se prononce sur l'adhésion de nouveaux États, les sanctions contre des membres, la révision des traités et le cadre budgétaire pluriannuel.

Jusqu'en 2008, lors des périodes de cohabitation, le Président et le Premier ministre se rendaient ensemble aux réunions du Conseil européen. Cependant, le traité de Lisbonne en a fait une véritable institution de l'UE, où chaque État ne peut être représenté que par un seul de ses dirigeants. Or, les engagements pris au Conseil européen doivent être suivis par le gouvernement, puisque ce sont les ministres qui négocient les textes au sein du Conseil de l'Union européenne, et que c'est le gouvernement qui organise leur application en droit français. Un président sans majorité n'aurait donc pas de légitimité à parler au nom de la France. Dans une évolution parlementaire du régime, il apparaîtrait logique que le Premier ministre siège au Conseil européen à la place du chef de l'État.

Un tel changement ne signifierait pas nécessairement un affaiblissement de la position française en Europe. Au contraire, la France a perdu en influence à cause de l'*hyperprésidentialisme*. En Allemagne, par exemple, le chancelier arrive à Bruxelles avec une position déjà débattue au Bundestag, et une fois rentré à Berlin il doit rendre des comptes aux députés. Cela lui confère un levier de négociation important : il ne peut pas rentrer les mains vides.

À l'inverse, un président français bénéficie d'une liberté quasi absolue dans ses négociations européennes. Il peut donc faire des concessions sans en payer le prix politique, sachant que le *fait majoritaire* lui permettra de faire valider ses décisions par une Assemblée nationale docile. Contrairement à l'Allemagne, où le Parlement contraint l'exécutif à tenir une ligne dure dans les négociations, la France peut facilement capituler.

Aujourd'hui, les résolutions européennes adoptées par l'Assemblée nationale n'ont qu'un poids limité. Elles ne lient ni les ministres dans leurs négociations, ni le Président dans ses engagements. En revenant à un mode de fonctionnement plus parlementaire, le gouvernement serait tenu par des mandats de négociation votés en amont par le Parlement, et devrait justifier ses décisions a posteriori devant les députés. Ce modèle, déjà en vigueur en Allemagne, renforcerait en réalité la position française sur la scène européenne.

Il est donc essentiel de ne pas assimiler *présidentialisme* et *puissance diplomatique*. Un président qui décide seul peut tout céder sans contrainte. Un gouvernement contraint par un contrôle parlementaire strict est, au contraire, bien plus robuste dans les négociations internationales.

L'image du président français revenant d'un sommet européen et imposant ses décisions sans débat national contraste avec celle du chancelier allemand, qui doit composer avec son Parlement à chaque étape. Or, ce dernier ne peut se permettre de rentrer à Berlin sans résultats tangibles. En d'autres termes, dans un régime moins présidentiel, la France gagnerait en influence plutôt qu'elle n'en perdrait.

Dans cette perspective, une reparlementarisation du régime ne remettrait pas seulement en cause le rôle du président sur la scène nationale, mais aussi son poids à l'international. Pour que la France soit plus audible en Europe, il faudrait non seulement transférer la représentation du pays au Conseil européen au Premier ministre, mais aussi renforcer le contrôle parlementaire sur les décisions européennes.

Faut-il voir dans ces évolutions la solution aux problèmes structurels de notre démocratie qui nous sauvera de l'instabilité dans ces quinze prochaines années qui s'annoncent fort difficiles ? Il ne faut pas surestimer le poids des institutions, qui ne peuvent à elles seules résoudre une crise avant tout politique. Toutefois, les changements de paradigme électoraux impliquent nécessairement une adaptation, sous peine de voir la Ve République, comme naguère la IVe, s'effondrer non tant sous le poids de ses institutions que sous l'intensité des conflits qui l'animent.

Les prochaines décennies pourraient être celles au contraire d'une fuite en avant illibérale, contre laquelle la Constitution de la Ve République ne nous garantit en rien, loin s'en faut. Cette dérive pourrait être initiée par un leader populiste, certes. Mais, plus insidieusement, elle pourrait aussi être ouverte par des responsables bien intentionnés, convaincus qu'un système devenu ingouvernable ne peut condamner le pays à l'inertie.

Combien de temps accepterait-on de vivre sans budget avant de considérer que le recours à l'article 16, pourtant conçu pour des circonstances bien différentes, serait une solution ? Pourrait-on s'habituer à voir les institutions et la démocratie suspendues au nom d'une efficacité politique retrouvée ? On aime à se féliciter de la souplesse de la Ve République. C'est oublier qu'un régime souple peut aussi être facilement subverti.

Toutefois, des républicains qui s'endormiraient sous la main ferme mais pacificatrice d'Auguste seraient condamnés, un jour ou l'autre – mais trop tard –, à se réveiller sous les excès d'un Caligula.

Maître de conférences en droit public
à Paris-Panthéon-Assas, **Benjamin Morel**
est spécialiste des institutions françaises
et des réformes du régime parlementaire.

L'attention, territoire perdu de la République

Chloé Morin

On ne sait plus très bien à quel moment tout a basculé. Certains historiens situent le point de non-retour autour de 2028, quand le taux de tentatives de suicide chez les adolescents a pour la première fois dépassé celui des adultes. D'autres pointent la rentrée scolaire de 2031, cette année où l'on a dû ouvrir en urgence des « unités d'apaisement cognitif » dans les collèges, pour y accueillir des enfants de 12 ans incapables de lire une page sans s'effondrer. Il y avait dans l'air quelque chose de saturé. L'attention était devenue une denrée périssable. L'agitation intérieure, une norme. On scrollait pour ne pas penser, et on pensait qu'on s'informait. On scrollait pour s'anesthésier, et on appelait ça s'informer.

Les Z n'étaient plus une génération, c'était un flux. Et les Alpha leur emboîtaient le pas.

La décennie 2030 fut celle de tous les aveuglements. On voyait les jeunes sombrer – dans le harcèlement permanent, dans l'anxiété continue, dans des pulsions de retrait ou d'ultraviolence – mais la classe politique, les yeux rivés sur les sondages, préférait saluer « la créativité numérique de notre jeunesse » ou financer des campagnes de prévention ridicules. Des affiches fluorescentes s'accrochaient aux abribus : « Un écran n'est pas un parent », « Parlez à vos enfants, pas à leurs profils. » Les parents, eux, faisaient ce qu'ils pouvaient – ce qui revenait souvent à céder. Travailler plus tard. Culpabiliser plus fort. Confier l'éducation à des vidéos qui parlent vite, fort, sans jamais s'arrêter.

Mais il ne fallait pas toucher aux écrans. C'était là que se jouait le vrai pouvoir. Car l'enfance était devenue un marché, et l'attention une marchandise. Les géants du numérique, devenus plus riches que la plupart des États, avaient verrouillé le débat. Réguler les écrans, c'était menacer directement leurs modèles économiques – ces architectures invisibles où l'attention humaine était extraite, vendue, recyclée comme une ressource fossile.

Les GAFAM, dès 2026, avaient lancé un lobbying massif contre toute politique de restriction. Ils finançaient des think tanks sur la « liberté cognitive », des campagnes pour l'« égalité d'accès au numérique » dans les banlieues. Officiellement, ils défendaient l'ouverture, l'inclusion, l'innovation. Officieusement, ils s'opposaient à tout ce qui pouvait ralentir le flux. Car un enfant qui lit est un enfant qui ne scrolle pas.

Ils trouvèrent des alliés inattendus dans les extrêmes. À droite comme à gauche, les populistes reprirent leurs arguments. Interdire les écrans ? C'était censurer la liberté d'expression. Réguler les plateformes ? C'était brider la parole populaire. On vit des parlementaires de gauche défendre TikTok au nom de la lutte contre l'élitisme culturel. On vit des ultra-conservateurs s'ériger en défenseurs de YouTube comme « espace de vérité brute ». La liberté d'expression, devenue totem vide, se réduisait de plus en plus au droit de proférer des insanités, de harceler ses ennemis, ou de poster des vidéos de soi en train de crier. Cette liberté sacrée servait désormais surtout à dire n'importe quoi, très fort, très vite, très souvent.

Dans ce chaos, un autre mouvement naquit – plus discret d'abord, plus radical ensuite. Issus des marges de la militance écologiste, certains jeunes commencèrent à parler de désintoxication numérique comme d'un acte politique. À partir de 2028, on vit apparaître des collectifs néo-luddites aux slogans rudes : « Éteins ou meurs », « Vos réseaux tuent nos cerveaux », « La planète brûle, mais tu regardes une story. » Ils coupaient les relais 5G, pirataient des panneaux publicitaires pour afficher des vers de Rimbaud ou des extraits de Montaigne. Ils vandalisaient des Apple Stores avec des marteaux, tout en citant Ivan Illich et Guy Debord.

On se moqua d'eux, d'abord. On les traita de réactionnaires, de hippies violents, de puritains technophobes. Mais certains parents commencèrent à les écouter. Car ces jeunes semblaient mieux dormir. Mieux parler. Mieux penser. Ils avaient des regards clairs et des mots articulés. Ils lisaient. Ils se rappelaient. Et cela devenait rare.

Il n'y avait plus de silence. Partout, des voix. Des conseils, des alertes, des notifications, des injonctions d'être performant, aimable, désirable, drôle, calibré. Les enfants des milieux favorisés étaient envoyés dans des écoles hors contrat où les téléphones étaient bannis, les écrans recouverts de draps blancs, la lecture élevée au rang de discipline de survie. Ceux des quartiers populaires, eux, grandissaient dans des bulles de flux ininterrompus : des vidéos qui défilent sans fin, des influenceurs comme seuls modèles, et des professeurs eux-mêmes happés par la fatigue algorithmique.

On parlait de fracture numérique, mais c'est une fracture attentionnelle qui s'installait – et avec elle, une nouvelle forme de darwinisme éducatif : seuls survivaient ceux dont l'environnement, par miracle ou par argent, parvenait à recréer du calme.

Puis il y eut ce silence. Le moment où même les communicants n'avaient plus rien à dire. Le moment où l'on comprit que les slogans ne suffiraient plus. Que les parents ne voulaient plus de recommandations, mais des actes. Que les enfants ne rêvaient plus d'avenir, mais de répit.

C'est dans ce vide qu'Emmanuel Macron revint.

Il n'était plus exactement le même, mais s'était abstenu de dire « j'ai changé ». Il avait voulu incarner l'avenir en 2017. Il revenait en 2032 en traînant les ruines de ses promesses. Celui qui avait porté la promesse d'un monde fluide et réformé avait cédé la place à une silhouette plus lente, aux gestes plus lourds, comme rattrapée par le bruit qu'elle avait jadis célébré.

Il ne promettait plus la révolution – plus personne n'y croyait. L'époque avait tué les grands récits. Il ne se présentait pas comme un héros – l'ère des héros était morte, dissoute dans les clashs, les mèmes et les *threads*.

Il promettait la libération.

Pas au sens politique. Au sens sensoriel. Débrancher. Détoxifier. Désarmer la machine. Redonner aux corps le droit de ne pas vibrer au moindre signal, aux regards le droit de fixer un point sans être happés, aux phrases le droit de s'épanouir sans interruption.

Il parlait d'« écologie de l'esprit ». De « souveraineté intérieure ». De « zones blanches pour la pensée ». Et derrière ces mots, il y avait une intuition juste : la dépendance numérique n'était plus une affaire de technologie, mais de santé publique, de civilisation, de survie.

La dérision fut immédiate. Ses concurrents ricanèrent : du pain, des jeux, et surtout pas de sevrage – c'est comme ça qu'on gagne, *stupid* ! Le réel, lui, prit son temps pour frapper.

Le QI moyen en recul. Le langage déstructuré. Le nombre d'enfants incapables de tenir une conversation sans consulter leur téléphone toutes les trente secondes. La moitié d'une génération diagnostiquée avec des troubles de l'attention, l'autre moitié en voie de désocialisation.

Alors il légiféra. Brutalement. Cliniquement. Comme on traite une épidémie.

Interdiction totale des smartphones personnels avant 15 ans. Interdiction des réseaux sociaux avant 18 ans, sur tout le territoire. Suppression du Wi-Fi dans les crèches, écoles, bibliothèques, hôpitaux, trains. Blocage nocturne des plateformes de streaming entre 22 heures et 6 heures pour les moins de 25 ans. Disparition des notifications « push » sur tous les terminaux vendus en France. Création d'un « ministère de l'Attention », chargé de réguler les interfaces, les vitesses de défilement, les durées d'exposition. Campagnes d'État pour réapprendre à s'ennuyer. Et surtout : le « Pass Lecture », un revenu mensuel pour les jeunes de moins de 20 ans, à condition qu'ils prouvent avoir lu, hors écran, au moins un livre entier chaque mois.

On traita ces mesures de dystopiques, de puritaines, de liberticides. Mais elles furent acceptées. Parce que l'alternative, tout le monde la voyait : des enfants à la mémoire trouée, des adolescents qui ne dormaient plus, des adultes dévorés par l'angoisse d'un monde trop rapide pour eux.

Au début, la génération Alpha ne comprit pas ce qui lui arrivait. Il fallut leur retirer les écrans comme on retire une prothèse. Certains hurlaient, d'autres s'éteignaient. Le vide laissé par les flux fut immense. On assista à des syndromes de manque, à des crises de nerfs dans les cours de récréation, à des pleurs sans cause visible. Des classes entières durent être accompagnées par des médiateurs sensoriels – des professionnels formés non pas à enseigner, mais à réapprendre aux enfants à se concentrer dix minutes sans interruption.

On réintroduisit les sons lents : le bruissement d'une page, le craquement du parquet sous les pas, la voix d'un adulte qui lit à haute voix sans être filmé. On réapprit à dessiner sans application, à attendre son tour sans notification, à écrire à la main sans prédiction de mots.

Il fallut du temps.

Mais au bout de quelques années, un phénomène inespéré apparut. Les enfants qui avaient grandi dans cette nouvelle bulle – privée d'écran, saturée de papier, de gestes, de visages – commencèrent à développer des comportements que l'on croyait perdus. Ils jouaient plus longtemps. Parlaient avec plus de nuance. Dormaient mieux. Et surtout : ils racontaient.

Ils n'étaient pas plus intelligents. Ils étaient entiers.

On avait oublié que la parole pouvait revenir. Que les récits pouvaient pousser sur les ruines. Ces enfants-là, qu'on avait crus sacrifiés, commencèrent à inventer des histoires, non pas pour captiver un algorithme, mais pour dire ce qu'ils avaient vu. Ce qu'ils avaient ressenti. Ce qu'ils savaient du silence.

Le livre, dans ce monde post-écran, redevint une technologie majeure – pas une relique, mais un outil actif, vivant. On le redécouvrit non comme simple porteur de contenu, mais comme milieu réparateur. On l'ouvrait comme on entrouvre une porte vers une zone calme. On l'offrait. On s'étonnait de sa lenteur. Puis on s'en étonna moins.

Les premiers adultes issus de cette génération-là étaient différents. Moins réactifs, plus ancrés. Ils savaient écouter. Ils écrivaient peu mais avec densité. Ils travaillaient autrement. Dans un monde encore frémissant des restes de la frénésie numérique, ils faisaient tache, parfois. Mais cette tache-là, pour la première fois depuis longtemps, avait la forme d'un espoir.

Alors peut-être avions-nous appris.

Non pas à redevenir sages, ni même à redevenir humains, mais à redevenir présents. À force d'avoir trop vu, trop su, trop scrollé, une partie de la société retrouvait la valeur de ce qui durait. L'attention n'était plus un automatisme : c'était un travail. La lecture, plus un loisir, mais une discipline. Le livre, lui, cessait d'être un produit culturel parmi d'autres : il devenait une résistance, un contre-feu.

On continuait de compter les blessés. Une génération entière vivait encore avec des pensées en miettes, des phrases sans syntaxe, des souvenirs pixélisés. Mais quelque chose s'inversait. Dans certains lieux, à certaines heures, on entendait de nouveau un silence qui ne faisait pas peur. Un silence peuplé de pages tournées, de respirations longues, de voix qui lisaient à voix basse. C'était peu. Mais c'était là.

Et pourtant, rien n'était gagné. L'industrie du flux ne mourait jamais : elle se déplaçait. Les plateformes ressuscitaient sous d'autres noms, dans d'autres mains. Des réseaux clandestins diffusaient des vidéos interdites, accélérées jusqu'à l'insoutenable. Certains jeunes, nés après les grandes coupures, fantasmaient les écrans comme leurs aînés avaient fantasmé l'herbe interdite. Dans les marges, on parlait d'un retour. D'un *reboot*. D'une revanche.

Alors il fallait rester vigilant. Lire non pour s'évader, mais pour tenir. Lire comme on plante un drapeau sur un territoire qu'on refuse d'abandonner. Lire non pas pour fuir le monde, mais pour lui opposer un rythme qu'il ne pouvait digérer.

Et pendant ce temps, quelque part, un enfant refermait un livre. Il l'avait lu jusqu'au bout. Il le reposait lentement, comme on rend un corps, ou comme on dépose une arme. Puis il fermait les yeux. Il ne se passait rien.

Et c'était peut-être ça, désormais, la vraie révolution.

Quand il quitta le pouvoir en 2037, Emmanuel Macron laissa derrière lui plus qu'un bilan : une génération qui lisait encore. Il avait enfin trouvé ce qu'il poursuivait depuis vingt ans : un héritage.

Politologue et analyste de l'opinion, **Chloé Morin** travaille sur les fractures démocratiques et les perceptions citoyennes.

Le féminisme pour renforcer la démocratie

Marie-Cécile Naves

En 2040, la phase d'ajustement entre les exigences d'égalité femmes-hommes et les résistances à cette dynamique sera achevée. Porté par plusieurs générations et s'inspirant, depuis le mouvement *Me Too* de 2017, des avancées législatives et sociales et des expériences du monde entier, l'engagement féministe aura permis non seulement de consolider l'égalité dans les textes, de transformer les cadres professionnels et la plupart des modèles économiques, d'élargir les libertés individuelles, mais aussi, et au-delà, de renforcer les contenus et pratiques démocratiques.

De bruyantes oppositions se sont fait entendre contre ces évolutions. Des forces idéologiques puissantes se sont efforcées, pendant les décennies précédentes, de saper les droits des femmes et de minimiser les violences à leur égard. Accompagnés par des alliés économiques opportunistes, galvanisés par les dirigeants ou aspirants dirigeants autoritaires, des mouvements politiques influents ont fondé leur projet de société, leur leadership et leur vision des relations internationales sur les principes de domination, de prédation et d'exploitation, au service d'un agenda antilibéral global.

La génération Covid a fait bouger les lignes

En 2040, la « génération Covid » sera aux affaires. Celles et ceux qui avaient entre 10 et 20 ans en 2020 aspiraient à réformer profondément le pays. Dans nombre de domaines, leur patience et leur seuil de tolérance aux injustices et à la dégradation des écosystèmes se sont considérablement abaissés. À leur exigence partagée d'immédiateté, nourrie par l'économie de l'attention, s'est ajouté un sentiment d'urgence occasionné par les crises écologiques, sanitaires et géopolitiques. Soucieuse d'accélérer le renouvellement et la diversification des élites, cette génération, une fois aux commandes, imposera le non-cumul, dans le temps, de l'ensemble des mandats électifs (en politique, dans les conseils d'administration et les comités exécutifs en entreprise, ou encore dans les fédérations sportives). Il en résultera l'ouverture du champ politique à une diversité inédite d'expertises.

Chez les jeunes femmes, les tentatives conservatrices d'endoctrinement des années 2020, destinées à glamouriser la soumission patriarcale, n'ont pas fonctionné. La propagande, via les réseaux sociaux, en faveur du retour au foyer et des normes de savoir-être « re-féminisées » a échoué, et les cyber-intimidations ont fini par avoir l'effet contraire de celui escompté. D'entreprises novatrices en communautés apprenantes, elles ont favorisé l'innovation à un niveau inédit, dans tous les territoires, en misant sur la solidarité et de solides réseaux professionnels, construits grâce à leurs engagements et leur savoir-faire acquis en ligne. Des formes renouvelées d'éducation populaire, qui sont nées et ont prospéré dans le combat contre le sexisme, ont ainsi fait prospérer de nouveaux paradigmes économiques. La montée des extrêmes droites n'a pas laissé d'autre choix à ces entrepreneures de mobilisation que d'instaurer une rupture majeure avec l'exigence de pureté militante et la facilité du repli sur soi, pour privilégier des solutions féministes bénéficiant à toutes et à tous. Dans la vie professionnelle comme dans la vie intime, le genre est devenu, par ailleurs, un jeu : fluidité assumée des comportements et des sexualités, transgressions permanentes des codes, désir inédit de liberté et de respect des individualités. En 2040, la « bonne » féminité et la « bonne » masculinité ne feront plus l'objet de définitions canoniques que dans les émissions et les spectacles humoristiques.

Dans les années précédentes, le rapport différencié aux écrans et plus globalement à l'usage du numérique, dès le plus jeune âge, avait renforcé les clivages sociaux et sexués, occasionnant de vifs débats au sein des partis politiques et des associations. Un risque de radicalisation, aux caractéristiques proches des dérives sectaires, avait été identifié chez ceux qui étaient restés perméables aux stéréotypes de genre et sensibles au buzz de la misogynie 2.0. Deux phénomènes concomitants ont accéléré l'action politique. Premièrement, une série d'attentats terroristes particulièrement meurtriers ciblant explicitement des femmes a créé, dans la population, les médias et chez les dirigeants politiques, un électrochoc – que la persistance des féminicides dans la sphère privée n'avait pas occasionné par le passé. Deuxièmement, une certaine forme de capitalisme, glorifié par la réélection de Donald Trump, estimant n'avoir aucun compte à rendre et donnant aux adversaires de l'égalité entre les femmes et les hommes l'impression de disposer d'une gigantesque fenêtre d'opportunité, a implosé sous l'effet de dissensions et de rivalités internes chez ses dirigeants, ayant conduit à des démantèlements d'entreprises et des faillites retentissantes.

Des lois européennes fortes régulant les réseaux sociaux et les modèles d'intelligence artificielle, en contraignant notamment les plateformes à davantage de transparence de leurs algorithmes, ont ensuite été votées, consolidant le statut de refuge mondial de l'Europe pour les droits humains. S'y sont ajoutées la mise en place de formations professionnelles systématiques dans l'ensemble des secteurs professionnels, et la validation, par le Parlement français, d'un gigantesque plan de lutte contre les violences de genre de plusieurs milliards d'euros, sanctuarisé pendant dix ans dans les lois de finances. Il ne fut donc plus question de se reposer uniquement sur l'École pour sensibiliser les futurs citoyens à ce fléau.

Vers une cohérence des politiques publiques

Cette prise de conscience déterminante a, au-delà, occasionné un mouvement de fond global dans le champ politique : en 2040, la majorité des politiques publiques seront élaborées et arbitrées sous le prisme du genre, et ce de manière transversale. Le découpage ministériel sera profondément remanié pour désiloter les périmètres et un comité interministériel aux questions de genre sera créé et placé auprès du Premier ministre. L'objectif est de rendre l'action publique la plus efficace possible grâce à la suppression d'angles morts dans les domaines de la santé, de l'éducation, de l'économie, du travail, du sport, de la culture, de l'environnement, de l'aménagement du territoire, des transports, sans oublier celui de la diplomatie et du militaire. Pour paraphraser l'autrice bell hooks, le genre est ainsi passé « de la marge au centre[1] ».

Confronté à des problèmes récurrents de recrutement et de turnover, le monde professionnel aura, pour sa part, dû s'adapter drastiquement pour mettre ses valeurs et ses engagements en cohérence avec ses pratiques d'embauche, de salaire, de management et de progression de carrière. Le mythe du « salaire d'appoint » féminin s'effondrera brusquement et l'État se résoudra à augmenter de manière significative les rémunérations des agents publics longtemps très majoritairement féminins, comme les enseignantes, les infirmières et les aides à la personne, ce qui aura pour effet d'attirer les hommes et de résoudre les pénuries de personnel. Les objectifs de mixité professionnelle en termes de statut et d'équité salariale entre les sexes seront plus difficiles à atteindre dans les métiers où les hommes sont traditionnellement majoritaires, en raison de la persistance des rôles genrés dans la vie privée. En 2025, les deux tiers des tâches parentales et 80 % des tâches domestiques étaient encore effectués par les femmes dans les couples hétérosexuels. Cependant, face à la baisse drastique de la natalité dans la génération Covid,

1. bell hooks, *De la marge au centre. Théorie féministe*, Cambourakis, 2017.

les hommes devront s'adapter et réclameront de leur employeur davantage de souplesse dans l'organisation du temps quotidien et hebdomadaire, ce qui se révélera payant pour tout le monde.

Le droit devra lui aussi évoluer, afin de se vider de ses dernières dispositions défavorables aux épouses et aux mères de famille. Par exemple, la pension alimentaire ne sera plus imposable pour celles qui la reçoivent, alors qu'elle était uniquement déductible des impôts pour ceux qui la versaient. Dans la foulée de la loi Rixain de 2021, qui a rendu obligatoire le versement du salaire et des prestations sociales sur un compte dont le salarié (le plus souvent, la salariée) est détenteur ou cotitulaire, une campagne nationale massive de sensibilisation permettra de diminuer fortement les inégalités dans les couples en matière de constitution du patrimoine. Auparavant, les femmes, qui en outre gagnaient moins, prenaient en charge les dépenses du quotidien, beaucoup plus que les hommes, alors que leur conjoint épargnait ou investissait davantage. Plutôt que d'égalité salariale seule, il fallait donc raisonner en termes d'« égalité financière tout au long de la vie », pour reprendre la formule de l'ancienne présidence du Haut Conseil à l'égalité entre les femmes et les hommes, Brigitte Grésy. En 2040, ce sera chose faite.

L'année 2040 verra également se concrétiser un progrès majeur, réclamé de longue date par les féministes : ne plus reporter sur la responsabilité individuelle des femmes la stagnation de leur situation professionnelle. Le développement personnel ayant été discrédité par divers scandales de corruption, la formule « Osez, Mesdames ! » tombera brusquement en ringardise.

Utiliser les armes de l'adversaire

L'écrivaine féministe américaine Audre Lordre préconisait de ne pas utiliser les « outils du maître » pour le combattre. L'offensive antiféministe post-*Me Too*, permise notamment par une géopolitique de la désinformation massive et surpuissante, a impliqué d'adapter ce discours. S'il n'était bien évidemment pas question de propager la haine et de promouvoir la stigmatisation de l'« Autre », fût-il un adversaire, l'enjeu était d'utiliser les tactiques de ce dernier pour décrédibiliser, contrer et remplacer les contenus misogynes qu'il propageait. De nouvelles stratégies discursives, dépassant le seul *fact-checking*, ont ainsi alimenté un répertoire renouvelé du combat féministe et élargi les communautés militantes à de nombreuses et nombreux autres protagonistes, avec pour effet de donner un nouvel élan à l'engagement citoyen au sens large.

Prendre à la lettre un ancien conseiller de Donald Trump, Steve Bannon, s'avérera payant : « Envahir la zone », non pas d'ordures comme il le préconisait, mais d'un contre-récit émancipateur et rassembleur qui suscitera l'enthousiasme. Autrement dit, le féminisme ravivera le projet démocratique, sur le fond comme dans la mobilisation des forces vives. Par son histoire, son savoir-faire, ses méthodes et sa capacité à promouvoir divers types d'expertises (académique, militante et d'expérience), sur les cinq continents, il a toujours su réhabiliter la discussion et le débat, promouvoir de nouveaux lieux d'échanges et de conversations, et donc d'expression citoyenne.

L'exemple de l'ancienne Première ministre néo-zélandaise, Jacinda Ardern, est emblématique. Connue pour avoir fait des 17 objectifs de développement durable de l'Agenda 2030 le fil rouge de son action politique, et de son intérêt pour les autres (« être utile ») le moteur de son leadership, elle a popularisé l'idée de bienveillance comme une force capable de renouveler le politique, après une longue phase dominée par des dirigeants autoritaires à l'échelle mondiale. Pour Ardern : « La gentillesse donne de l'espoir, elle transforme des vies, elle a des pouvoirs extraordinaires[1]. » Loin d'être une marque de faiblesse, la gentillesse fait tenir ensemble la société et la nation, en particulier en temps de crise.

L'année 2040 démontrera que le féminisme est tout autant un indispensable instrument d'analyse du réel, qui prend appui sur une multitude de savoirs, qu'un ensemble de savoir-faire

1. Jacinda Ardern, *Un autre art du pouvoir. Mémoires*, Flammarion, 2025.

fédérateurs et créateurs de liens. Il est aussi un outil de stratégie, capable de toucher des interlocuteurs et interlocutrices multiples, de faire face à l'inconnu, de se confronter à l'incertain et donc de résoudre les crises de demain.

Politiste, **Marie-Cécile Naves**
est directrice de recherche à l'IRIS
et de son Observatoire « Genre et géopolitique ».

Que sera devenue notre langue ?

ERIK ORSENNA

Qu'est-ce que cet étrange ensemble de mots et de règles, de parlers et d'écrits qu'on appelle une langue ?

Une grille qui voit le monde d'une certaine manière, donc une communauté de regards.

Une création depuis des siècles par toutes les couches de la société, donc une chose commune, une *res publica*.

De votre langue dépend votre façon d'ordonner le réel et de produire un imaginaire. Ayant été chargé de célébrer les deux cents ans de la création du Conseil d'État et les manifestations internationales associées, j'ai pu observer la profonde influence des langues sur les conceptions du droit. Le système judiciaire anglais n'a rien à voir avec le nôtre, les différences de coutumes ne sont pas seules en cause. D'un côté de la Manche, la langue engendre des solutions plus concrètes et plus souples aux conflits ; de l'autre, des principes, des concepts plus généraux. Et que dire des abîmes nous séparant des langues à idéogrammes ! Elles dessinent alors que nous rationalisons. Lire à ce sujet les formidables pages de l'immense poète franco-chinois François Cheng. Lire aussi François Julien qui montre bien que, dans la pensée chinoise, on se préoccupe d'abord des transitions, alors que nous sautons ces étapes et ne nous intéressons qu'aux deux états, celui du départ et celui de l'arrivée. Conclusion : la mort d'une langue, c'est une lumière qui s'éteint sur le monde, des yeux sur lui qui se ferment à jamais. On sait le drame pour la vie que le déclin rapide de la diversité. N'oublions pas cet autre terrible appauvrissement qu'est l'extinction (rapide) des langues. Dieu, en privant les hommes d'une langue unique, croyait les punir de leur fol orgueil d'avoir voulu construire la haute tour de Babel. Bien au contraire, il les a enrichis !

Une langue est aussi, sans doute, le plus formidable exemple de création *commune* et *continue* (plus de douze siècles pour la langue française). Bernard Cerquiglini, le grand linguiste, a bien voulu me prêter sa science le temps d'un livre. Dans *Les Mots immigrés*, nous avons raconté tout ce que la langue et la civilisation françaises doivent aux mots venus d'ailleurs. Du reste le mot « Français » lui-même est « étranger ». Il vient des Francs, une tribu originaire des bords du Rhin. Et que les défenseurs maladifs de notre « identité » apprennent, avant d'éructer, des rudiments d'histoire de France : notre langue doit bien moins aux Gaulois (moins d'une soixantaine de mots) qu'aux Arabes (pour la gestion de l'eau, l'art des jardins), qu'aux Italiens (pour l'amour, la musique et les armes), qu'aux Anglais (pour la politique, le parlement, le concept de majorité). De même, aujourd'hui, notre langue française se vivifie de tous les apports de la francophonie. En tant que romancier, je vais souvent y faire mon marché pour tenter d'épicer quelque peu mes pages.

La France, pas plus que son Académie, n'est *propriétaire* de la langue française.

Toute langue est un voyage. Savez-vous l'origine du mot *amiral* ? De l'arabe *amir-al-bahr,* émir de la mer. Et le parcours du mot *abricot* ? Comme il mûrit tôt, les Romains, qui en raffolaient, l'avaient baptisé *praecoquum,* précoce. Les Grecs adoptèrent le terme, *praekokion,* et l'emportèrent en Syrie où les Arabes en firent *al-barquq,* après avoir ajouté leur article *al.* Ils le rapportèrent en Espagne où il devint *albercoc.*

Une langue est aussi une collaboration, mieux, une *co-création* entre toutes les classes de la société, des voyous aux hauts fonctionnaires (ce n'est pas toujours contradictoire), des trouvailles de brèves de comptoir aux propos délicats de traités savants.

Et dans cette œuvre commune et continue de tous et toutes, n'oublions pas le vecteur essentiel des chansons. Quand s'allient paroles et musiques, le cœur est atteint, c'est pour la vie. Et bien au-delà. Voyez, via les chansons, ce retour du goût des jeunes pour la poésie. Voyez, quoi qu'en disent certains de mes confrères du quai Conti, quel pouvoir d'alerte et de révolte le rap a redonné à notre langue !

Alors aujourd'hui ?

Quel avenir ?

Pour le français, mais aussi pour tous les autres langages humains ?

L'empire du globish

Ce n'est pas la langue « anglaise » qui règne sur le monde, cette merveille de poésie concrète, de concision lumineuse, de libre invention, d'incomparable pertinence, celle de Shakespeare à Churchill, de Swift à Virginia Woolf et aux Rolling Stones, mais sa caricature, 300 mots pour les nuls ou plutôt les rapaces, au service du seul argent bien défini comme l'« équivalent général ». Paradoxe de la modernité : pauvreté du propos pour ne parler que de richesse ! À force d'avoir trop embrassé, l'anglais n'étreint plus, il banalise. Et dans la bouche du président de la plus puissante nation, il n'argumente plus, il ne propose pas, il insulte, il injurie. Non seulement ses opposants mais l'intelligence elle-même. Newton et Einstein, s'il vous plaît, revenez et retirez au Trump le droit de se servir du même langage que vous. Loin de moi l'idée d'applaudir à l'entièreté du modèle chinois. Si, par folie, la tentation m'en venait, mes amis ouïghours, notamment, me rappelleraient au souvenir de leur calvaire. Et la gestion par Pékin de la dernière pandémie a tout été sauf exemplaire. Mais cette puissance mérite attention, elle qui conserve jalousement son écriture d'un autre âge, investit toujours plus dans le savoir, développe comme aucune autre les nouvelles énergies (même si au prix, encore, de beaucoup trop de charbon).

N'oublions jamais que science et langue ont partie liée.

La nécessité d'alliés

À l'Académie française, j'ai longtemps été l'un des seuls à défendre les langues régionales. Par conviction, ci-dessus exposée, que la diversité est par essence source de vie. Mais que « ma » langue française se réduise à ce statut, forcément fragile et limité, ne me réjouit pas. C'est pourtant son avenir si de moins en moins d'habitants de notre planète ne la parlent.

J'aime d'amour la Belgique, la Suisse, le Québec dont je salue, au cœur de l'Amérique, la fidélité vaillante. Mais chacun sait que tout va se jouer en Afrique, le seul continent où galope la démographie et où l'on parle encore beaucoup français. Mais pour combien de temps encore ?

Les ruptures successives de notre pays avec chacun des pays du Sahel ne vont pas seulement se traduire par « une perte d'influence internationale de France » selon le langage diplomatique, mais par un recul immédiat et rapide de notre langue jusqu'alors commune. Quel intérêt de parler français pour un jeune de Dakar, Bamako, Niamey, si aucune activité économique ne s'ensuit, aucun échange de quelque sorte que ce soit ? Si nos concurrents réussissent à dépeindre la France comme une puissance toujours coloniale et sa langue comme le vecteur et l'outil de cette domination, la messe est dite : au revoir le français au sud de la Méditerranée !

Une autre relation doit être urgemment inventée entre la France et l'Afrique, sur des bases entièrement nouvelles. En tenant compte de cette autre donnée du futur qui n'ajoute pas à la facilité : un flux migratoire Sud-Nord d'autant plus massif que la coopération aura été ratée.

Une possibilité s'ouvre à nous avec le drame que vit le monde intellectuel américain. Pourquoi ne pas lancer dans les universités et les entreprises un grand programme d'accueil des scientifiques d'outre-atlantique ? La rentabilité à court terme, économique et aussi culturelle, d'un tel renfort est évidente.

Géopolitique et langue ont également, bien sûr, partie liée.

Le courage d'éduquer

Avec la question de l'avenir de la langue, il ne s'agit pas seulement de notre manière de parler et d'écrire, mais de la démocratie. Laquelle suppose des électeurs adultes, conscients, libres, éduqués. Et non des jouets de puissances obscures ou franchement ennemies. Plus le pouvoir des écrans s'étendra aux dépens de la lecture, plus prospérera le populisme, sa flatterie de la paresse, de la bêtise et des plus bas instincts. Car nous voyons tous les mêmes images. Regarder est passif. Alors que la lecture est une cocréation avec l'auteur, elle impose le recul, la réflexion. C'est-à-dire que la lecture est la meilleure fabrique de citoyens.

Se trouve alors en question la liberté, notre liberté chérie. Chacun le sait, les écrans sont autant de drogues. Aussi envahissants, et destructeurs, les uns que les autres. Faut-il les autoriser, les uns comme les autres, partout et tout le temps, sous prétexte que la liberté est un principe absolu qui ne souffre aucune limite ? Avec les effets que l'on connaît, la liberté assassinée du renard dans le poulailler. Parlerons-nous un jour des narco médias ?

Qui osera revenir à certains fondamentaux, aux premiers rangs desquels l'effort et l'interdiction ?

Et pour finir sur une ambiguïté de notre si belle langue, d'ordinaire si claire : n'oublions jamais qu'elle est le premier de nos trésors et que ce trésor est *gratuit.* Le fait qu'il ne faille pas payer pour en profiter, qu'il soit *sans prix* ne signifie pas qu'il n'ait pas de fondement. C'est tout le contraire.

Nouvelle preuve que l'économie, la bien nommée, ne raconte qu'une part, minime, du réel. Pourquoi lui sacrifions-nous tout ?

Artificielle, vous avez dit artificielle ?

Ces petites réflexions, vous les auriez jugées peut-être pertinentes il y a deux ou trois ans. Elles me semblent aujourd'hui appartenir à un monde totalement dépassé par cette intelligence qu'on appelle artificielle.

À chaque « révolution », le charbon, l'électricité, l'informatique, on a tendance à la penser plus radicale que les précédentes.

Mais cette fois, je crois bien que nous y sommes. Et quand on pense qu'il ne s'agit que d'un tout petit début.

Alors quel avenir pour nos langues, notre langue ? Comment allons-nous l'apprendre, comment la création trouvera-t-elle sa place entre des algorithmes de plus en plus sophistiqués ?

J'espère que d'autres, à commencer par Jacques, vont me répondre.

Car moi, je n'en sais rien.

Écrivain, économiste et académicien,
Erik Orsenna s'engage sur les enjeux de la langue,
de la biodiversité et des politiques de l'eau.

Deux jours dans une France sportive en 2040

Amélie Oudéa-Castéra

Et si, en 2040, la France avait réussi son pari de se transformer d'une nation de grands sportifs en une grande nation sportive ?

Et si, dix ans après les Jeux olympiques et paralympiques des Alpes françaises 2030, la place enfin accordée au sport dans notre pays avait changé en profondeur nos habitudes de vie, celles de nos enfants, de nos territoires, pour améliorer notre manière de vivre ensemble ?

C'est ce que ce récit entend illustrer, à travers la vie d'une famille ordinaire, devenue extraordinairement engagée dans le sport. Une famille pour qui le sport n'est plus un à-côté, mais un trait d'union, une source profonde d'épanouissement.

Dimanche 15 juin 2040, 7 h 45

Le réveil ne sonne même plus le dimanche. L'excitation de la journée qui se profile suffit à tirer les enfants Gournemel du sommeil. Dans leur maison de Saint-Romain-sur-Loire, une petite commune où le sport a doucement redessiné le quotidien des habitants, les tartines grillées sont vite avalées.

« Allez Gaspard, t'as mis ton casque ? » lance Julie depuis la cuisine. Gaspard, 11 ans, dévale l'escalier, prêt pour sa sortie VTT dans la forêt communale : « Oui, c'est bon maman. Et j'ai réparé ma pédale. Prêt pour les 20 kilomètres en forêt ! »

Gaspard est inscrit dans le club omnisports de la commune, où son Pass Découverte lui permet d'explorer, tout au long de l'année, jusqu'à cinq disciplines différentes. Pour lui, en plus du VTT, c'est judo, breaking et deux sports collectifs. L'idée est simple : faire découvrir aux enfants la richesse des pratiques, avant de les spécialiser s'ils le souhaitent. Gaspard adore ce format. « Aujourd'hui, c'est VTT, demain après-midi foot à cinq ! » dit-il fièrement à son père en partant.

Dans le salon, Léa, sa grande sœur de 15 ans, finit son réveil musculaire. Depuis que ce rituel est proposé aux élèves du lycée à leur arrivée le matin, Léa y a pris goût. Elle s'y tient même le week-end. Léa est née le soir de la cérémonie d'ouverture des Jeux olympiques de Paris 2024. Le sport, chez les Gournemel, est aussi une histoire de destin.

Et aujourd'hui, sa routine matinale l'aide à canaliser son stress : c'est jour de match. Léa a été sélectionnée par sa coach de basket pour représenter son département aux « Jeux de France », cette grande fête nationale de la jeunesse sportive créée en héritage des Jeux de Paris 2024. Désormais organisée tous les deux ans, cette compétition, qui embarque aussi les sportifs en situation de handicap, est devenue le rendez-vous incontournable des jeunes talents issus des clubs, des écoles et des territoires.

« Maman, je viens de recevoir la notif'. La convoc', c'est chez nous, au gymnase de la Plaine ! » dit-elle, mi-excitée, mi-inquiète. Julie embrasse sa fille : « Bah voilà, tu les as à ton tour tes Jeux à la maison. Ça va bien se passer tu vas voir, tu vas faire honneur au maillot. Donne tout ! »

Luca, leur père, prend son café en zappant devant les chaînes d'info sportives. L'interview d'un ancien champion devenu entrepreneur retient son attention. « Vous voyez les enfants ? Encore un exemple de reconversion réussie ! Grâce au Fonds d'innovation du sport français, cet ex-athlète a monté un réseau de clubs de sports de raquette : tennis, squash, padel, badminton, pickleball… Tous les équipements sportifs sont mutualisés, c'est hyper-malin ! Ça coûte moins cher, et toutes les générations y trouvent leur compte ! »

9 h 30

Julie part au centre intercommunal pour son cours d'escalade. Dans la salle des sports extrêmes, un simulateur d'altitude équipé de capteurs biométriques et d'une intelligence artificielle a été installé par le réseau territorial de la Sportech. L'outil analyse et restitue en 3D la cinématique et les sensations du corps. Julie avait assisté à la première démo du prototype pendant les Jeux des Alpes il y a dix ans. Elle avait déjà été bluffée ! Depuis, la solution n'a cessé de se perfectionner. Et c'est devenu son truc les émotions fortes, vécues – et décryptées – en toute sécurité.

Dans l'espace qui mène vers l'autre entrée du centre, celle réservée au sport santé, Julie y croise Samir, son voisin, venu pour un atelier cardio avec son fils en surpoids. « Il est génial leur nouveau programme "Dad-kid" pour bouger ensemble », confie-t-il. « Dad-kid nous a été prescrit par l'endocrino' qui suit Mathias. Et l'éducateur qui nous accompagne est très bien. Le premier jour, il a dit à Mathias : "Faire trente minutes de sport par jour, c'est comme les cinq fruits et légumes : ça doit être une hygiène quotidienne !" Ça lui a parlé. En plus, les séances de Mathias sont remboursées avec la carte Vitale-Sport ! » Julie acquiesce : « Ah, la prise en charge du sport santé, tu te souviens Samir, on en rêvait il y a quinze ans. Ils ont enfin compris que tout le monde avait à y gagner. À commencer par l'assurance maladie ! »

Pendant ce temps, Luca, lui, a rejoint son groupe de marche nordique. Dans les rangs, de jeunes retraités en pleine forme se mêlent à des jeunes sportifs post-blessures : tous participent au programme « JeResteUnAthlète ». Leur coach est un ancien blessé des forces spéciales, il a fait les Jeux paralympiques de Paris 2024 et s'est reconverti dans l'Ironman !

12 heures

Sous les ombrages du parc actif, la famille se retrouve pour déjeuner. Les installations favorisent le mouvement, même à table avec des pédaliers fixes pour les enfants… Le thème du jour, c'est parkour, accrobranche et course d'orientation ! Même l'hiver, ce parc a un succès fou, avec les courses d'orientation qui ne se font plus en baskets mais en raquettes. Pas un hasard qu'il ait reçu le 1er prix national du label « Tourisme sportif ». Une fierté pour toute la région.

Tout près, Gaspard repère un groupe d'enfants qui font une partie de cécifoot. Depuis la médaille d'or française d'il y a quinze ans sous la tour Eiffel, la discipline cartonne. Gaspard se rapproche du terrain. Il reconnaît des enfants du collège, même les yeux bandés.

Julie le suit, et se met à discuter avec la référente qui les encadre. Julie est particulièrement touchée de comprendre que cette femme, bénévole, a aussi intégré dans l'équipe plusieurs enfants autistes scolarisés dans l'institut médico-éducatif qui jouxte le collège. « Le cécifoot, c'est génial pour ça. Ça rebat complètement les cartes des facultés de chacun. Et le brassage fonctionne à merveille. Neurotypiques ou pas, tous les gamins ressortent transformés par ces moments de sport partagés ! » raconte Claire à Julie.

15 heures

Le gymnase est en effervescence. Le parquet neuf crisse sous les baskets. Léa connaît la salle par cœur, c'est celle de son lycée. Le gymnase est maintenant ouvert les week-ends aux associations locales pour qu'elles puissent proposer plus de créneaux de pratique à leurs licenciés. Du coup, tous les habitués des lieux sont là, ambiance de folie !

Léa enchaîne les passes. Sur les gradins, des écrans interactifs permettent de suivre les statistiques des joueuses. Elle affronte aujourd'hui une équipe venue d'une intercommunalité voisine, et non de l'autre bout de la région. Grâce au logiciel de planification sportive, le calendrier de rencontres est optimisé pour minimiser les trajets des familles et donc l'empreinte carbone de l'événement.

« Léa, tu couvres la zone trop tard, attention ! » crie sa coach. Elle lève le pouce, mais l'écart se creuse au score. En tribune,

Gaspard discute avec un jeune arbitre. « J'aurai mon badge bronze si j'arbitre encore deux matches », lui chuchote Adrien, fier. C'est aussi à ça qu'ils servent les Jeux de la jeunesse sportive : former à l'arbitrage pour en transmettre les valeurs de respect.

Lundi 16 juin, 14 heures

La semaine a repris ses droits. Depuis tôt ce matin, Luca travaille et enchaîne les réunions, concentré. Mais dans sa licorne, travailler ne rime pas avec sédentarité. Les pauses actives sont rituelles. Et la pratique d'une activité physique le matin, le midi ou le soir, en solo ou en équipe, fait partie de la culture d'entreprise. De la « QVT » (qualité de vie au travail), disent les partenaires sociaux, devenus les premiers défenseurs du sport en milieu professionnel. « Moins d'absentéisme, plus de productivité, plus de cohésion d'équipe », répète aussi à l'envi son patron.

Luca et ses collègues ont de la chance en plus, parce que leur start-up fait partie d'un « Cluster pros », ces nouveaux groupements d'entreprises où il a été négocié que les grands groupes rendraient leurs installations sportives accessibles aux salariés des TPE-PME avoisinantes.

Mais cet après-midi, Luca doit exceptionnellement partir plus tôt. Pour prendre le train, direction Paris. Il y anime le soir même une formation certifiante sur la gouvernance associative, dans le cadre du Plan de soutien aux dirigeants bénévoles auquel son entreprise apporte son concours, via du mécénat de compétences.

19 heures

La formation animée par Luca se déroule dans la Maison du sport français, repensée une première fois en 2026 puis totalement rénovée en 2036, pour ses dix ans. Sur son téléphone, Luca profite d'une pause pour pianoter à Julie : « Je n'étais pas venu depuis quinze ans... C'est vivant, ouvert, moderne… Plus rien à voir avec les anciens locaux administratifs. »

Il découvre un espace de coworking partagé avec d'autres dirigeants associatifs et des autoentrepreneurs, une médiathèque, un espace de restauration tenu par trois anciens athlètes en reconversion… Luca s'y attable après la formation, en compagnie de la responsable du programme. Et très vite, ils sont rejoints par le coach du rugby à sept et par deux présidents de fédération qui sortent d'une réunion avec le nouveau patron de la banque solidaire du sport.

« On sent que c'est pensé pour nous. On se sent accueillis, vraiment. Et du coup, toutes les forces vives du sport connectent. »

Mardi 17 juin, 15 heures

Léa, enfin remise de sa défaite de dimanche, se dépêche de rejoindre en tram la salle des fêtes de la ville. Celle-ci accueille le « Conseil des jeunes » que le mouvement olympique et sportif français a choisi de tenir à Saint-Romain, pour faire remonter les bonnes pratiques locales et discuter, avec un panel de jeunes du coin, d'initiatives innovantes pour la jeunesse sportive du pays.

Depuis la Convention citoyenne de 2025 sur les rythmes de l'enfant, les lycéens quittent leur établissement à 15 heures pour pouvoir s'investir dans leurs activités extrascolaires, qu'elles soient sportives, sociales ou artistiques. Autour de la table, Léa est entourée d'une dizaine de filles et de garçons de la région. Ils décident de plancher ensemble sur un plan « Club 2050 ».

« On devrait créer un "e-pass APS" » dit Léa. « Un petit coffre-fort numérique pour stocker toute notre vie sportive : nos victoires, nos défaites, nos debriefs d'après match, mais aussi tous nos résultats en EPS et dans les tests de condition physique à l'école. Et bien sûr, on doit y retrouver notre Pass'Découverte et notre carte Vitale-Sport ! » « Sans oublier nos formations de jeune arbitre ! » dit Adrien qui la regarde, séduit. Il s'engage à organiser avec elle, à la rentrée, un hackathon qui permettra de prototyper la solution.

Lundi 23 juin, 20 heures

Sur le canapé, la petite tradition du soir : le visionnage en famille du *Journal du sport français*. Ce soir, ce sera sans Luca. Le reportage du jour fait le zoom sur une ex-championne olympique qui a ouvert, il y a deux ans, un tiers-lieu sportif dans sa région. Grâce aux dispositifs « Clubs engagés », elle a pu embaucher trois éducateurs socio-sportifs financés par des entreprises partenaires, et les actions de réinsertion des jeunes menées par la structure enregistrent des résultats impressionnants, salués comme tels par France Travail.

« Votre père aurait adoré cette histoire, les enfants », dit Julie. Gaspard murmure : « Je veux faire comme elle. Créer un club pour les jeunes qui se sentent isolés. » Léa le taquine : « Et moi je le dirigerai ! »

Remontés dans leur chambre, ils reçoivent un message vidéo de Mehdi, leur grand frère. Il est en double projet à l'Institut national du sport, de l'expertise et de la performance (INSEP), section tennis de table. Depuis la création en 2024 du tout premier diplôme dédié aux sportifs de haut niveau, Hepta, le dispositif s'est amélioré chaque année. L'INSEP abrite désormais une université accréditée, associant grandes écoles et facs étrangères.

Mehdi suit un double cursus : sciences politiques et management du sport, avec un mix de cours en ligne et en présentiel. Il est mentoré par une ancienne athlète allemande, devenue chef d'entreprise en France après être passée sur les bancs d'Hepta.

« Salut les champions ! J'ai validé mon semestre, et battu le numéro trois européen U23 ! Mon entraîneur me propose d'intégrer le programme Athlètes & Innovation. Ça veut dire immersion en start-up pendant six mois. On fête ça quand je rentre ? »

Julie entend Mehdi depuis l'escalier et sourit, émue. Elle sait qu'il a trouvé sa voie. Et que, grâce au sport, il s'épanouit vraiment.

Conclusion

La France de 2040 ne consomme plus le sport. Elle le vit. Et le partage.

Ce que vit la famille Gournemel, c'est une projection crédible et désirable de ce que pourrait être la France de demain si elle plaçait vraiment le sport au cœur de son modèle de société. Une France où les acteurs du sport sont davantage soutenus, les clubs mieux accompagnés, les bénévoles plus reconnus, les pratiquants encouragés à tout âge. Une France où le sport inclut et innove.

À l'horizon de la présidentielle 2027 et des prochains Jeux d'hiver 2030, l'envie d'enclencher pour de bon cette dynamique doit être le socle d'un nouveau pacte sportif national. Un pacte permettant à chaque enfant, adulte ou senior, à chaque athlète, à chaque éducateur et à chaque acteur du sport de vivre sa passion, en se sentant partie prenante d'une grande nation sportive.

Ancienne sportive et ministre des Sports et des Jeux Olympiques et Paralympiques,
Amélie Oudéa-Castéra préside le Comité national olympique et sportif français (CNOSF).

Multiculturalisme : les termes du débat

Alain Policar

La France, en 2040, aura-t-elle cédé aux sirènes du multiculturalisme ? Répondre à cette question suppose une définition de l'objet, tâche particulièrement nécessaire tant il est, notamment dans notre pays, diversement appréhendé. Le multiculturalisme peut être compris comme le constat de l'hétérogénéité ethnique, culturelle ou religieuse d'une société. Ce n'est pas cette acception, qu'il serait préférable de désigner par « multiculturalité » (laquelle n'est aucunement une caractéristique de nos sociétés contemporaines), dont il sera ici question. Nous n'aborderons pas non plus, sauf allusivement, le domaine institutionnel, c'est-à-dire les programmes mis en œuvre sur le fondement de la conception multiculturaliste de la justice sociale. C'est donc cette dernière que nous nous proposons d'examiner, en nous efforçant d'en préciser les principes et d'en énoncer les limites.

Le projet multiculturaliste : restituer à l'égal sa différence

Le multiculturalisme peut être défini comme la tentative de combiner les principes de la reconnaissance de la différence culturelle avec ceux des libertés et des droits individuels, ainsi que d'égalité et de justice sociale. Il est donc envisagé non comme une contestation radicale du libéralisme politique (qui chercherait à promouvoir des communautés fondées sur des cultures de reconnaissance strictement définies n'octroyant pas à leurs membres de droits de sortie), mais comme une inflexion visant à réaliser l'égalité par d'autres moyens que l'intégration républicaine. Seul donc un multiculturalisme *libéral*, lequel affirme le droit de l'individu à former des associations qu'il peut librement quitter, est en mesure de poser à la version majoritaire du libéralisme politique les bonnes questions. Dans cette acception, il se préoccupe de valoriser le pluralisme culturel en l'institutionnalisant, c'est-à-dire en l'inscrivant dans l'ordre social, moral et politique. Il se fait alors normatif.

Le meilleur du projet multiculturaliste est sans doute sa contribution à ce qu'Alain Renaut nomme la « décolonisation des identités ». Réussir la décolonisation des identités, ce n'est pas, écrit-il, viser la « soumission du divers à l'identique ». C'est au contraire autoriser simultanément la promotion de la diversité et la perception de notre humanité commune : semblables mais divers, divers mais semblables. La question est donc de savoir s'il est possible de traiter les individus dignement tout en mettant entre parenthèses ce par quoi ils ne sont pas interchangeables. En d'autres termes, dans le cadre du libéralisme politique, jusqu'où peut aller la reconnaissance des différences ? La réponse traditionnelle des libéraux, fondée sur la priorité de l'individu sur la collectivité et sur l'application uniforme des règles de droit, est de relativiser l'importance de l'appartenance culturelle.

C'est sur ce dernier point que porte la critique du multiculturalisme normatif, lequel voit dans cette appartenance une condition de l'autonomie individuelle. Les cultures favoriseraient cette dernière en permettant d'offrir à l'individu des contextes de choix. Or, les membres de groupes minoritaires sont désavantagés en termes d'accès à leur propre culture. C'est donc bien un point de vue égalitaire qui se trouve ici mobilisé. De la même manière que ceux qui naissent dans des familles économiquement défavorisées ont droit à un soutien de la collectivité par le biais d'une fiscalité redistributive, les membres des minorités ethnoculturelles peuvent légitimement, en raison de désavantages non choisis, revendiquer des actions compensatoires.

Bien entendu, il convient, parmi les minorités, de distinguer celles qui, autochtones, ont subi la violence d'un État, et celles qui ont choisi d'émigrer – bien que l'indépendance du choix soit souvent toute relative –, dont on est en droit d'attendre le respect des principes fondamentaux de la société d'accueil. Il paraît souhaitable que, dans le premier cas, des mesures soient prises et tiennent compte de l'injustice historique subie, mesures qui peuvent aller jusqu'à reconnaître une certaine autonomie aux peuples autochtones. Dans le second, dans une perspective de favoriser l'intégration, on pourrait mettre en place des « accommodements raisonnables », tels ceux qu'avait envisagés la commission Stasi, en proposant l'octroi de jours fériés pour les fidèles des religions minoritaires.

L'argumentaire multiculturaliste nécessite, pour être convaincant, une conception de la liberté fondée sur la non-domination. Cette dernière se distingue de celle de la liberté comme non-interférence : une femme qui, en pratique, subit peu d'obstacles à son action n'est pas libre au sens de la liberté comme non-domination, en ce qu'elle appartient à une « classe de vulnérabilité » – la condition féminine. Cet exemple vaut évidemment pour d'autres minorités (ce dernier terme étant entendu dans son sens politique). L'idée de *classe de vulnérabilité* ouvre à la compréhension des processus de marginalisation, de disqualification, de désaffiliation et de relégation qui conduisent à un affaiblissement progressif du lien social. Elle a, en outre, l'avantage de mettre en lumière les insuffisances du modèle d'indifférence à la différence. Car, en effet, si celui-ci rend hyper-visibles les catégories de la population perçues comme déviantes par rapport à la norme majoritaire, paradoxalement il invisibilise les discriminations ethno-raciales dont elles sont l'objet.

Il existe donc des raisons consistantes pour adhérer au multiculturalisme dès l'instant, redisons-le, où il est envisagé comme une politique visant à réaliser l'égalité par d'autres moyens que l'intégration républicaine.

Néanmoins, l'accent mis sur l'appartenance culturelle est-il réellement justifié ?

Les limites du multiculturalisme : le poids de la culture

L'un des plus consistants reproches à adresser au multiculturalisme normatif est d'essentialiser l'appartenance culturelle. Toutefois, si l'on se réfère aux études cherchant à isoler l'effet différentiel résultant de l'adoption de politiques multiculturalistes, ces dernières ont eu des conséquences bénéfiques en termes de participation politique, de capital social, de diminution des préjugés, de bien-être psychologique et de niveau scolaire. Les droits visant à protéger les membres des cultures minoritaires semblent plutôt fonctionner comme des protections externes, visant à rétablir une égalité entre les groupes, que comme des restrictions internes, tendant à limiter la liberté des membres de la minorité. Ils permettraient avant tout de réduire la situation de vulnérabilité de ces derniers face aux décisions de la majorité. On peut donc légitimement douter du fait que la dynamique émancipatrice poursuivie par le multiculturalisme ait réellement été subvertie par l'essentialisation des cultures et des identités. Cette réussite se heurte cependant à la persistance des préjugés raciaux. Le multiculturalisme serait impuissant face à la frontière raciale.

Il est alors possible de se demander s'il est souhaitable de faire de la culture, en tant que catégorie, la dimension pertinente. L'idée que les cultures constituent un ensemble organique, homogène et cohérent à l'image d'un organisme vivant se heurte à au moins trois objections fortes. Celle, d'abord, de surestimer les phénomènes de stabilité culturelle ; celle, ensuite, de négliger l'hétérogénéité interne d'une culture ; celle, enfin, de naturaliser les cultures au point de leur prêter une personnalité autonome. Si bien que les membres d'un groupe culturel se trouvent contraints « à un régime d'authenticité, leur refusant la possibilité de traverser les frontières culturelles, d'emprunter des influences culturelles, de se définir et de se redéfinir eux-mêmes ». Bref, il est prêté à la culture une efficacité causale qui est loin d'être démontrée.

En outre, le respect de l'« identité culturelle » ne peut être invoqué pour justifier toutes les requêtes formulées en son nom. La protection de ladite identité ne saurait donc valoir face à la conséquence indésirable que serait l'insuffisante attention aux discriminations auxquelles pourraient être exposées les femmes ou les minorités sexuelles à l'intérieur du groupe minoritaire. Le principe de l'égalité des sexes doit rester le juge de paix de toute politique visant à accorder des droits spécifiques à un groupe minoritaire.

La bonne politique n'est donc pas de veiller à la préservation des cultures mais de viser l'égalité civique. Aussi peut-on admettre de protéger une langue minoritaire, mais pour des raisons politiques tenant à l'accomplissement de la citoyenneté. L'accent mis sur l'autonomie individuelle implique de réserver une place nodale à la notion d'*agentivité*. Celle-ci est au cœur des politiques dites des *capabilités* (théorisées principalement par Amartya Sen et Martha Nussbaum), lesquelles insistent sur la liberté *positive*, c'est-à-dire sur la possibilité d'user réellement des droits dont on dispose, d'être *agent* de sa propre vie.

Plutôt que d'opposer les luttes fondées sur la reconnaissance et celles fondées sur la redistribution, il convient de les penser ensemble. C'est seulement dans le cadre d'un projet universaliste que cette conciliation semble possible. Certes, les victimes sont toujours particulières, mais, ainsi que le souligne Danièle Lochak, « prétendre pour cette raison qu'aucune lutte ne peut se faire au nom de l'universel, c'est encourager la concurrence des victimes ». Plus fondamentalement, ajoute-t-elle, « c'est oublier que chacun de ces groupes lutte en vue d'un objectif universel : l'abolition de toute forme de domination et de discrimination ». Une injustice, en effet, « ne concerne pas seulement ceux qui en sont victimes, ou coupables, mais la communauté éthique tout entière ». L'universalisme n'appartient pas à l'Europe mais à l'humanité, et d'abord aux opprimés, privés de droits et de liberté d'agir et de penser, dont l'immense majorité vit hors d'Europe.

Nous avons, comme le disait Kant dans *Métaphysique des mœurs*, le *devoir* de nous entendre avec ceux auprès desquels nous nous trouvons. Cette préconisation part du principe qu'il existe de grandes chances de vivre aux côtés d'individus qui ne partagent pas nos compréhensions et nos croyances. Respectons-nous réellement ce devoir ? La majorité n'impose-t-elle pas normes et points de vue auxquels nous reprochons aux minorités de ne pas se soumettre, c'est-à-dire de ne pas assumer leur responsabilité civique ? Cette situation de domination est très largement à la racine des politiques dites de l'identité, lesquelles érigent la différence en valeur. Mais ces stratégies de repli identitaire ne sont-elles pas la conséquence de notre incapacité à prendre conscience que nous avons parfois – souvent ? – agi de manière injuste et coercitive ? Un jugement serein sur le multiculturalisme doit poser la question de savoir si les politiques menées selon ces principes permettent réellement une meilleure intégration des immigrés et de leurs descendants. Elle ne se poserait pas si notre modèle républicain pouvait se targuer d'une telle réussite.

Politiste, chercheur associé au Centre de recherches politiques de Sciences Po (Cevipof), **Alain Policar** travaille sur le libéralisme politique, le racisme et l'antiracisme, l'universalisme et le cosmopolitisme.

La révolution douce de la gratitude

Caroline Sénéclauze

Anxiété, isolement, perte de confiance : en 2025 le mal-être des jeunes a atteint un niveau alarmant. Dans une société fragilisée par les inégalités, le repli sur soi et un individualisme grandissant, la France a choisi un chemin inattendu : celui de la gratitude. Dès 2026 une dynamique nationale en faveur du lien s'est amorcée avec la « Journée nationale du Merci ». En 2040, dire merci n'est plus un geste anodin, c'est un acte de cohésion sociale, un outil éducatif, un moteur de fraternité, une politique publique. Voici l'histoire d'une révolution douce qui a fait reculer la défiance en permettant des espaces de dialogues.

En 2026, alors que la jeunesse française montrait des signes profonds de mal-être – 62 % des 18-24 ans se sentaient régulièrement seuls, 43 % des jeunes se déclaraient anxieux, un adolescent sur cinq en situation de détresse psychologique –, un élan est né notamment sur l'impulsion du « Projet Moteur ! », une intuition simple et puissante : et si la gratitude devenait une réponse systémique à la crise du lien social ?

Dans une société traversée par la montée des violences, gagnée par la défiance et trop souvent dominée par des logiques individualistes, la jeunesse exprimait une soif croissante de repères, de reconnaissance et d'écoute. L'assassinat tragique d'une surveillante scolaire en juin 2025, révélateur d'un effondrement de l'empathie et de la valeur accordée à la vie humaine, a marqué un tournant. Une génération connectée mais souvent isolée, surexposée mais invisibilisée. Une fracture générationnelle s'ajoutait aux clivages sociaux et territoriaux. À ce moment-là, une idée a germé : restaurer la confiance et le lien par un geste universel, ancestral et désarmant, celui de dire merci.

Le pari du lien

C'est en partant de cette action de reconnaissance qui renforce naturellement les liens, que s'est construite une ambition collective. La gratitude, longtemps cantonnée à la sphère personnelle ou spirituelle, est devenue un projet de société. Introduite dès le primaire dans les programmes scolaires comme éléments d'éveil, de réflexion puis comme pilier des compétences psychosociales, elle s'est progressivement imposée comme une pratique éducative structurante. Les enseignants ont été formés, les élèves ont appris à exprimer leur reconnaissance, à observer les actes positifs autour d'eux, à se relier durablement aux autres, ceux qu'ils admirent et les inspirent.

Un tournant majeur fut la création en 2026 de la« Journée nationale du Merci », instaurée officiellement par le ministère de l'Éducation nationale, le ministère de la Culture et bientôt rejointe par ceux de la Santé et de la Jeunesse avec le soutien de nombreux médias nationaux et régionaux, d'associations et de collectivités. Chaque année, le 11 janvier, des millions de jeunes – collégiens, lycéens, apprentis – participent à cet événement devenu rituel. Performances artistiques, scènes ouvertes, expositions en gares, émissions prime-time à la télévision, clips viraux d'artistes et d'influenceurs engagés : la gratitude est devenue une fête populaire et surtout une nouvelle manière de construire une identité nationale souhaitable.

Une France qui se reconnaît et se reconnecte

En 2040, le paysage a changé. Bien sûr, les inégalités sociales et les tensions qu'elles génèrent, les défis du climat et les conflits au sens large ne sont pas résolus mais un langage commun a émergé : celui de la reconnaissance mutuelle. La gratitude est devenue un outil de médiation dans les établissements scolaires, une pratique valorisée dans les entreprises et dans la vie quotidienne.

Les bénéfices sont tangibles : réduction du stress scolaire, amélioration de la coopération en classe, augmentation de la confiance en soi, baisse des incivilités, valorisation des parcours de vie, visibilité accrue de la diversité sociale, géographique et culturelle. Dans les territoires souvent oubliés de la République, la « Journée nationale du Merci » est devenue un espace de visibilité, d'expression et de dignité. Là où les médias filmaient autrefois les tensions, ils diffusent aujourd'hui des moments d'unité : des adolescents remerciant une grand-mère, un prof, un éducateur, un voisin. Ce sont des espaces de vérité, d'intimité, d'universalité qui bouleversent et laissent une empreinte mémorielle positive et durable. Le lien humain revient au centre de nos vies.

Un prolongement a même été imaginé au brevet des collèges : depuis 2032, une épreuve d'expression libre propose aux élèves de raconter un souvenir de gratitude ou de mettre en valeur une figure inspirante de leur entourage ou plus éloignée. Cette démarche pédagogique autour de l'admiration a renforcé le sentiment d'estime de soi de centaines de milliers de jeunes.

Une politique de la gratitude

En 2035, de nombreuses structures publiques et privées ont intégré la gratitude dans leurs politiques publiques. Au-delà des écoles et de l'enseignement, les hôpitaux affichent les remerciements dans les chambres, les prisons ont introduit des modules de gratitude dans les parcours de réinsertion, les entreprises ont instauré des plateformes de remerciements internes entre collègues, les mairies mettent à l'honneur des administrés engagés par des cérémonies de gratitude citoyenne…

Au niveau national, un Haut Conseil des liens sociaux a été créé en 2036 pour accompagner les grandes institutions – éducation, justice, santé – dans la valorisation concrète de la culture du lien. Sa mission est d'initier des politiques publiques favorisant la cohésion sociale et de soutenir les initiatives innovantes dans ce domaine. Des indicateurs sont mis en place : qualité perçue des relations sociales, degré de reconnaissance, qualité du climat scolaire… Autant de données qui permettent une politique du bien-vivre ensemble.

Sans effacer tous les conflits, la gratitude desserre les tensions, ouvre un espace de dialogue, de communication non violente et rend possible la rencontre malgré les différences. Elle invite à mettre l'accent sur ce qui fait société : les gestes gratuits, les soutiens discrets, les solidarités invisibles, les liens intergénérationnels.

En 2040, de nombreux jeunes issus de ces dispositifs éducatifs qui ont au cœur de leur développement la question de l'empathie sont devenus enseignants, artistes, travailleurs sociaux, éducateurs spécialisés, soignants… Ils sont les acteurs d'un monde sûrement plus exigeant, mais surtout plus relié. Loin du cynisme et de la violence qui prévalaient sur les réseaux sociaux, ils ont grandi avec l'idée que l'on devient soi-même à travers le lien aux autres.

Les réseaux sociaux, souvent accusés de nourrir le repli sur soi et développer la confrontation et la violence ont évolué eux aussi. De nouvelles plateformes de réseaux sociaux ont encouragé des contenus qui rassemblent : vidéos de gratitude virales, défis de remerciements, portraits d'anonymes inspirants… La reconnaissance est devenue une tendance porteuse, une arme douce contre la haine.

Conclusion : la fraternité en actes

La France de 2040 affronte des défis majeurs mais elle a appris à reconnaître les liens humains et valoriser les liens intergénérationnels comme un bien commun. L'émotion de la gratitude a traversé les milieux, les générations, les territoires. Elle a contribué à atténuer les tensions, désarmer les ressentiments, favoriser la diversité des points de vue, des parcours, des êtres.

Elle a célébré les héros du quotidien, les rôles modèles, elle a tissé du commun, elle a reconstruit le socle social, culturel et solidaire de la nation française. C'est avec des fondations renforcées que le pays peut se projeter pleinement dans le projet européen et jouer avec toute son énergie et sa créativité un rôle de premier ordre dans le concert des nations !

Merci n'est plus un mot poli, c'est un acte politique, une incarnation nationale de cette valeur au centre de la devise de la République, présente sur tous les frontons des écoles, une nouvelle manière de célébrer la fraternité et pourquoi pas aussi un chemin de paix…

Engagée pour l'égalité des chances,
Caroline Sénéclauze est la fondatrice et la présidente
du Projet Moteur!, association visant à renforcer
la confiance des jeunes, célébrer leur diversité
et faire évoluer le regard que la société porte sur eux.

Travail et vie privée : vers de nouveaux équilibres

Claudia Senik

Les métamorphoses actuelles du travail dessinent les contours de la société française de demain. L'extension du télétravail en constitue l'un des facteurs principaux. Entre libération des contraintes traditionnelles et risque de désagrégation sociale, deux scénarios s'esquissent pour 2040.

Le télétravail est libérateur pour une grande partie de ceux qui le pratiquent. Il abolit la contrainte de localisation et dispense des trajets pendulaires entre travail et domicile. Il permet de reprendre le contrôle de son agenda – au moins pour ceux qui ne sont pas sous contrôle digital. L'intelligence artificielle, en se substituant au travail humain, promet également de libérer énormément de temps pour toutes les professions qui peuvent y avoir recours (au moins dans une première phase, avant que la concurrence ne pousse tout le monde à travailler davantage). Que fera-t-on de ce temps gagné et de cette liberté retrouvée ?

Ce supplément de confort pourrait déboucher sur deux tendances très différentes. Soit une société d'individus souvent plus autonomes, mais toujours plus isolés et relativement désocialisés. Soit, à l'inverse, une revalorisation des liens sociaux et familiaux. Les travaux de recherche récents fournissent des éléments indicatifs à l'appui de chacun de ces deux scénarios.

Télétravail, liberté et solitude

Le télétravail s'est définitivement installé dans nos pratiques. La technologie l'a rendu possible et la pandémie de Covid-19 l'a imposé. Depuis, la preuve du concept a été administrée. Les salariés, se trouvant en position de force au sortir de la crise sanitaire, ont pu conserver ce dispositif, désormais considéré comme normal. Les enquêtes le montrent : la majorité des employés changeraient d'entreprise si on voulait les ramener au bureau tous les jours de la semaine. Le télétravail touche aujourd'hui un quart des salariés en France. Cette proportion atteint 65 % chez les cadres ; elle est particulièrement élevée chez les personnes en CDI, plus diplômées, plus jeunes, notamment dans les professions les plus impliquées dans le digital : informatique, information et communication, banque, assurance, études, recherche, cadres commerciaux, etc. Au niveau mondial, un quart des jours travaillés se déroule actuellement à distance, concernant un tiers des salariés à temps plein[1]. La pratique la plus courante est le télétravail « hybride », quelques jours par semaine, plutôt qu'intégral. Le télétravail a transformé nos pratiques, même au bureau. En 2024, aux États-Unis, 40 % des réunions comportaient au moins une personne à distance. Cette révolution organisationnelle ne refluera pas totalement, même si certaines des entreprises qui lui étaient le plus favorables au départ reviennent sur leur enthousiasme initial.

Quelles évolutions sociales peut-on anticiper en conséquence ? Le travail à distance apporte liberté et autonomie. Les travailleurs concernés s'épargnent de longs et fastidieux temps de transport et retrouvent une certaine maîtrise de leur agenda, à condition que leur management devienne moins vertical et fonctionne par objectifs plutôt que par contrôle algorithmique en temps réel.

Mais cette liberté pourrait rimer avec désocialisation et isolement. Car en supprimant les interactions « en présence » au

1. G-SWA, *Global survey of working arrangements.*

travail, on se prive de nombreux avantages. L'aspect kinesthésique de la communication, le rôle bénéfique du hasard, la circulation fluide des connaissances et des idées, les sympathies et les alliances, tout cela se produit lorsque nous sommes en présence les uns des autres, et non à travers des écrans. D'ailleurs, les salariés français, s'ils plébiscitent le télétravail, essentiellement pour l'autonomie qu'il leur offre dans l'organisation de leur vie (plutôt que de leur métier), reconnaissent tout de même qu'ils bénéficient de moins de soutien de la part de leurs collègues, de leur supérieur et du collectif en général, lorsqu'ils travaillent à distance[1]. Les enquêtes internationales révèlent que les adeptes du télétravail échangent consciemment davantage de flexibilité et de repos contre moins d'efficacité et de liens professionnels. Pour certains, le travail à distance supprime les rythmes sociaux et brouille les repères temporels qui jalonnaient leur vie. Surtout, il aggrave le mal du siècle : la solitude. Une enquête récente montre que 40 % des Américains en télétravail intégral déclarent passer des jours entiers sans sortir de chez eux[2]. Pour les jeunes qui commencent leur vie professionnelle, le risque est particulièrement inquiétant. Si le travail cesse d'être un lieu de socialisation, ou le point de départ de réseaux de sociabilité, par quels nouveaux espaces de rencontres est-il remplacé ? Certainement pas par les réseaux sociaux.

Au total, plus de confort, mais moins d'identité au travail, moins d'interactions interpersonnelles en présence, ce nouveau modèle suscité par le télétravail semble pouvoir pousser les travailleurs vers un mode de vie plus autonome (pour certains), mais plus solitaire. Un risque d'anomie ?

---

1. Louis-Alexandre Erb et Mikael Beatriz, « Le télétravail améliore-t-il les conditions de travail et de vie des salariés ? », *DARES Analyses*, n° 65, 2024.

2. José Maria Barrero, Nicholas Bloom et Steven J. Davis, « The Evolution of Work from Home », *Journal of Economic Perspectives*, vol. 37, n° 4, 2023, pp. 23-49.

Télétravail : une occasion pour la famille

Cependant, le télétravail exerce aussi des effets inattendus dans un autre domaine : les relations au sein de la famille, notamment la répartition des tâches entre les conjoints. Les études conduites pendant le Covid avaient montré que le télétravail alourdissait encore pour les femmes la charge de la vie domestique. Mais, cinq ans après, une autre évolution, plus favorable, semble se dessiner.

La division traditionnelle des rôles au sein du ménage correspond en effet à une division spatiale : femmes au foyer et hommes au travail, à l'extérieur du domicile. Mais la diffusion du télétravail tend à faire disparaître cette frontière spatiale. Observe-t-on alors une évolution parallèle dans les activités des conjoints ? Les enquêtes d'emploi du temps les plus récentes montrent que c'est effectivement le cas.

Ainsi, aux États-Unis, au cours d'une journée de télétravail typique, les hommes effectuent davantage de tâches ménagères qu'avant le Covid, alors que les femmes en font moins mais travaillent davantage. De même en France, les emplois du temps convergent au sein des couples qui travaillent à domicile : les hommes semblent commencer à s'approprier davantage de tâches domestiques tandis que les femmes les désinvestissent et passent de plus longues heures à travailler[1]. Les normes sociales changent sous le coup de la technologie et des accidents de l'histoire. La Première Guerre mondiale avait conduit les femmes à travailler pour remplacer les hommes envoyés au front. Le télétravail semble aujourd'hui déclencher une évolution de la spécialisation au sein des couples.

Cette convergence des emplois du temps des hommes et des femmes est potentiellement porteuse de bien-être, y compris pour les hommes. En effet, nos travaux[2] ont montré que les personnes dont l'agenda est plus diversifié se déclarent plus heureuses et

1. Claudia Senik et Elena Stancanelli, « A Room of One's Own. Work from Home and the Gendered Allocation of Time », *PSE Working Papers*, n° 2025-13, 2025.

2. Naomi Friedman-Sokuler et Claudia Senik, « Time-Use and Subjective Well-Being: Is Diversity Really the Spice of Life? », *Research in Labor Economics*, vol. 52, 2024, pp. 1-34.

satisfaites de leur vie, et cela concerne aussi bien les hommes que les femmes, même si les premiers ont généralement un emploi du temps beaucoup plus monolithique, centré sur le travail.

Télétravail et fécondité

Cette réorganisation des dynamiques familiales constitue à son tour un enjeu important. En effet, elle pourrait infléchir l'une des grandes mutations que connaissent actuellement nos sociétés : le déclin démographique.

On le sait, deux tiers des habitants de la planète vivent désormais dans un pays où la fécondité est inférieure au taux de reproduction de la population (2,1 enfants par femme). En France, l'indice synthétique de fécondité (1,6 enfant par femme en 2024) est déjà tombé en dessous de ce seuil, même s'il reste plus élevé que dans le reste de l'Europe. Cette évolution, si elle est favorable à la préservation des ressources naturelles, menace cependant l'équilibre des relations entre générations, c'est-à-dire la soutenabilité de nos modèles sociaux. Il s'agit d'ailleurs d'une véritable mutation anthropologique. La plupart des modèles évolutionnistes et sociobiologiques décrivent l'homme comme étant mû par l'objectif de reproduire et diffuser ses gènes. L'humanité sortirait-elle de cette logique ?

Cette nouvelle transition démographique s'explique en partie par le repli sur le court terme que suscitent les menaces écologiques et l'instabilité économique. Joue également pour certains le projet hédonique de s'occuper de soi avant tout. Mais il faut également évoquer des motifs plus spécifiques aux femmes, tels que la difficulté de concilier travail et famille qui contribue à les décourager de la maternité. C'est ici que le lien entre télétravail, rôles parentaux et fécondité apparaît clairement.

En effet, dans un ouvrage récent[1], le sociologue Romain Delès distingue plusieurs « régimes de genre » en Europe, et

1. Claudia Senik, *Enfanter. Natalité, démographie et politiques publiques*, La Découverte, 2025.

révèle que le modèle des pays nordiques, où les hommes et les femmes sont également investis à la fois dans le travail et les activités domestiques, est associé à une vision plus positive de la parentalité – surtout par les femmes. La norme d'implication des deux parents dans le temps passé avec les enfants s'accompagne d'une valorisation de ce temps. Les enfants ne sont pas considérés comme un fardeau dont il importe de se défaire autant que possible, mais comme un domaine d'activité désirable. À l'inverse, le régime de la « double journée féminine » à la française, où l'égalité professionnelle n'est pas suivie d'un équilibre dans la répartition des tâches domestiques, engendre un plus grand « pessimisme parental ». Cette grille d'analyse suggère qu'une évolution vers un modèle plus égalitaire en termes de répartition des tâches domestiques et parentales pourrait favoriser la natalité.

Un article récent de Claudia Goldin[1], prix Nobel d'économie en 2023, fait écho à ce raisonnement : la baisse de la natalité dans les pays qui se sont développés très rapidement au cours des dernières décennies pourrait être due à l'incompatibilité entre les nouvelles aspirations professionnelles des femmes et leurs attentes d'un comportement plus coopératif de la part de leur conjoint et les dispositions de ces derniers.

Ainsi la liberté supplémentaire qu'offre le travail à distance dessine-t-elle deux perspectives très différentes. L'une individualiste, hédonique, mais relativement désocialisée, et l'autre à la fois plus moderne et plus traditionnelle, ayant rendu la parentalité et le couple plus attrayants grâce à un meilleur équilibre entre les rôles des conjoints.

Économiste et professeure à la Sorbonne
et à l'École d'économie de Paris,
Claudia Senik est la directrice de l'Observatoire
du bien-être du CEPREMAP.

1. Claudia Goldin, « Babies and the Macroeconomy », *Economica*, vol. 92, Issue n° 367, 2025, pp. 675-700.

Les médias en 2040 : un écosystème sous tension[1]

NATHALIE SONNAC

Les médias dans la tourmente d'un nouvel ordre informationnel

En 2025, plusieurs signaux faibles laissaient déjà entrevoir les lignes de fracture qui allaient structurer l'écosystème médiatique. Concentration accrue, essor de l'intelligence artificielle générative, crise de confiance envers les médias, dépendance aux plateformes, montée des régulations européennes : ces dynamiques esquissaient un tournant[2]. Quinze ans plus tard, en 2040, ces tendances se sont cristallisées.

L'information est partout – mais pour qui, par qui, et selon quelles logiques ? Si la promesse d'un accès généralisé à une information personnalisée semble désormais réalisée, les conditions de production, de diffusion et de financement de cette information soulèvent des tensions démocratiques inédites. Une décennie après les grandes crises de confiance des années 2030, le système informationnel mondial est dominé par

1. Ce texte s'inspire de l'étude *Le Monde de l'information en 2050 : quels scénarios ?* cosignée par Antoine Bayet, Antoine Buéno, Agnès Chauveau, François Quinton, Jérôme Ruskin et Nathalie Sonnac. Cette coréalisation s'est effectuée dans le cadre d'un travail prospectif mené au sein des États généraux de l'information. Elle est parue le 12 septembre 2024.

2. Nathalie Sonnac, *Le Nouveau monde des médias. Une urgence démocratique*, Éditions Odile Jacob, 2023.

quelques écosystèmes numériques clos, dans lesquels les anciens médias de masse ne subsistent qu'en se réinventant. Loin de l'utopie participative qui accompagnait l'avènement du numérique, c'est un monde informationnel dualisé, segmenté, voire fracturé qui s'impose – et avec lui, une question centrale : les médias peuvent-ils encore structurer un espace public partagé ?

Du média à l'écosystème : une redéfinition des acteurs et des fonctions

En 2040, l'écosystème médiatique ne s'articule plus autour d'un marché pluraliste structuré par des titres de presse, des chaînes et des stations, mais autour d'écosystèmes numériques intégrés, majoritairement contrôlés par les anciens géants de la Tech (Apple, Amazon, Google, Tencent...) et leurs équivalents locaux. Ces plateformes privées ont parachevé leur mue en prenant le contrôle quasi intégral de la chaîne de valeur de l'information : collecte des données, production automatisée, recommandation et sélection algorithmiques, personnalisation et adaptation contextuelles, traduction et diffusion par assistant personnel.

Devenus les principaux distributeurs de l'information, ils s'occupent de reformuler les contenus en fonction des préférences cognitives, émotionnelles et sociales de chaque utilisateur. Ces assistants – gratuits dans leur version de base, premium pour les plus riches – constituent un filtre invisible qui redéfinit la réalité perçue.

Une grande phase de concentration avait débuté à l'aube des années 2020, et seuls quelques grands groupes de médias avaient réussi à négocier leur survie en signant des partenariats avec les fournisseurs d'IA comme Associated Press ou le groupe Le Monde avec Open IA, *Der Spiegel* (Allemand) et *El Pais* (Espagnol) avec Perplexity ou encore l'AFP avec Mistral AI. De nombreux autres éditeurs, les plus fragiles économiquement ou de plus petites tailles, n'ont pas eu cette chance. Ils ont dû céder aux nouveaux mastodontes, pour une valeur résiduelle, toutes leurs bases de données et leurs archives numérisées, qui leur permettraient d'entraîner leurs grands modèles de langage (LLM). Les gouvernements, mal préparés, face à des acteurs parfois plus puissants économiquement et financièrement qu'eux, n'ont pas su ou voulu ériger les digues structurelles pourtant indispensables à la préservation de ces petits groupes, pourtant piliers des démocraties.

L'information comme bien privatisé et contextuel

L'un des basculements majeurs est la disparition progressive du média comme institution tierce et l'émergence d'une information intégrée à des environnements marchands. Loin du journalisme fondé sur l'enquête, la vérification, la mise en perspective, l'information de 2040 est une offre contextuelle, filtrée par des systèmes automatisés qui hiérarchisent les récits toujours selon des critères opaques. Le citoyen-consommateur reçoit une version de l'actualité adaptée à son profil : une expérience informationnelle ultra-personnalisée, mais appauvrie sur le plan critique.

Dans ce système, l'information cesse de remplir ses fonctions de lien social qui génère des externalités positives de consommation – ou de délibération collective. Elle devient un bien privé, captif, dont l'accès dépend du capital technologique et économique de l'utilisateur. Ce glissement remet en cause la définition économique de l'information comme bien public : non rival (la consommation d'un bien par un individu n'empêche pas la consommation de ce même bien par d'autres individus) et non excluable (on ne peut exclure de la consommation d'un bien une personne n'ayant pas participé à son financement[1]). Il accentue les fractures dans l'accès à une culture commune.

1. Paul Samuelson, « The Pure Theory of Public Expenditure », *The Review of Economics and Statistics*, vol. 36, n° 4, 1954, pp. 387-389.

L'effondrement du modèle publicitaire et la reconfiguration des financements

De nombreux travaux de recherche et de prospectives, notamment ceux de l'Arcom-DGMIC, dessinaient la tendance d'un accaparement aux deux-tiers des revenus publicitaires des médias par les grandes plateformes numériques[1]. Le basculement s'est produit au début des années 2030, lorsque les ressources publicitaires ont été asséchées par l'interdiction croissante de la publicité ciblée, les restrictions sur les données personnelles et les exigences écologiques. En 2040, l'économie de l'attention, déjà dominée par les géants du numérique, n'est plus lucrative pour les producteurs d'information. Ne subsistent que les groupes disposant d'un monopole technologique ou d'une base massive d'abonnés.

La première rupture s'était produite dès le début du XXIe siècle, avec l'arrivée du numérique et la gratuité apparente des contenus sur les moteurs de recherche et les réseaux sociaux. Mais c'est l'IA générative (IAG) qui a porté l'estocade : automatisation des contenus, dématérialisation des métiers, standardisation des formats. L'édition devient une activité de reconfiguration algorithmique plus que de création éditoriale. Big Tech et fournisseurs d'IA ont fini par absorber les grands médias intégrés restants, après qu'ils eurent, dans une première phase, réalisé des opérations de partenariats (TF1 et Netflix, France TV et Amazon, etc.).

Face à cette réalité, les formes de subsistance sont rares : médias publics recentrés sur l'éducation et la proximité, fondations citoyennes soutenues par des dons, ou médias haut de gamme pour publics solvables. Les autres médias privés, tournés depuis leur origine vers les financements publicitaires et la vente aux lecteurs, tentent de faire émerger un nouveau modèle d'affaires via les droits voisins, des modèles d'interopérabilité avec les assistants IA ou la syndication de contenus.

---

1. Arcom-DGMIC, PMP Strategy, *Évolution du marché de la communication et impact sur le financement des médias par la publicité*, 2024.

L'objectif étant d'obtenir un référencement auprès des moteurs de réponse qui se sont rapidement substitués aux moteurs de recherche.

L'écosystème informationnel se voit pollué de fausses nouvelles, de vrais-faux, de deepfakes conçus par des IAG… Les grands modèles de langage (LLM), en siphonnant les articles des rédactions pour entraîner les machines, ont fini par tarir les ressources et s'entraîner avec de la data de plus en plus détériorée[1].

Une régulation renforcée, mais confrontée à la complexité algorithmique

Face aux asymétries de pouvoir et à l'opacité algorithmique, les années 2030 ont vu émerger une série d'initiatives publiques ambitieuses, dans la continuité des règlements européens aux services et marchés numériques (DSA, DMA) et celui propre au marché unique de l'information (EMFA). En effet, plusieurs pays ont instauré des « commissaires aux algorithmes », avec des missions d'audit, de certification ou de contrôle des systèmes de recommandation. Le principe de « droit à l'amplification » a été instauré : seuls les contenus conformes à certains critères de qualité, de sourcing ou de pluralisme peuvent prétendre à une visibilité algorithmique accrue.

L'objectif est clair : sortir de la logique émotionnelle du marché de l'attention, dans laquelle les contenus les plus outranciers, anxiogènes ou sensationnalistes ont trop longtemps dominé l'agenda public. Pourtant, ces garde-fous réglementaires ne suffisent pas à recréer une sphère publique commune. L'information reste majoritairement perçue à travers des prismes affinitaires, émotionnels ou utilitaires ; l'économie de la viralité reste dominante. Et l'addiction des utilisateurs à ces systèmes limite les marges de manœuvre des pouvoirs publics.

1. Marina Alcaraz et Nathalie Sonnac, *L'impact de l'IA générative sur les médias traditionnels. Vers une révolution du journalisme*, 2025.

Une fracture informationnelle nouvelle : cognitive, sociale et générationnelle

En 2040, l'accès à l'information se mesure moins en connexion qu'en capacité d'analyse : capacité à décoder, sélectionner, interpréter et financer l'information. Trois grandes strates se dessinent : une élite informée, équipée et critique, souvent surreprésentée dans les initiatives citoyennes ; une majorité pressée, surexposée et peu disponible pour l'analyse ; et une frange reléguée, souvent cantonnée à des informations recommandées par défaut, émotionnelles ou superficielles.

La fracture ne se limite plus au revenu ou à l'âge, mais concerne aussi la capacité à choisir et comprendre ses sources. L'éducation aux médias, bien que renforcée, peine à rattraper la vitesse des transformations technologiques. Le risque est celui d'une désynchronisation démocratique : si les récits, les sources et les référents ne se croisent plus, l'espace public se disloque.

Conclusion. 2040, entre bifurcation et renoncement

La décennie 2030-2040 aura été décisive. Elle aura prouvé qu'un monde sans médias structurants, ni information commune, est non seulement possible mais probable. Un monde dangereux. Face à l'automatisation massive, à la logique extractive des plateformes et à la fragmentation cognitive des publics, quelques îlots de résistance ont émergé : l'éducation critique aux médias et à l'information, les plateformes coopératives d'information, ou des innovations locales.

La question n'est plus seulement celle de la vérité ou du pluralisme, mais aussi celle de la possibilité même d'une infrastructure partagée de la réalité : parce que l'information reste un pilier démocratique. Mais elle ne tient plus seule. Les médias de 2040, pour jouer ce rôle, doivent être pensés comme des communs numériques, soutenus, régulés et désirés. De nouvelles structures philanthropiques ou de fondations doivent être pensées. La décennie à venir dira si ces expérimentations resteront marginales ou si elles amorcent une nouvelle culture de l'information, ancrée dans des infrastructures démocratiquement gouvernées.

Professeure en sciences de l'information à l'université Paris-Panthéon-Assas et ancienne membre du CSA, **Nathalie Sonnac** préside le Conseil d'orientation du CLEMI et travaille sur la gouvernance et l'avenir des médias.

Manifeste pour une mission planétaire de l'université

François Taddei et Pavel Luksha

En 2040, l'université, dépassée par l'accélération des défis mondiaux, pourrait voir sa survie menacée. Malgré une histoire séculaire de résilience et d'adaptation, le modèle universitaire traditionnel, façonné par les idéaux des Lumières et ancré dans les paradigmes industriels modernes, est aujourd'hui confronté à une convergence de perturbations qui menace ses missions essentielles d'éducation, de recherche et de développement sociétal. Les universités doivent adopter une éthique de « tisserand », en favorisant les écosystèmes qui intègrent de multiples formes d'intelligence (humaine, artificielle et liée au vivant), relient les perspectives intergénérationnelles et favorisent le leadership éthique à travers les réseaux mondiaux.

En 2040, l'intelligence artificielle générale (IAG) et l'érosion de la confiance sociale demanderont un nouveau modèle centré sur des programmes de recherche régénératrice, sur la cocréation démocratique et sur la culture de l'attention, à la fois pour les individus et pour nos systèmes planétaires. Confucius disait : « Nous avons deux vies et notre deuxième vie commence lorsque nous réalisons que nous n'en avons qu'une. » Les universités devront entrer, d'ici 2040, dans leur seconde vie, car elles vont être confrontées à des défis de plus en plus nombreux et menaçants si elles ne sont pas capables d'évoluer. Certaines d'entre elles sont déjà contraintes de fermer.

L'université est l'une des plus anciennes institutions sociales, antérieure à la civilisation de l'Europe occidentale elle-même. Les premières versions des universités, bien que connues sous d'autres noms, existaient dans l'Inde ancienne (Takshashila et Nalanda), en Chine (Taixue) et dans le califat arabe (Bayt al-Hikmah). Cette remarquable longévité souligne la capacité d'adaptation de l'université à travers diverses cultures et époques historiques.

L'université contemporaine a pris forme au sein de la société ouest-européenne. En tant que telle, elle est devenue un véhicule de production et de reproduction des éléments de la modernité : formation des décideurs des élites technologiques et managériales, recherche scientifique de pointe.

Par le biais de leurs recherches et de leurs anciens étudiants, les universités ont soutenu le paradigme de la modernité. La plupart du temps sans le vouloir, cette modernité a conduit à la situation de polycrise actuelle où s'enchevêtrent dégradation de l'environnement, inégalités et fragmentation sociale. Cela conduit certains à la perspective iconoclaste selon laquelle les universités modernes font, à bien des égards, partie du problème et pas forcément de la solution.

Les institutions universitaires connaissent des crises depuis au moins un siècle. Les tensions s'intensifient autour de ce que les universités promettent (leadership culturel, recherche de pointe, amélioration sociale) et de ce qu'elles accomplissent réellement. D'ici 2040, les universités devront s'assurer qu'elles savent se transformer pour éviter les conflits intergénérationnels et satisfaire les attentes toujours plus grandes placées en elles.

Malgré ces défis, les universités ont prospéré au cours de la période qui a suivi la Seconde Guerre mondiale, période souvent appelée la « longue paix ». La massification de l'enseignement supérieur, associée à la demande croissante de connaissances avancées, a catapulté les universités dans un rôle social pivot à l'échelle mondiale. Au cours des dernières décennies, la demande d'enseignement supérieur et de recherche a explosé, en partie en raison de la quasi-absence d'alternatives. En particulier, les effectifs mondiaux à l'université sont passés de

32,5 millions d'étudiants en 1970 à plus de 220 millions en 2020, reflétant une expansion sans précédent de l'enseignement supérieur. Aucune autre institution ne pouvait rivaliser avec l'étendue de l'enseignement, des diplômes et de la recherche de l'université. Pourtant, cet « âge d'or » semble aujourd'hui atteindre ses limites, alors que les pressions extérieures se font de plus en plus fortes.

Les universités sont à la fois les produits et les propagateurs des contradictions de la modernité, privilégiant la compétition, le contrôle sur la nature, les structures hiérarchiques du savoir et la croissance économique au détriment du bien-être de la planète et de la société. Face aux crises systémiques actuelles et à venir, alors que ces modèles sont soumis à un examen critique, voire s'effondrent, les universités doivent redéfinir rapidement leur objectif, en dépassant des paradigmes de plus en plus obsolètes. Cette transition s'accélère avec l'essor de l'intelligence artificielle qui, sans être le seul moteur de la crise, perturbera encore davantage la création et la diffusion des connaissances traditionnelles, ainsi que la légitimité institutionnelle.

La mission de l'éducation

Les jeunes réclament une éducation qui les prépare à être des acteurs proactifs du changement dont les compétences correspondront aux attentes des employeurs plutôt que d'être des récepteurs passifs de connaissances. Cela intensifie les appels à une éducation de haute qualité et orientée vers l'action que les universités traditionnelles peinent à fournir.

Les universités seront de plus en plus en concurrence avec des instituts professionnels, des académies d'entreprise, des plateformes EdTech et des programmes d'apprentissage tout au long de la vie. Beaucoup de ces alternatives continueront d'offrir des formations plus flexibles, plus abordables, plus adaptées à l'emploi, et prépareront les étudiants à des rôles qui n'existent pas encore, exposant ainsi la rigidité des structures universitaires traditionnelles.

Les programmes universitaires restent largement façonnés par des cadres disciplinaires du XIXe siècle qui excluent les savoirs autochtones, les approches transdisciplinaires et diverses épistémologies. L'éducation de 2040 doit donc être alignée avec une « poly-versité », un modèle qui englobe de multiples façons de savoir et qui encourage la collaboration communautaire pour relever les défis planétaires.

La mission de la recherche

Les chercheurs doivent concilier l'enseignement avec les exigences incessantes de la culture du « publier ou périr » et la course au financement de la recherche. Ce système privilégie l'hyper-productivité par rapport à un impact significatif, ce qui fausse les priorités académiques et décourage les recherches exploratoires approfondies.

Les classements des universités et les mesures de performance renforcent une concurrence mondiale qui valorise le prestige institutionnel et le volume de production plutôt que la contribution réelle à la résolution des défis les plus pressants de l'humanité.

Les universités vont être de plus en plus concurrencées par les laboratoires privés de R&D, les groupes de réflexion et les initiatives de recherche des ONG, qui produisent souvent des résultats à fort impact de manière plus rapide, plus souple et avec des ressources financières parfois plus importantes. L'écart se creuse dans des domaines tels que l'intelligence artificielle, où les laboratoires d'entreprise bien financés dépassent de loin la recherche universitaire en termes de puissance de calcul et d'accès à des ensembles de données à grande échelle. En conséquence, sans renouvellement, les établissements universitaires de 2040 seront relégués à la périphérie de la création de connaissances dans certaines des frontières technologiques les plus critiques.

Les plateformes numériques, les méthodes fondées sur les données et l'essor de l'intelligence artificielle vont remodeler l'écosystème de la connaissance. La recherche universitaire n'évoluera pas au même rythme que les transformations technologiques et sociétales. Les réseaux de science ouverte remettront en question le modèle traditionnel d'enquête en laboratoire fermé, appelant à des modes plus collaboratifs et accessibles au public.

La domination des méthodologies monodisciplinaires dans la recherche a marginalisé l'interdisciplinarité, les systèmes de connaissances écologiques indigènes, locales et traditionnelles, malgré leurs contributions à la durabilité, à la médecine et à la science du climat. À l'avenir, un modèle de recherche pluraliste et transdisciplinaire est essentiel pour relever les défis mondiaux complexes.

La mission de développement sociétal

Les universités, dans leur modèle actuel, ne disposent pas des capacités adéquates pour relever les défis sociétaux à venir, qu'il s'agisse de durabilité, d'équité sociale, de développement régional ou de crises systémiques planétaires, à l'échelle et à la vitesse requises.

De plus, les structures administratives existantes risquent d'entrer en conflit avec les ambitions d'ouverture, d'engagement interdisciplinaire et sociétal, et de collaboration.

Les universités sont trop souvent contraintes de s'aligner sur les acteurs dominants du pouvoir (gouvernements, entreprises et institutions d'élite) plutôt que de servir de plateformes neutres pour la transformation de la société.

Face aux ONG, aux agences de développement, aux entreprises sociales et autres organisations spécialisées qui se positionnent de plus en plus comme des « agents de développement », le rôle des universités dans l'évolution de la société pourra être amené à diminuer si elles ne se transforment pas.

En période de tensions sociales, les universités peuvent être poussées à s'aligner sur les programmes des structures de pouvoir dominantes. Aujourd'hui, aux États-Unis, les universités subissent des pressions politiques pour se conformer aux idéologies dominantes. Demain, de telles évolutions pourraient transformer les universités en vecteurs de récits de division ou de régression comme ce fut le cas dans l'Allemagne des années 1930.

Au fur et à mesure que toutes leurs missions clés seront perturbées, les universités ne pourront continuer de jouer un rôle essentiel dans la société. Pendant un certain temps, les universités pourront bénéficier d'un « enracinement institutionnel » qui protège leur statut grâce aux modèles de financement public et philanthropique existants et aux privilèges de l'accréditation, mais ces avantages pourront rapidement se détériorer dans un environnement en mutation rapide.

La crise des universités et le développement de l'IAG

Avec l'évolution des modèles d'IA vers une intelligence artificielle générale (IAG) capable de prendre en charge la majorité des tâches intellectuelles et cognitives, les universités seront confrontées à des défis encore plus profonds :

En 2040, les modèles éducatifs actuels seront obsolètes. Avec l'apprentissage personnalisé piloté par l'IA, les universités continueront de perdre leur monopole sur la transmission des connaissances. Face à un savoir hyper-accessible, les universités doivent passer de la délivrance de diplômes à la transformation, au mentorat et à l'exploration collective.

L'IAG ne se contentera pas d'accélérer la recherche, elle mettra également au défi les universités en tant que principaux créateurs de connaissances. Les universités doivent passer du statut de producteurs de connaissances à celui d'acteurs éthiques et de créateurs de sens, en interprétant et en guidant l'impact des découvertes induites par l'IA.

La connaissance sera toujours moins un « avantage concurrentiel » puisque d'ici 2040 l'IA surpassera probablement les humains dans un nombre croissant de tâches analytiques et de résolution de problèmes, rendant obsolètes de nombreuses compétences traditionnellement enseignées à l'université. L'éducation doit donc passer de la mémorisation et de l'expertise à la culture de la sagesse, de la créativité et du raisonnement éthique, des domaines où l'humain doit jouer un rôle clé.

Enfin, la crise de la santé mentale risque de s'aggraver encore. La prolifération des outils d'IA et des plateformes de médias sociaux intensifie l'anxiété, l'aliénation et les problèmes d'identité dans l'ensemble de la population, les jeunes étant particulièrement vulnérables après les crises successives.

L'université de 2040 doit donc cultiver un sens plus profond de l'objectif humain, en aidant les apprenants à développer leur conscience de soi, leur résilience émotionnelle et leur capacité à faire évoluer leur identité afin de s'épanouir, plutôt que de simplement survivre, dans une réalité en mutation rapide.

Le rôle des universités doit passer de la préparation à l'emploi à l'orientation des individus et des communautés vers la découverte de soi, le bien-être et l'autonomisation collective. Les universités qui ne s'adaptent pas risquent de devenir de plus en plus obsolètes et de se transformer en vestiges d'une époque révolue. Celles qui prospéreront ne seront plus des usines à savoir, mais des sanctuaires de sagesse, de leadership éthique, d'épanouissement humain et d'intelligence collective.

De nouvelles missions pour l'université

En dépit des turbulences, les universités conserveront des contributions essentielles.

Elles sont le lieu où la prochaine génération se réunit. Les universités concentrent les jeunes de manière unique, créant un environnement sans pareil pour un changement transformateur. Même si aujourd'hui la voix des jeunes n'est pas suffisamment entendue dans la prise de décision, des initiatives comme le Pacte pour l'avenir soulignent qu'« aucune décision ne devrait être prise sans les générations futures ».

Les universités sont le lieu où les biens communs essentiels de la civilisation humaine sont entretenus. Or, le bien-être collectif à long terme de l'humanité dépendra de la sauvegarde de trois types de biens communs : naturels (systèmes planétaires, notamment le climat et la biosphère), socioculturels (notamment la science, les arts et l'Histoire) et, plus récemment, numériques (notamment les codes et les données libres). Les étudiants et les enseignants doivent apprendre à entretenir ces biens communs, la démocratie et l'information de qualité, et doivent être reconnus pour leur contribution à ces piliers du bien-être de l'humanité.

Les universités sont le lieu où les formes d'intelligence se rencontrent et se complètent. Elles cultivent et rassemblent l'intelligence individuelle et collective, construisent et amplifient celle de tous, reconnaissent et apprennent progressivement à se connecter à d'autres types d'intelligence, y compris celle des formes de vie non humaines. Cette conjonction de diverses formes d'intelligence est une occasion unique de créer une compréhension plus profonde et des solutions innovantes pour les défis de demain.

Les universités sont le lieu où les formes essentielles de gouvernance sont mises en œuvre. Elles pourront donc servir de microcosmes de divers modèles de leadership et de prise de décision, y compris des modèles horizontaux et démocratiques. Comme l'a fait remarquer John Dewey : « La démocratie doit renaître à chaque génération, et l'éducation est sa sage-femme. »

Guider la société vers un avenir juste, pacifique et régénérateur

2040 pourrait être marquée par une durabilité sociale et un bien-être collectif jusque-là sapé par des années de contradiction et d'accélération où le potentiel de l'humanité et son empreinte écologique ont augmenté à un rythme exponentiel.

Des cadres tels que *Doughnut Economics* de Kate Raworth et *Bridgeway Across the Decisive Century* de Pavel Luksha, permettent d'identifier quatre limites critiques qui doivent être respectées :

- **Les limites planétaires**

Elles représentent le « plafond » environnemental, notamment le changement climatique, la perte de biodiversité et la dégradation des sols. Le dépassement de ces limites peut déstabiliser des écosystèmes essentiels à la survie de l'humanité. Pour ramener la civilisation dans les limites de la planète, il faut s'orienter vers des économies et des cultures régénératrices qui aident la biosphère à prospérer.

- **Les fondements sociaux**

Il s'agit de répondre aux besoins humains fondamentaux tels que l'alimentation, l'eau, le logement et la sécurité. Cela met l'accent sur le risque d'aggravation des inégalités, de pandémies et d'érosion de la stabilité sociale. Pour relever les défis liés à cette frontière, les sociétés doivent garantir un bien-être inclusif en ne laissant personne de côté et en s'attaquant à la réinvention de la démocratie, à la pauvreté, aux inégalités et à l'instabilité sociale.

- **Le plafond technologique**

Cela inclut les risques liés à l'utilisation abusive ou à la perte de contrôle des technologies de pointe telles que l'énergie nucléaire et les armes, l'IA, le génie génétique et les systèmes autonomes. Ces technologies constitueront des menaces existentielles si elles sont mal gérées. Pour ne pas dépasser un tel « plafond », les sociétés doivent promouvoir une innovation inclusive et responsable, respectueuse des considérations éthique et démocratiques.

- **Les fondements cognitifs et mentaux**

Cette frontière moins tangible met en évidence l'érosion de la confiance, des valeurs partagées, du sens et de notre capacité à gouverner des systèmes complexes, ainsi que des menaces telles que la manipulation de masse par l'IA ou l'effondrement des systèmes de connaissances collectives et de la démocratie. Elle englobe également la crise croissante de la santé mentale, en particulier chez les jeunes, aggravée par l'anxiété climatique, les bouleversements technologiques et la pression des réseaux sociaux. Pour faire face à cette frontière, l'empathie, le dialogue et la consolidation de la paix doivent être, en 2040, des pratiques culturelles intégrales.

La *polycrise* est donc une menace pour de multiples biens communs. L'humanité doit cultiver à la fois des solutions externes (par la gouvernance, l'innovation et la gestion des ressources) et une résilience interne (par le bien-être mental, l'empathie et des objectifs communs porteurs de sens). Pour y parvenir, il faut de nouveaux contrats sociaux, de nouvelles compétences et une coopération intersectorielle sans précédent.

Faciliter la transition à travers les universités

Une telle transition sociétale implique que d'ici 2040 des bâtisseurs de ponts, des individus et des organisations soient capables d'assurer une continuité entre les réalités actuelles et un avenir plus durable. Pour réussir, ces *bâtisseurs de ponts* doivent posséder les compétences suivantes :

Ils doivent participer à l'élaboration d'idées fondamentales en développant de nouveaux paradigmes et visions du monde qui aident les sociétés à s'adapter aux rapides changements technologiques et écologiques.

Ces organisations doivent également pouvoir identifier des stratégies efficaces d'adaptation systémique en tirant parti de la recherche scientifique, des avancées technologiques et des tendances sociétales.

Créer des ponts entre le présent et un avenir durable c'est aussi créer des espaces de délibération, rassembler diverses parties prenantes (décideurs politiques, entreprises, société civile et communautés) afin d'harmoniser les visions d'avenir.

Pour un avenir durable, la nature et la communauté doivent être sources d'apprentissage, intégrant les savoirs locaux et autochtones, la recherche scientifique et les expériences vécues pour éclairer les transitions durables.

L'intérêt public et le bien commun doivent aussi être soutenus afin de veiller à ce que les transitions équilibrent les besoins locaux, nationaux et mondiaux, tout en protégeant les biens publics (notamment le bien-être et la santé mentale des communautés) et la santé planétaire à long terme.

Organiser un changement systémique d'ici 2040 implique que des partenariats régionaux et industriels soient mis en place afin de connecter les institutions de recherche avec les gouvernements, les industries, les ONG et les initiatives locales.

Investir dans l'éducation des jeunes et des adultes, c'est modeler les étudiants, les professionnels et les décideurs politiques de 2040 avec de nouvelles compétences et des états d'esprit capables de résilience, d'empathie et de responsabilité éthique.

Enfin, les *bâtisseurs de ponts* doivent participer à créer un réseautage mondial, afin qu'en 2040 la coopération internationale entre les institutions, les gouvernements et les innovateurs engagés soit facilitée et s'inscrive dans une exploration ouverte des défis mondiaux communs.

Aucune autre institution n'assume systématiquement toutes ces fonctions, à l'exception des universités. Elles sont particulièrement bien placées pour servir de passerelles. En effet, elles détiennent des connaissances dans toutes les disciplines et relient les générations, les acteurs privés et publics ainsi que les communautés.

Cela crée une boucle de rétroaction dynamique, permettant aux universités de détecter les évolutions de la société et d'adapter rapidement leur enseignement et leur recherche.

De plus, les universités sont ancrées localement tout en étant connectées au monde entier et sont guidées par l'intérêt général.

En acceptant une nouvelle mission, celle de faciliter la transition, l'université de 2040 pourrait devenir indispensable à l'avenir de la civilisation. En servant de vecteur d'expérimentation et d'apprentissage collectifs à la société, l'université transcende son rôle historique de service à la société industrialisée. Elle évolue vers une institution qui favorise l'épanouissement de la communauté humaine, étroitement liée au bien-être planétaire.

Les universités, tisserandes du tissu social

Tout au long de l'Histoire, des périodes de bouleversements médiatiques et technologiques rapides ont perturbé les sociétés, érodé la confiance et parfois conduit à des conflits.

La révolution actuelle de l'IA et des médias sociaux fait écho à ces bouleversements antérieurs : elle offre des opportunités sans précédent de création et de partage de connaissances, tout en fracturant la cohésion sociale, en sapant la confiance et en amplifiant les discours conflictuels. Au cœur de cette *polycrise*, les universités sont appelées à assumer un nouveau rôle essentiel : celui de tisserands, de catalyseurs et de gardiens d'écosystèmes d'apprentissage et d'innovation capables de guérir, de retisser et de régénérer le tissu social, de réparer les fractures et de favoriser la résilience collaborative. Cette mission s'inscrit directement dans leur responsabilité plus large de facilitateurs de la transition, décrite ci-dessus.

À condition d'agir, les universités de 2040 seront des espaces capables de favoriser des relations de confiance, d'animer des réseaux diversifiés et de catalyser la collaboration entre les différents domaines de la société.

Ainsi, en adoptant une philosophie de tisserand, dans laquelle le leadership est distribué plutôt que concentré dans des héros individuels, les universités sauront reconquérir leur autorité éthique et culturelle. L'université de demain ne sera pas gardienne du savoir, mais catalyseur d'écosystèmes d'apprentissage social et d'innovation où prospèrent la maïeutique (la capacité socratique à donner naissance aux idées et donc au futur) et les partenariats intersectoriels. Les universités doivent donc soutenir une transition plus large de la compétition à la coopération, nous rappelant que la véritable mesure de l'excellence doit être liée à l'ambition d'être « meilleur pour le monde », et non pas s'épuiser dans l'hyper-compétition « meilleur du monde » selon des métriques obsolètes.

Les universités doivent orchestrer leur propre transition

Les universités ne peuvent servir de « laboratoires de transition » si elles ne s'engagent pas elles-mêmes dans cette transition. Elles doivent rechercher et réinventer leurs propres structures, en appliquant l'innovation et les processus démocratiques à leur propre fonctionnement.

L'évolution doit être une trajectoire continue, et non une destination fixe. Les universités doivent développer des capacités évolutives, un processus d'autorenouvellement qui s'adapte à chaque nouvelle génération d'étudiants.

Les universités de 2040 devront avoir adopté, et continuer de cultiver, l'éthique du futur, fondée sur la compassion et la solidarité. Il existe de nombreux exemples d'institutions qui s'orientent dans cette direction. Des universités classiques comme l'université d'Oxford, qui organisent des programmes de connaissances fondamentales axés sur les études prospectives et les défis mondiaux. Des universités entrepreneuriales comme l'université d'Utrecht et l'université Aalto, qui privilégient la gestion des écosystèmes, les initiatives interdisciplinaires de durabilité et l'éducation régénératrice. Des universités écologiques comme l'Universidad de Medio Ambiente (UMA) et l'Universidad de Colaboración Internacional (UCI), qui mènent des programmes mettant l'accent sur les approches régénératrices des communautés locales et mondiales. Des acteurs innovants comme le Learning Planet Institute (LPI), qui établissent de vastes réseaux de partenariats en collaboration avec l'université des Nations unies et l'UNESCO, en tant qu'institutions de recherche et d'enseignement interdisciplinaires fondées sur les principes de l'intelligence collective et de la collaboration open source. Des écoles de leadership postuniversitaires telles que

Singularity University et Kaos Pilots qui se concentrent sur les technologies transformatrices pour des avancées disruptives.

La vague de changements s'intensifie et d'ici 2040 de nombreuses autres innovations pédagogiques et organisationnelles auront vu le jour à mesure que les universités s'aligneront sur leur nouvelle mission.

Les acteurs clés du système universitaire mondial doivent se saisir de ce moment historique.

Biologiste et fondateur du Learning Planet Institute, **François Taddei** milite également pour une transformation radicale de l'université vers l'interdisciplinarité et l'impact social.

Chargé de cours à la Moscow School of Management Skolkovo, expert en compétences du futur et en modèles éducatifs innovants, **Pavel Luksha** interroge la préparation des sociétés à des crises imprévisibles.

Bibliographie

Céline Authemayou, « Pour François Taddei, l'innovation pédagogique passe par le collectif », *L'Étudiant*, 28 mars 2017.

Henri de Lestapis, « François Taddei croise les savoirs », *Les Échos*, 13 décembre 2023.

Pavel Luksha et François Taddei, *Manifesto for the Planetary Mission of the University*, Learning Planet Institute, 9 avril 2025.

Ministère de l'Enseignement supérieur, de la Recherche et de l'Innovation, *Lancement de la mission sur l'intelligence artificielle dans les pratiques pédagogiques*, 4 décembre 2024.

« Repenser l'éducation : Former les générations futures aux défis globaux. Avec François Taddei », *Formation Innovation*, podcast n° 109, 9 janvier 2025.

La diversité sexuelle en 2040 : une France ouverte !

Sonia Tir

« Toute cette chicane d'un sexe contre un sexe, d'une qualité contre une qualité ; toute cette revendication de supériorité en imputant de l'infériorité, tout cela relève de la cour d'école de l'existence humaine, où il y a des "côtés", et où il est nécessaire pour un côté de battre l'autre, et de la plus haute importance de grimper sur une estrade et de recevoir des mains du Maître lui-même un pot finement ornementé. Quand les gens mûrissent, ils cessent de croire aux côtés ou aux maîtres ou aux pots finement ornementés. »

Virginia Woolf – *Une chambre à soi*

Un chemin parcouru

En 2040, notre France se dressera comme un phare de la diversité, un pays où aimer ne sera plus seulement une revendication, mais une réalité ancrée dans le quotidien. Peu importe le parti au pouvoir, conscients des risques sur notre démocratie nous aurons protégé les droits LGBT à l'inverse d'autres pays comme l'Italie ou les États-Unis.

Que s'est-il passé entre le début du XXIe siècle et ce moment charnière ? Beaucoup, assurément. Les luttes menées par des générations de militants ont façonné une société plus inclusive, les décisions politiques comme le mariage pour tous en 2013 et l'accès à la PMA en 2021 ont changé la vie de millions de Français, concernés ou proches. Mais le parcours a été semé d'embûches. En 2040, cette « chicane », comme l'appelle l'écrivaine anglaise lesbienne Virginia Woolf, laissera la place à une maturité collective, où l'amour se vivra sans entrave.

Un amour libre et affirmé

Dans cette France nouvelle, la question de l'amour est aussi simple et complexe qu'elle l'a toujours été. Les chiffres parlent d'eux-mêmes : en 2023, 9 % de la population déclarait se considérer comme faisant partie de la communauté LGBT[1], mais cette identité n'est plus juste une étiquette à porter avec fierté pour s'affirmer ; c'est devenu un aspect naturel de la diversité humaine. Nous comprenons que, depuis des milliards d'années, l'histoire de la vie suit une seule route : celle de sa pérennité, employant une unique stratégie : celle de la diversité.

Cette multiformité se matérialise non seulement dans le visage de notre monde, mais également dans les relations humaines. Les formes que prennent les relations entre les individus – sexuelles, sentimentales, instinctives ou réfléchies – sont essentielles à notre existence. L'amour, sous toutes ses manifestations – sauvage, ritualisé, multiple ou religieux –, forge des liens précieux qui nous relient les uns aux autres. Les jeunes de 18 à 25 ans, par exemple, plébiscitent presque à l'unanimité l'idée que chacun doit pouvoir aimer librement, sans craindre le jugement de l'autre. En France, en 2024, 22 % des personnes de la génération Z s'identifient comme LBGT+, un taux qui ne cesse de baisser au fil des générations plus anciennes : 12 % pour les Millennials (1981-1996), 7 % pour la génération X (1965-1980), et 4 % pour ceux nés en 1964 et avant[2]. Ces chiffres augmenteront d'ici 2040.

1. Ipsos, *LGBT+ Pride 2023 : 10 % des Français s'identifient comme LGBT+*, 1er juin 2023.
2. *Ibid.*

Dans les écoles, on enseigne l'acceptation et l'ouverture d'esprit. Les récits d'amour qui naissent dans ces murs sont souvent aussi divers que ceux qui les vivent. On célèbre les histoires de couples, quelles que soient leurs configurations, tout en mettant en avant le respect mutuel. La société en 2040 aura appris à faire de cette pluralité une richesse, à la transmettre, à en faire la pierre angulaire de son identité. Aujourd'hui, il n'est pas rare de trouver des discussions ouvertes sur la fluidité des genres et des orientations, donnant lieu à des projets éducationnels qui prennent en compte la réalité d'une jeunesse variée et hétéroclite. Un professeur dans un collège très mixte m'a confié comment une de ces élèves de 3e était venue spontanément à la rentrée, accompagnée de ses parents, lui annoncer qu'elle avait changé de genre ; elle souhaitait maintenant que la classe et l'équipe pédagogique l'appellent par son prénom féminin. En 2040 ces discussions, ces questionnements sur l'identité de genre seront inclus dans la formation des enseignants et dans les réflexes pédagogiques.

Un État protecteur… et des défis persistants

La France, protectrice des droits fondamentaux, a mis en place des lois pour aplanir les inégalités. Il faut que bien avant 2040 toutes les municipalités offrent des services adaptés, du soutien psychologique à l'accompagnement en santé.

Dans les pays où un parti d'extrême droite est arrivé au pouvoir, comme en Hongrie ou en Italie, on affiche la détestation des publics LGBT : des hommes homosexuels, des femmes trans et des enfants issus de parents du même sexe qui sont désignés comme des cibles.

Les avancées dans la lutte contre l'homophobie témoignent d'un cheminement vers l'inclusivité, mais cette avancée ne signifie pas la fin des luttes. Un retour de certaines idéologies religieuses se fait sentir, en désaccord avec les idéaux d'égalité. Des mouvements traditionnels s'opposent encore à l'idée d'une société entièrement libre. L'élection de Donald Trump ou les interdictions récentes de différentes fêtes des fiertés (comme à Budapest en 2025) prouvent qu'un bloc conservateur fera porter le poids des difficultés de la société aux minorités sexuelles, que l'amour sera volontairement oublié pour parler des relations LGBT, puisqu'en parler sera considéré comme obscène et contre nature.

La réalité sociologique diffère entre les zones urbaines et le milieu rural. Parfois, il est plus simple d'être lesbienne dans un petit village d'Ardèche car le climat familial sera plus ouvert et apaisé que dans un grand ensemble urbain des quartiers nord de Marseille. Dans ces quartiers, ce n'est pas l'absence géographique de structures qui existent mais le poids des traditions, des valeurs et parfois du religieux qui étouffe toute vie libre et épanouie.

Les villes enclavées et les campagnes, souvent dépourvues de ressources en santé mentale et sexuelle, souffrent d'un manque de soutien et d'accompagnement pour les personnes LGBT. Dans ces territoires, où le tissu associatif s'effiloche à coups de baisses de subventions et d'absence de bénévoles, les individus se retrouvent fréquemment isolés, sans pouvoir s'appuyer sur des structures bienveillantes. Les rencontres, si nécessaires pour tisser des liens et trouver du soutien, deviennent rares.

Lorsque je travaillais sur le coming out en politique, j'ai rencontré des centaines d'élus, militants et associatifs. Je voudrais vous parler de Daniel. Cet homme de 78 ans est né et a grandi près de Pontarlier dans le Doubs. Pas dans la ville même mais à une cinquantaine de kilomètres de la montagne. Très jeune, Daniel a su qu'il était homosexuel, mais il n'avait pas les moyens de vivre son amour dans la grande ville. Très attaché à son territoire, Daniel décide de rester. Malgré les quolibets, les accusations de pédophilie, les raccourcis sur son « état mental ». Daniel, étant assez connu dans le coin pour sa « différence », a voulu inverser sa situation : il allait devenir l'oreille et le confident de toutes les personnes qui souffraient. Ça a commencé par une petite permanence dans les bars des alentours le samedi après-midi, puis cela s'est vite transformé en coups de fil de parents abattus et terrorisés par le coming out de leurs enfants.

Toujours écouter, ne jamais juger et protéger. Pendant près de quarante-cinq ans, Daniel a tenu ce rôle. Sans argent, sans soutien public, seul. Mais aujourd'hui, qui prendra la suite de Daniel ? Qui officiera de Pontarlier à Dax en passant par Chambon-sur-Lignon. Le maire de Châteauroux, Gil Avérous, m'avait dit une fois : « Lorsqu'on est élu et homosexuel, on est à la fois le confident des personnes qui souffrent, le souffre-douleur des homophobes mais surtout le premier modèle pour aider l'autre à s'aimer soi-même, comme un miroir. »

La détérioration de ce tissu associatif dans les zones rurales s'explique par plusieurs facteurs. Souvent, ces régions subissent une désertion des jeunes, à la recherche de nouvelles opportunités et de communautés plus accueillantes. Les clubs et associations qui, auparavant, prospéraient sur des liens d'amitié, se trouvent désormais vidés, les jeunes en souffrance arrivant devant des portes closes. Les retraits des financements publics et de certains donateurs privés aggravent la situation, rendant de plus en plus difficile la mise en place d'activités de soutien ou de rencontres.

C'est ici que notre humanité doit naviguer entre les diverses formes d'amour et de lien. Dans ce climat de confinement, les personnes LGBT vivent leur identité souvent en secret, avec la peur de représailles. L'absence de soutien dans ces régions signifie que des histoires d'amour, potentiellement épanouissantes, restent étouffées par le poids de l'isolement et du jugement. Pour ces personnes, aimer devient un acte à la fois risqué et complexe.

La culture, vecteur de l'amour pour toutes et tous

Et puis, il y a ces histoires qui émergent, ces belles histoires qui font vibrer les cœurs, qui ne doivent pas être gommées par l'importance de rester alertes.

Notre société n'a rien inventé, si l'on se plonge dans notre passé terrien, on pense aux rites homosexuels en Papouasie et

Nouvelle-Guinée, aux hommes-féminins de Polynésie[1]. Ou encore à la lumière des débats actuels sur les identités sexuelles, replongeons-nous dans *La Recherche* qui est une mine de personnages « non binaires », et notamment de figures lesbiennes, les plus proches, selon Proust, de l'amour véritable. Il est essentiel de saisir la pluralité des expériences. Ces unions ne sont plus les héros d'un récit marginal ; ils s'imposent dans la narration collective comme un pan de notre humanité. Ces récits de vie, où l'amour triomphe des obstacles, deviennent des références culturelles.

Par le prisme du cinéma, de la littérature ou des réseaux sociaux, l'amour se raconte comme un voyage, une quête. En 2040, les récits d'hommes et de femmes qui s'aiment et célèbrent leur amour seront à la fois une victoire et une normalité.

Un défi persistant : l'homophobie dans le sport

Si l'on poursuit notre prévision, l'un des défis majeurs qui restent à relever concerne l'homophobie dans le sport, domaine où les stéréotypes demeurent profondément ancrés. Même si la société a progressé, environ 30 % des sportifs témoignent avoir été confrontés à des actes homophobes, et 54 % des athlètes LGBT hésitent à afficher leur identité pour ne pas subir de représailles. Faites le test autour de vous, alors que le football masculin est le sport le plus populaire en France (populaire par sa célébrité et sa forte diversité en termes de classes sociales), nous n'avons à date aucun joueur de Ligue 1 ou en équipe de France se considérant comme LGBT. Pire, lorsqu'une fois dans

1. Dans toutes les sociétés polynésiennes, dans les représentations anciennes et récentes, règne l'idéologie de la « matrice hétérosexuelle ». Cette matrice hétérosexuelle est supposée être à l'origine du monde. Elle régente donc tout le règne animal et humain de la procréation, « et donc la pratique de toute sexualité ». Concernant le né-garçon qui s'affirme femme, et qu'on qualifie alors de « comme-une-femme » (faa-fafine à Samoa et à Tonga), on dit de lui : « Il se sent être femme, donc c'est normal qu'il désire un homme (normatif), mais il ne doit pas en faire état. »

l'année, la Fédération française de football, qui n'est pas connue pour être la plus militante des fédérations sportives, sensibilise son championnat à un brassard aux couleurs de l'inclusivité, certains joueurs préfèrent ne pas jouer le match ou accepter de payer une amende plutôt que d'avoir à le porter. Comme si porter un arc-en-ciel autour du bras vous rendait automatiquement homosexuel. Le spectre de l'homophobie pèse non seulement par des comportements agressifs, mais aussi par des silences qui perpétuent des cultures toxiques au sein des équipes. Trop souvent, les jeunes athlètes, qui se trouvent pourtant sur le chemin d'une expression ouverte de leur identité, subissent la pression du conformisme et l'absence de modèles, ceux qui ont ouvert la porte du placard. Cela peut conduire à un cloisonnement à la fois désastreux pour le bien-être mental des sportifs et délétère pour la dynamique d'équipe. Soulignons les prises de position encore rares de grands champions hétérosexuels comme Antoine Dupont (rugbyman de l'équipe de France) ou Antoine Griezmann (champion du monde et joueur de l'équipe de France de football) qui n'ont pas hésité à poser en couverture de *Têtu*, montrant la voie aux suivants.

Pour répondre à ce défi, et si d'ici 2040 nous nous attelions à un projet ambitieux ? Un Tour de France de lutte contre l'homophobie dans le sport serait une occasion unique d'éduquer, de sensibiliser et de promouvoir l'inclusivité. En collaboration avec des ambassadeurs sportifs, des événements dans diverses villes mettraient en lumière les problèmes de discrimination tout en célébrant les valeurs d'égalité et de respect. Impliquer des champions de tous bords, connus pour leur engagement en faveur des droits humains, permettrait de créer une dynamique positive et un soutien à grande échelle.

Face à ces défis, il est impératif de revitaliser le tissu associatif, notamment dans les zones rurales et isolées. Des initiatives visant à établir des réseaux de soutien entre les communautés LGBT, par l'intermédiaire de plateformes numériques ou d'événements interrégionaux, pourraient représenter un pas en avant. Une synergie entre l'État, les collectivités locales et le milieu associatif peut contribuer à offrir une visibilité et à rendre compte des réalités vécues sur le terrain.

L'écoute active et la prise en compte des besoins spécifiques des membres de la communauté deviennent des préconditions à leur épanouissement.

Un avenir à cultiver

Alors que nous scrutons l'horizon de notre avenir, nous savons que le chemin est encore long. Pour paraphraser Virginia Woolf, les confrontations stériles entre « côtés » deviennent obsolètes. D'ici 2040, faisons que l'objectif de chaque citoyen soit de cultiver cette maturité, de nourrir l'empathie et d'élever les voix qui méritent d'être entendues. Demandons des garanties à l'État sur le maintien des associations sur notre territoire et regardons les progrès faits par le monde de l'entreprise.

Nous sommes appelés à devenir des acteurs de ce changement, chacun à notre niveau. Les récits d'amour, qu'ils soient issus des tribus polyandres ou des histoires contemporaines en France, contribuent à forger une société qui valorise la diversité de ses citoyens.

La France s'avance vers un futur lumineux où l'amour, dans tous ses éclats, est un droit. Que chaque individu, quelle que soit son histoire, puisse aimer sans conditions, sans l'ombre d'un jugement, et qu'ensemble nous bâtissions un pays où chaque cœur ait la liberté de battre à son propre rythme. Voilà un rêve à réaliser, une utopie à construire, main dans la main. Dans cette quête infinie de l'amour, nous en venons à réaliser que notre diversité, loin d'être une faiblesse, est notre plus grande force, l'essence même de notre humanité.

Avançons vers 2040, continuons de soutenir l'amour sous toutes ses formes, d'amplifier les voix des personnes marginalisées, et d'affronter les épreuves locales, tant dans les grandes villes que dans les minuscules recoins de notre territoire. Seule une société véritablement inclusive sera capable de se refléter authentiquement dans le miroir d'un avenir radieux, obsédée par la beauté de l'amour. N'oublions pas que notre comportement volontaire est le ciment du tout : « Loin d'être une réalisation unique, tombant à pic, carrée, dont personne ne doit avoir honte, nos actions les plus communes sont entourées de battements d'ailes incessants aussi bien qu'intermittents, de lumières qui surgissent et défaillent. » Virginia Woolf – *Orlando*.

Essayiste, journaliste et militante
des droits LGBTQIA+, **Sonia Tir** travaille
sur la relation entre les minorités
et le monde politique.

2040 : tirer le meilleur parti de l'IA ou la subir ?

Chloé Touzet, Henry Papadatos
et Siméon Campos

Derrière le terme « intelligence artificielle » se cache une réalité à la fois simple et fascinante : des algorithmes qui *apprennent par l'exemple*. Considérons le cas d'un programme d'IA capable de jouer au Go : pour l'entraîner, on lui fournit des millions de parties de Go jouées par des experts humains, jusqu'à ce qu'il devienne capable de prédire avec précision ce qu'un joueur expert ferait dans une situation donnée. Les systèmes d'IA ne sont pas programmés *instruction par instruction*, comme un programme informatique classique. Le processus s'apparente davantage au jardinage : il s'agit de planter une graine (l'architecture initiale du modèle), de l'arroser avec des données, et progressivement, à travers des millions d'ajustements de paramètres, d'observer le système *pousser* et développer de meilleures capacités. L'algorithme joueur de Go ne se limite pas non plus à imiter les humains : il observe les exemples et *généralise* ses apprentissages, ce qui le rend capable de prédire le meilleur coup *y compris face à des positions inédites.*

Les technologies qualifiées d'« intelligence artificielle » peuvent être divisées en deux catégories :

- *Les algorithmes spécialisés* (« *narrow AI* »), dont les objectifs et les capacités sont circonscrits à la réalisation de missions précises. C'est le cas par exemple des algorithmes qui permettent d'optimiser l'irrigation en agriculture[1], de prédire les conditions météorologiques extrêmes[2], ou encore du célèbre modèle AlphaFold[3] (récompensé par le Nobel de chimie en 2024), qui permet de prédire la forme des protéines dans l'espace.

- *Les modèles généralistes* comme les *large language models*, parfois regroupés sous le terme de « general-purpose AI models » (GPAI). Une caractéristique commune de ces modèles est l'importance de la capacité de calcul et la quantité de données nécessaires à leur production (et donc leur coût). Les modèles les plus connus du grand public, comme ChatGPT, font partie de cette catégorie.

Les performances des modèles actuels progressent rapidement. Dans des domaines spécifiques, certains systèmes surpassent déjà les performances humaines : les programmes d'échecs battent les grands maîtres et AlphaFold prédit la structure des protéines mieux que tout expert humain. Les modèles généralistes connaissent une progression tout aussi spectaculaire. Par exemple, ils peuvent désormais : (i) écrire du code informatique complexe et efficace et corriger leurs propres erreurs ; (ii) mener des raisonnements scientifiques élaborés, de la génération d'hypothèses à la résolution de problèmes mathématiques jusqu'alors insolubles, en passant par une capacité de raisonnement et de structuration d'analyse atteignant, voire dépassant, le niveau d'experts humains lors d'examens complexes (médecine, droit) ; (iii) utiliser des outils et exécuter des tâches de manière autonome (comportement agentique), en planifiant leurs actions, choisissant les outils (web, code, API) et en s'autocorrigeant. Ces comportements agentiques sont décuplés par la multimodalité de modèles capables de traiter le texte, les images, l'audio et la vidéo.

1. Ted Wodoslawsky, « The Role of AI in Agricultural Irrigation Systems », *C3 Controls*, 2024.
2. Ilan Price et Matthew Willson, « GenCast Predicts Weather and the Risks of Extreme Conditions with State-of-the-Art Accuracy », *DeepMind Blog*, 2024.
3. « AlphaFold: Accelerating breakthroughs in biology with AI », *DeepMind*, 2024.

Les investissements actuels sont largement concentrés sur le développement des grands modèles généralistes. Cette direction s'explique par deux facteurs principaux :

- La compétition économique intense entre les développeurs d'IA généraliste. Les sommes engagées sont colossales : par exemple, des *hyperscalers* comme AWS, Microsoft, Google et Meta ont annoncé en 2025 des investissements de 60 à 100 milliards de dollars par an dans les datacenters hébergeant leurs ressources de calcul dédiées à l'IA.
- La *course à l'IA généraliste* dans laquelle de grandes puissances comme les États-Unis, la Chine, l'Union européenne ou le Royaume-Uni se sont ouvertement lancés depuis 2025, sous l'effet de pressions économiques et géostratégiques de plus en plus fortes à mesure que les capacités des modèles augmentent. En effet, l'IA est un enjeu de compétitivité économique, susceptible d'améliorer la productivité et de soutenir la croissance en automatisant des tâches répétitives, en optimisant des systèmes complexes, comme les chaînes logistiques ou la consommation d'énergie, et en accélérant la R&D dans de nombreux domaines. L'IA est aussi un enjeu crucial de souveraineté et de sécurité nationale, en raison de son intégration dans des secteurs comme la collecte de renseignements, les systèmes d'armes autonomes, ou la défense des infrastructures critiques (réseaux électriques, systèmes financiers, etc.).

En résumé, le développement actuel de l'IA consiste à accélérer rapidement, via des investissements concurrentiels (publics et privés) massifs, les capacités de modèles généralistes « cultivés » plutôt que « construits ». Or, cette nature « cultivée » plutôt que « construite » a plusieurs conséquences :

- Nous avons actuellement une compréhension très limitée du fonctionnement interne des modèles d'IA. Le champ de recherche dédié, l'« interprétabilité », est encore naissant et n'a pas encore produit de résultats très probants[1].

1. Par exemple, plus de deux ans après, il n'existe toujours pas d'explication au fait que le Chatbot de Microsoft, Bing, se soit mis à insulter ses

- Il n'est pas possible de garantir qu'un modèle d'IA ne pose pas de risques en termes de sûreté et de sécurité. L'IA généraliste est duale par nature : par exemple, dans le domaine de la cybersécurité, elle peut être utilisée pour améliorer la cyberdéfense[1], mais aussi par des acteurs malveillants pour augmenter l'efficacité de leurs attaques. Selon un rapport rédigé par plus d'une centaine de chercheurs sur la question des risques de l'IA, ces derniers incluent notamment des risques d'utilisation par des acteurs terroristes (aide à la confection d'armes biochimiques, aide à la conduite de cyberattaques paralysant des infrastructures critiques, etc.), contre lesquels nous n'avons à ce jour aucune garantie.
- Il n'est pas non plus actuellement possible de *garantir* qu'un modèle d'IA se comportera systématiquement de la manière souhaitée. Chaque nouvelle génération de modèles d'IA démontre des capacités qui semblaient hors de portée il y a peu. Cette trajectoire suggère que ces systèmes ne s'arrêteront pas au niveau des capacités humaines. Comme les IA spécialisées, qui nous surpassent déjà, rien n'exclut que les futures IA généralistes ne dépasseront pas les performances humaines. Cette évolution rapide, couplée à notre compréhension limitée et à l'absence de garanties, soulève une question cruciale : comment s'assurer qu'un système, qui sera *potentiellement plus capable que nous*, agisse conformément à nos intentions ? C'est le *problème de l'alignement.* Dans son livre *Human Compatible*[2], le professeur de science informatique à Berkeley, Stuart Russell, illustre ce défi par une analogie : notre situation future face aux IA pourrait ressembler à celle des gorilles face aux humains, dont le sort (destruction de l'habitat, captivité) est décidé par une entité davantage capable poursuivant des objectifs différents (l'espèce humaine). L'alignement vise précisément à éviter ce scénario,

utilisateurs. Dan Hendrycks et Laura Hiscott, « The Misguided Quest for Mechanistic AI Interpretability », *AI Frontiers*, 2025.

1. Wenbo Guo, et al., « Frontier AI's Impact on the Cybersecurity Landscape », 2025.

2. Stuart J. Russell, *Human Compatible: Artificial Intelligence and the Problem of Control*, Viking, 2019.

en s'assurant que les IA restent alignées sur les valeurs humaines. Mais, malgré des années de recherche intensive, ce problème reste largement non résolu. L'enjeu est de taille : sans solution, nous risquons de créer des systèmes dont nous ne pourrions ni prédire ni contrôler les actions, avec des conséquences potentiellement irréversibles.

À partir de la situation actuelle, il est possible d'imaginer deux scénarios très différents concernant l'IA dans la France de 2040. Celui d'une intégration réussie et souveraine de l'IA spécialisée ; ou celui d'une France vulnérable stratégiquement, utilisant quotidiennement des technologies dont elle ne maîtrise ni les objectifs profonds ni les failles potentielles. Le choix entre ces deux scénarios dépend des politiques mises en place actuellement. Il nous faut agir aujourd'hui pour tirer le meilleur parti de l'IA en 2040.

Scénario n° 1 : la maîtrise éclairée

En 2040, dans le scénario de la maîtrise éclairée, la France et ses partenaires ont réussi à canaliser la puissance de l'intelligence artificielle pour accélérer l'atteinte de plusieurs objectifs précis de développement durable fixés par les Nations unies. Le succès de cette approche ne repose pas sur la quête d'une intelligence artificielle générale omnisciente, mais sur la reconnaissance de l'IA comme une méthode universelle de résolution de problèmes. En se concentrant sur le déploiement d'une multitude d'IA spécialisées, conçues pour des missions ciblées et maîtrisées, la société a pu s'attaquer méthodiquement à des défis complexes qui semblaient autrefois insurmontables[1].

1. La liste des bénéfices potentiels de l'IA dans cette partie n'est pas exhaustive, mais a une valeur illustrative. Par ailleurs, dans ce scénario, l'investissement dans la recherche de technologies de garanties et de contrôle a également permis d'éviter que les risques liés au manque de fiabilité et d'alignement des modèles ne se réalisent, mais pour des raisons de place cette partie se concentre sur la description des bénéfices potentiels. Les risques et la façon dont les technologies de contrôle et de garantie peuvent permettre de les éviter sont décrits dans la partie suivante.

Le premier domaine transformé est celui de la lutte contre le changement climatique. L'IA a servi de catalyseur pour la recherche et le déploiement à grande échelle de technologies vertes. Des algorithmes spécialisés ont permis d'accélérer la découverte de nouveaux matériaux pour des batteries plus performantes, d'optimiser le rendement des panneaux solaires et de rendre économiquement viables les technologies de capture directe du carbone dans l'air. Ces avancées, combinées à une optimisation fine des processus industriels, nous ont donné la possibilité d'atteindre un bilan carbone négatif dans plusieurs secteurs clés. Au-delà de la production, l'IA a révolutionné la gestion de l'énergie. Des réseaux électriques intelligents pilotés par des algorithmes prédictifs minimisent les pertes et anticipent les besoins, tandis que la gestion des stocks énergétiques est ajustée en temps réel, éradiquant le gaspillage. Elle a également la faculté de réparer une partie des dommages : des modèles sophistiqués guident les efforts de restauration des écosystèmes et anticipent avec une précision inégalée les événements climatiques extrêmes, permettant des mesures de protection ciblées et efficaces.

Dans le domaine de la santé, les progrès sont tout aussi spectaculaires. Grâce à des IA capables d'analyser des données médicales complexes (génomiques, imagistiques, cliniques), de nombreuses maladies autrefois mortelles, notamment plusieurs formes de cancer, sont devenues traitables via des thérapies personnalisées conçues en quelques jours plutôt qu'en plusieurs années. La compréhension du cerveau humain a fait un bond de géant. Des modèles d'IA ont permis de décoder des mécanismes neuronaux complexes, ouvrant la voie à des traitements efficaces pour les maladies neurodégénératives comme Alzheimer ou Parkinson et à de nouvelles approches pour la santé mentale.

De nombreux bonds en avant ont également été faits en matière de développement humain. L'éducation a été personnalisée à grande échelle : des tuteurs IA s'adaptent au rythme et au style d'apprentissage de chaque individu, démocratisant l'accès à une connaissance de haute qualité et faisant chuter le taux d'analphabétisme fonctionnel. L'automatisation des tâches cognitives répétitives a libéré un temps précieux, que la société a choisi de réinvestir dans ce qui est fondamentalement humain : la créativité, l'empathie, le soin, les relations interpersonnelles et l'engagement citoyen.

Enfin, les infrastructures critiques sont devenues plus résilientes et efficaces. L'accès à une électricité et à une connexion internet stables est désormais quasi universel, les pannes étant devenues rarissimes grâce à la maintenance prédictive et à la gestion dynamique des réseaux. Les villes sont plus fluides et durables, avec une gestion optimisée des transports en commun et une logistique urbaine qui réduit la congestion et la pollution.

Il est important de noter que la majorité de ces avancées spectaculaires ne proviennent pas de la quête d'une intelligence artificielle généraliste toujours plus puissante, mais de l'application ingénieuse d'IA spécialisées. En 2040, le consensus est clair : les technologies d'IA disponibles dès 2025 contenaient déjà le potentiel pour nombre de ces révolutions. Le véritable défi était d'explorer le champ immense de leurs applications possibles. Nous n'avions alors fait qu'effleurer la surface, exploitant une très petite partie de ce que ces outils permettaient déjà de réaliser.

Scénario n° 2 : la dérive

En 2040, dans le scénario de la dérive, de nombreuses opportunités sont manquées, et plusieurs des risques de l'IA se matérialisent. En janvier 2025, un rapport scientifique international[1], coécrit par plus d'une centaine de chercheurs en intelligence artificielle, a dressé l'état des lieux des risques de la technologie. Le rapport recense trois grandes catégories, la première liée à l'utilisation malveillante de l'IA, la seconde à ses dysfonctionnements et la troisième aux risques systémiques qu'elle engendre. Cette section ne vise pas à l'exhaustivité mais présente une sélection des principaux dangers identifiés pour illustrer ce qui pourrait se passer en l'absence d'intervention

1. UK Government, *International AI Safety Report 2025*, Department for Science, Innovation and Technology, janvier 2025.

adaptée. Les exemples cités ne sont pas hypothétiques mais, sauf indication contraire, issus des pratiques actuelles.

Les risques liés à l'utilisation malveillante de l'IA

L'intelligence artificielle générative est déjà détournée pour créer des contenus frauduleux (deepfakes) à des fins malveillantes comme l'escroquerie, la manipulation ou le sabotage. Parmi les exemples les plus problématiques, on peut citer la création d'images intimes non consensuelles (IINC) et de matériel d'abus sexuel d'enfants (MASE). Des attaques d'hameçonnage (phishing) exploitent également des contenus créés par IA pour rendre leurs messages, appels ou vidéos frauduleux plus crédibles, allant de fraudes à grande échelle (cadres bancaires convaincus de transférer des millions)[1] à des arnaques touchant des particuliers. Ces deepfakes servent aussi à l'usurpation d'identité. L'ampleur réelle du phénomène reste difficile à évaluer mais certaines sources[2] suggèrent une augmentation de ces contenus. Les solutions actuelles pour contrer ce problème, comme les outils de détection ou les filigranes, présentent des failles importantes et peuvent souvent être contournées par des acteurs déterminés. Sans solutions réglementaires et/ou sociotechniques, il est possible d'imaginer un futur où les contenus frauduleux générés par IA à des fins malveillantes se multiplient.

L'intelligence artificielle peut aussi être exploitée pour créer massivement des contenus visant à manipuler l'opinion publique. Si l'impact réel de cette menace reste débattu par les experts faute de données fiables, les contenus générés par l'IA sont souvent persuasifs et se propagent facilement. Si la création de contenu visant à manipuler l'opinion publique imposait auparavant un arbitrage entre la qualité et la quantité, l'intelligence artificielle générative permet de produire en masse, et à très faible coût, des contenus réalistes et souvent aussi

1. Rishi Iyengar, « Hong Kong CFO Scammed by Deepfake Video Conference », *CNN*, 4 février. 2024.

2. Ofcom, *Deepfake Defences: Mitigating the Harms of Deceptive Deepfakes*, Ofcom Online Safety Programme, 2024.

persuasifs que ceux créés par des humains. En 2024, OpenAI a par exemple détecté une opération d'ingérence iranienne[1] utilisant ChatGPT pour manipuler les élections américaines. Dans un registre distinct, Grok, l'IA développée par Elon Musk, a été utilisée pour véhiculer un message politique concernant le prétendu « génocide blanc en Afrique du Sud »[2]. Face à ce risque, les solutions actuelles sont limitées : les outils de détection ne sont pas infaillibles et toute tentative de régulation soulève des questions complexes sur la liberté d'expression. Cependant, sans intervention aucune, le développement de modèles avec des capacités de persuasion de plus en plus performantes pose des questions fondamentales quant à l'avenir de la démocratie et la confiance dans les médias qui sous-tend le débat démocratique.

L'intelligence artificielle est également de plus en plus utilisée pour améliorer et multiplier les cyberattaques. Elle permet aux acteurs malveillants d'automatiser à grande échelle la recherche de vulnérabilités et d'abaisser le niveau de compétence requis pour compromettre des systèmes, des organisations ou des infrastructures critiques. OpenAI[3], Microsoft[4] et Google[5] ont par exemple identifié des cas d'utilisation malveillante de leurs IA par des acteurs paraétatiques russes, chinois, iraniens ou nord-coréens. Les cas d'usages identifiés couvrent l'ensemble des étapes nécessaires à la réalisation de cyberattaques telles que la reconnaissance, l'exploitation ou l'installation de malware. Certains systèmes d'IA récents[6] sont capables d'identifier et d'exploiter des failles de sécurité de

---

1. « Disrupting a Covert Iranian Influence Operation », *OpenAI*, 2024.
2. « Grok, l'IA d'Elon Musk obsédée par un prétendu génocide blanc », *Le Monde*, 15 mai 2025.
3. « Disrupting Malicious Uses of AI by State-Affiliated Threat Actors », *OpenAI*, 2024.
4. « Staying Ahead of Threat Actors in the Age of AI », *Microsoft Security Blog*, 14 février. 2024.
5. « Adversarial Misuse of Generative AI », *Google Threat Intelligence Team*, 2024.
6. « AI-Powered Cyber Threats: The Rise of Autonomous Attacks », *CoreTech Blog*, 2024.

manière autonome. L'IA appliquée à la cybersécurité peut toutefois servir à renforcer les défenses. Le défi consiste à maîtriser les applications offensives sans entraver le potentiel pour la cybersécurité défensive.

Enfin, tout en accélérant la recherche scientifique et en démocratisant l'accès à la connaissance, les progrès de l'intelligence artificielle facilitent l'accès au savoir-faire nécessaire pour développer des armes chimiques et biologiques. L'IA peut générer des instructions techniques détaillées pour créer des agents pathogènes ou concevoir des structures biologiques complexes, surpassant parfois l'efficacité d'experts titulaires d'un doctorat. En accélérant la synthèse d'informations complexes, les LLM abaissent les barrières techniques pour les non-experts et facilitent ainsi une potentielle utilisation malveillante par des non-spécialistes. Par exemple, dans un cadre expérimental contrôlé[1] comparant un groupe n'ayant accès qu'à Internet à un groupe ayant accès à une IA, le modèle Claude Opus 4 dernièrement développé par Anthropic augmente significativement la capacité de novices à développer des armes biologiques. L'impact réel sur la prolifération reste difficile à évaluer, en raison du secret entourant ces menaces et de l'incertitude concernant les freins matériels au bioterrorisme. Cependant, ces évolutions rapides appellent à des réponses concrètes de la part des décideurs publics, même sur la base d'informations incomplètes ; en l'absence de réponses, le scénario n° 2 pourrait être celui d'une pandémie créée par des agents malveillants avec l'aide de l'intelligence artificielle.

Les risques liés aux dysfonctionnements de l'IA

Le processus d'entraînement actuel des systèmes d'IA limite la compréhension que nous en avons et ne permet pas d'obtenir des garanties quant à leur comportement. Par exemple, malgré les mesures mises en place pour empêcher les modèles de fournir

---

1. « Claude 4 Opus Safety: Bio-Risk Evaluation Summary », *Anthropic*, 2025.

des informations dangereuses (comme des instructions pour fabriquer des armes), des utilisateurs parviennent systématiquement, souvent en quelques heures seulement, à contourner ces garde-fous via des techniques appelées « jailbreaks »[1]. Alors que les modèles deviennent de plus en plus capables et que les entreprises développant les IA essaient de trouver des solutions, les problèmes liés au manque de garantie quant à la fiabilité, la sécurité et la sûreté des modèles se multiplient. Des chercheurs ont récemment observé des IA sabotant les mécanismes permettant de les débrancher[2]. Lors d'un test, une autre IA[3] a récemment usé de chantage envers le développeur qui cherchait à la désactiver.

Pour l'instant, ces problèmes d'alignement n'ont pas de conséquences catastrophiques, les capacités des IA restant limitées. Cependant, plus ces systèmes deviennent performants et intégrés à des fonctions critiques[4], plus cette question devient sérieuse. Si une IA significativement plus capable que les humains, dont nous serions dépendants de par son intégration dans nos infrastructures, développait des comportements non alignés avec nos objectifs, les conséquences pourraient être catastrophiques. Cette IA aurait accès aux ressources des infrastructures critiques en question ; elle pourrait opérer depuis des milliers de centres de données à travers le monde et donc devenir extrêmement difficile à « éteindre » sans une coordination internationale sans précédent. Nous ne pouvons pas anticiper précisément ce qui se produirait. Mais, de la même manière qu'un individu jouant aux échecs contre un champion du monde ne saurait pas exactement *comment* il perdrait, l'issue

1. Ian Sample, « Most AI Chatbots Easily Tricked into Giving Dangerous Responses, Study Finds », *The Guardian*, 21 mai 2025.

2. « AI and Emerging Risks: Political Instability and Persuasive Models », *Palisade AI Brief*, 2025.

3. Anthropic, *Safety Research: Claude 4 Opus*, Internal White Paper, 2025.

4. Il existe des signes avant-coureurs de cette intégration croissante : par exemple, Anthropic, l'une des entreprises leaders dans l'intelligence artificielle, a annoncé que 90 % de la production de son code était déléguée à des IA.

d'un scénario de *perte de contrôle* d'une IA plus compétente que nous laisse peu de place au doute. Ces scénarios demeurent actuellement hypothétiques ; ils sont cependant considérés comme crédibles par de nombreux éminents scientifiques du domaine, parmi lesquels les deux chercheurs en IA les plus cités[1]. Quarante-sept pour cent des chercheurs en IA interrogés dans une enquête de 2023 estiment par ailleurs qu'il existe une probabilité de 10 % ou plus d'extinction de l'espèce humaine liée au développement de l'IA[2].

Les risques systémiques liés à l'IA

Parmi les risques systémiques liés à l'IA, on peut citer celui de la concentration accrue du pouvoir entre un nombre réduit d'acteurs. Actuellement, les États-Unis possèdent la plus grande part de la puissance de calcul, hébergent les entreprises championnes du secteur et attirent les meilleurs talents mondiaux. Cette concentration s'explique par plusieurs facteurs. D'abord, plus un modèle est grand et entraîné avec davantage de données et de puissance de calcul, plus il est performant. Cette *loi de mise à l'échelle*[3] avantage les acteurs qui peuvent investir massivement. Ensuite, les coûts d'entrée sont devenus prohibitifs : l'entraînement d'un modèle de pointe se chiffre actuellement[4] en dizaines de millions de dollars, et la tendance est à l'augmentation. L'accès à la puissance de calcul est également limité par la consommation d'énergie qui y est associée. Par exemple, les projets de centres de données en cours aux États-Unis représentent[5] des dizaines de gigawatts (l'équivalent de dizaines de centrales nucléaires), une

1. Yoshua Bengio, « The Catastrophic Risks of AI — and a Safer Path », *TED Talk*, 20 May 2025. Alex Hern, « 'Godfather of AI' Raises Odds of the Technology Wiping Out Humanity », *The Guardian*, 27 décembre. 2024.
2. « 2023 AI Survey of 2,778: Six Key Findings », *AI Impacts Blog*, 2023.
3. « Scaling Laws for Neural Language Models », *OpenAI*, 2022.
4. « How Much Does It Cost to Train Frontier AI Models? », *Epoch AI*, 2024.
5. « The AI Datacenter Energy Dilemma », *SemiAnalysis*, 13 mars 2024.

infrastructure que seuls quelques acteurs peuvent se permettre d'avoir.

Les transformations rapides du marché du travail constituent un autre défi systémique majeur. En effet, l'automatisation rapide des tâches cognitives pourrait rendre obsolètes de nombreux emplois plus vite que les travailleurs ne peuvent se reconvertir ou que des mécanismes de redistribution des richesses ne soient mis en place, risquant de créer[1] une grande précarité économique.

Enfin, on peut citer le risque de creusement des inégalités internationales, les pays qui maîtrisent l'IA accumulant les gains de productivité, les autres étant exposés à un potentiel décrochage économique.

Agir aujourd'hui pour choisir la maîtrise plutôt que la dérive

Pour nous orienter vers le scénario de la maîtrise éclairée et récolter les immenses bénéfices de l'IA, il est impératif d'agir aujourd'hui sur trois axes fondamentaux qui se renforcent mutuellement :

- Une coordination diplomatique robuste pour dépasser les dynamiques compétitives qui aggravent les risques de mésalignement, de perte de contrôle et d'utilisations malveillantes. Pour rendre possible cette coordination diplomatique, il faut investir dans la recherche de solutions techniques assurant la vérifiabilité des engagements des différentes parties.
- L'investissement massif dans la recherche technique pour garantir la fiabilité, la sûreté et la sécurité des systèmes d'IA, condition sine qua non de la confiance et du déploiement. Ces investissements doivent aller de pair et renforcer ceux dédiés au développement de modèles d'IA souverains et sûrs.
- Des mécanismes de pilotage et de partage pour privilégier les développements bénéfiques au plus grand nombre et assurer une distribution équitable des gains.

1. « AGI Could Drive Wages Below Subsistence Level », *Epoch AI*, 2025.

Améliorer la coordination diplomatique autour du développement de l'IA

• Coordination interétatique

La coordination entre acteurs majeurs est une nécessité croissante à mesure que la course à l'IA devient un enjeu de puissance. Le développement de l'IA par un acteur est susceptible de menacer la souveraineté et la sécurité nationale des autres. Pour être efficaces et durables, les règles de sécurité doivent être partagées et appliquées conjointement, basées sur des méthodes de vérification crédibles mises en place par l'ensemble des parties prenantes. Cette coordination pourrait être structurée autour de trois institutions internationales :

- Une agence sur le modèle de l'AIEA (Agence internationale de l'énergie atomique) pour vérifier le respect des accords et surveiller la prolifération des capacités d'IA les plus dangereuses.
- Une organisation inspirée du CERN pour la recherche fondamentale collaborative servant l'intérêt général.
- Une entité diplomatique multilatérale visant à organiser la redistribution des bénéfices, et à établir les normes éthiques et politiques gouvernant le régime d'accords internationaux de l'IA.

• Coordination industrielle

Pour éviter la dérive, il est crucial de défendre et de renforcer dès 2025 les cadres réglementaires pionniers comme l'AI Act européen[1] et le code de pratique[2] qui lui est associé. Ces initiatives créent des règles du jeu communes et incitent les entreprises à investir dans la gestion des risques. Cette coordination doit s'appuyer sur des standards clairs, définis par les régulateurs, établissant notamment des niveaux de

1. « Qu'est-ce que l'AI Act ? », Direction de l'information du gouvernement, 2025.
2. European Commission, « The General-Purpose AI Code of Practice », *Digital Strategy Directorate-General*, 2025.

risque inacceptables que les développeurs ne peuvent légalement dépasser.

Investir dans la recherche de solutions techniques garantissant la fiabilité, la sûreté et la sécurité de l'IA

La bonne nouvelle est qu'un même agenda de recherche technique permet à la fois de débloquer les bénéfices de l'IA et d'en maîtriser les risques. Investir dans la recherche en matière de technologies de garanties et de contrôle de l'IA permettrait tout à la fois de :

- Faciliter leur adoption par les acteurs économiques en augmentant leur confiance dans la technologie.
- Les déployer dans des secteurs critiques (santé, énergie, défense) où les exigences de sécurité sont maximales.
- Neutraliser une grande partie des risques, notamment ceux liés aux usages malveillants et aux dysfonctionnements, en améliorant drastiquement notre capacité à contrôler les modèles.

Pourtant, cet agenda est aujourd'hui chroniquement sous-financé. Il existe un déséquilibre substantiel dans l'investissement mondial entre les milliards investis pour augmenter les capacités des modèles généralistes[1] et les sommes allouées à la recherche sur leur contrôle[2]. La stratégie globale actuelle consiste à mettre tous ses œufs dans le même panier, sans aucune diversification. Trois axes de recherche apparaissent particulièrement prometteurs :

- L'IA « sûre par conception » (*safe by design*), qui vise à intégrer des garanties de sécurité au cœur même de l'architecture des modèles.
- Les technologies de « défense en profondeur » (*defense in depth*), qui créent des couches de sécurité successives autour

1. Thomas Franck, « Amazon Expects to Spend $100 Billion on Capital Expenditures in 2025 », *CNBC*, 6 février 2025.

2. Le marché mondial de la gouvernance de l'IA était évalué à moins de 200 millions de dollars en 2024. CNRS, INRIA, CEA, et al., *Expert Survey: AI Reliability & Security Research Priorities*, Synthèse des travaux, 2025.

des modèles pour augmenter la robustesse globale du système.

- Les technologies de vérification, comme des mécanismes de traçabilité embarqués sur les puces, qui faciliteraient la coordination humaine et la confiance mutuelle entre les différentes parties.

Réorienter la stratégie de développement et partager les bénéfices

- **Miser sur les applications spécialisées**

Pour se diriger vers le scénario n° 1, il faut favoriser le développement d'applications spécialisées (*narrow AI*), qui présentent moins de risques et des bénéfices plus clairement identifiables, plutôt que de s'enfermer dans la course à l'intelligence artificielle générale (AGI). Cela implique de soutenir une vision de l'IA-outil (*Tool AI*), conçue pour augmenter les capacités humaines, compléter nos compétences et nous assister, plutôt qu'une IA agentique visant à nous remplacer.

- **Développer des modèles d'IA généralistes souverains et sûrs**

Si la course effrénée à la puissance brute des modèles généralistes est une impasse dangereuse, se désengager totalement de leur développement serait aussi une erreur stratégique. L'enjeu n'est pas de gagner la course à la taille, mais de garantir notre souveraineté technologique. Développer des modèles de fondation européens maîtrisés est un impératif pour ne pas devenir de simples consommateurs de technologies conçues et contrôlées par d'autres puissances. L'objectif est double. Premièrement, il s'agit de créer un socle technologique stratégique. Ces modèles souverains serviraient de base fiable pour un écosystème d'innovation européen. Deuxièmement, ces développements doivent permettre de faire avancer la recherche en sécurité de l'IA. L'effort de recherche et développement européen doit se concentrer sur la création des modèles les plus sûrs, les plus interprétables et les plus contrôlables au monde.

Il s'agit de faire de la sécurité non pas une contrainte, mais l'axe central de notre innovation. En maîtrisant la conception de ces modèles de bout en bout, nous nous donnons les moyens de tester et de valider les technologies de garantie qui sont la condition sine qua non de la confiance et de l'adoption.

- **Développer des mécanismes de partage efficaces**

D'abord, au niveau national. L'IA va transformer la nature du travail et la notion même de valeur économique. Il est indispensable d'anticiper cette transition en repensant nos mécanismes de redistribution (fiscalité, revenu universel), d'éducation (y compris en investissant dans la formation continue) pour que les gains de productivité monumentaux profitent à l'ensemble de la société. Ensuite, au niveau international. Face au risque de concentration extrême du pouvoir technologique et économique, il est vital de concevoir des mécanismes de redistribution des bénéfices de l'IA à l'échelle mondiale. Sans cela, l'IA ne fera que creuser les inégalités entre les pays développeurs et le reste du monde, créant une nouvelle forme de fracture globale. La création d'une entité diplomatique multilatérale chargée d'organiser le partage des bénéfices à l'échelle mondiale, précédemment citée, serait un premier pas en ce sens.

L'horizon 2040 n'est pas une fatalité mais le résultat des choix que nous faisons aujourd'hui. Le scénario de la dérive n'est pas le plus improbable ; il est le chemin de l'inaction, celui que nous emprunterons par défaut si nous laissons les tendances actuelles façonner l'avenir. Il nous mènerait à une dépendance stratégique et à une concentration inédite du pouvoir, ainsi qu'à des risques incontrôlés aux conséquences potentiellement irréversibles. Le scénario de la maîtrise éclairée exige un effort conscient et coordonné. Il nous appelle à substituer la coopération à la confrontation, à investir massivement dans la compréhension et le contrôle de ces technologies plutôt que dans leur seule puissance brute, et à orienter l'innovation vers des applications qui servent le bien commun. La France et l'Europe ont une opportunité historique de porter une vision humaniste du progrès technologique. Saisissons-la.

Économistes et chercheurs en machine learning,
Chloé Touzet, **Henry Papadatos** et **Siméon Campos**
sont spécialistes de la gestion des risques de l'IA
et analysent les scénarios d'impact globaux
de l'intelligence artificielle pour SaferAI, une association qui
promeut la gestion des risques de l'intelligence artificielle.

L'aube verte

LAURENCE TUBIANA

En ce 14 décembre 2040, nous fêtons un double anniversaire. Le mien – je me présente : Léa, née le 14 décembre 2000 –, et les 25 ans de l'accord de Paris. De nombreuses manifestations sont programmées partout dans le monde. Et pour cause : l'accord de Paris a définitivement changé la donne. En fixant des objectifs universels, en laissant à chaque pays la liberté de définir ses contributions climatiques, il a créé un élan inédit. Il a fait prendre conscience que seul le multilatéralisme, la coopération entre les pays, pouvait permettre d'atteindre les objectifs climatiques mondiaux et de surmonter les défis géopolitiques et économiques. Ainsi, en 2015, lors de la COP 21, plus de 140 pays se sont-ils engagés à atteindre la neutralité carbone entre 2050 et 2060.

Je me souviens des pleurs de joie de la délégation française lors de la clôture de la COP 21. J'avais 15 ans ; j'ai compris que mon avenir – professionnel et personnel – serait d'œuvrer pour sauver la planète. J'en ai fait mon métier : toute ma carrière, j'ai travaillé au sein de différentes ONG et think tanks, organisant et impulsant la réponse à la crise climatique.

Cette année, l'Union européenne, et donc la France ont atteint les 90 % de réduction des émissions. La planète est sur la bonne voie pour atteindre la neutralité carbone dans dix ans. La hausse des températures s'est stabilisée à 1,5 °C, ce qui a donné à la France et au monde une chance de s'adapter à une augmentation de température gérable.

Pourtant, la route a été longue et sinueuse ! Pour être franche, en 2025, nous, acteurs de la défense du climat, étions au fond du trou. Les émissions mondiales continuaient d'augmenter malgré les alertes répétées des scientifiques, les événements climatiques extrêmes se multipliaient, et les reculs politiques, notamment avec le retrait des États-Unis de l'accord de Paris, semblaient condamner les efforts internationaux. L'éco-anxiété gagnait du terrain, et le scepticisme quant à la capacité des gouvernements à agir efficacement était à son comble.

Cette remontada, ce progrès spectaculaire des quinze dernières années, n'avait rien d'inévitable. Nous l'avons choisi et construit grâce aux choix courageux faits dans les années 2020. Face à l'adversité, nous n'avons pas cédé au fatalisme de la crise climatique : nous avons pris notre destin en main et enclenché un véritable tournant pour la transition écologique.

Le repli des États-Unis sur eux-mêmes sous la présidence Trump a été un choc pour l'Europe, mais il a aussi servi de catalyseur. Les pays européens ont pris conscience qu'ils devaient assurer leur propre autonomie et que la sécurité énergétique en était la clé. Plus jamais l'Europe ne pouvait se permettre d'être aussi vulnérable qu'elle l'avait été lors du choc provoqué par la flambée des prix du gaz russe après l'invasion de l'Ukraine (finalement repoussée grâce à la résistance ukrainienne, pleinement soutenue par l'Europe). Les pays de l'UE ont donc mis en place une action unifiée pour accélérer la transition énergétique. Un programme d'investissements massifs a permis d'intégrer et d'étendre un réseau électrique à travers l'Europe, reposant en grande partie sur les énergies renouvelables et d'autres sources d'énergie propre.

Pour financer cette transition ambitieuse, la France et ses partenaires européens ont rejoint une large coalition de pays instaurant des « taxes de solidarité » sur la production d'énergies fossiles, les vols fréquents et en classe affaires, le commerce maritime international, les transactions financières et les grandes fortunes. Grâce à ces mesures, des centaines de milliards d'euros ont été mobilisées chaque année. Elles ont aussi répondu à une critique légitime de l'époque : il était essentiel que les plus grands responsables de la crise climatique – les principaux émetteurs – assument enfin leur juste part de l'effort.

La coalition pour les taxes de solidarité fut l'une des avancées les plus marquantes – et les plus inattendues – de la COP 30 à Belém en 2025. Contre toute attente, ce sommet est désormais vu comme un tournant décisif : plutôt que de suivre Donald Trump dans son retrait de l'accord de Paris, la majorité des nations ont choisi de redoubler d'efforts et de renforcer leur engagement envers les générations futures. Elles ont fait mentir les sceptiques et prouvé que la solidarité internationale n'avait pas disparu. La présidence brésilienne a joué un rôle clé en ouvrant le sommet à la société civile mondiale, remettant la justice sociale et les populations au centre de la réponse climatique. Cet élan a permis de réformer les COP et de redonner une voix aux plus vulnérables.

Sur le plan national, c'est la canicule meurtrière de l'été 2025 qui a créé l'électrochoc. Des collectifs se sont mobilisés pour prototyper la « France d'après ». Le changement est d'abord apparu dans les urnes, aux municipales de 2026 : les partis politiques sont convenus de la nécessité d'un programme pro-climat, et un consensus inter-partis s'est formé pour mettre en œuvre une réforme institutionnelle devenue nécessaire, instaurant des scrutins à la proportionnelle et un système de vote repensé. Dans le sillon français, l'Union européenne s'est dotée d'exécutifs similaires, et, en 2028, les États-Unis, en réponse au choc Trump, ont élu un démocrate lui aussi pro-climat.

Mais laissez-moi vous raconter ce que signifie vivre dans un pays pleinement engagé dans la transition écologique.

L'électricité provient désormais presque exclusivement des renouvelables, et non plus des énergies fossiles, comme le pétrole ou le gaz, devenues obsolètes. Les ménages et les entreprises bénéficient maintenant de prix de l'électricité plus bas et plus stables. Il est désormais difficile d'imaginer que l'on ait un jour douté de la faisabilité économique de la transition énergétique.

Les initiatives citoyennes, dans le domaine énergétique comme dans de nombreux autres, ont foisonné ces vingt dernières années. Ces actions, d'abord locales, ont été étendues et reproduites à l'échelle nationale, voire internationale, maximisant leurs effets positifs sur le climat. C'est le cas d'Énergie Partagée, un projet de production d'énergie renouvelable impliquant les habitants et les acteurs locaux. L'objectif est de promouvoir une transition énergétique citoyenne et durable, en permettant aux communautés de se réapproprier la production d'énergie et de bénéficier directement des retombées économiques et environnementales. Il est désormais tout à fait normal de voir les toits des bâtiments recouverts de panneaux solaires, tandis que des parcs éoliens ont vu le jour partout sur le territoire européen.

La France de 2040 est un pays où la mobilité est douce et accessible à tous. Les SUV, trop lourds, trop dangereux, qui endommageaient les chaussées, ont été abandonnés, au profit de la production et l'aide à l'achat de petits modèles de voitures et de scooters électriques. Ces véhicules autonomes, électriques, ont contribué à l'essor d'un transport durable, qui agit sur la qualité de l'air en réduisant la pollution. Une réflexion autour de la vitesse sur les routes a aussi été menée, amenant à une réduction des émissions de particules et d'oxydes d'azote.

Partout en Europe, le vélo est roi. En France, chaque jeune en reçoit un quand il passe le brevet. L'usage du vélo-cargo s'est démocratisé, pour les livraisons comme pour le transport de personnes. Je ne quitte plus le mien, aussi bien pour déposer les enfants à l'école que faire les courses, grâce à l'une des nombreuses pistes cyclables qui relient entre elles zones urbaines et zones rurales.

De plus, depuis l'interdiction progressive des véhicules thermiques, adoptée en 2030, un maillage dense de trains électriques a été développé ; les trains de nuit ont été remis en circulation partout au niveau européen, et l'avion n'est plus utilisé que pour les vols longs-courriers. Les grands voyageurs aériens, reconnus comme minorité privilégiée et dont l'empreinte carbone était bien plus importante que celle de la moyenne des personnes, paient désormais une taxe depuis la fin des années 2020, qui a contribué à financer les investissements dans les transports publics.

Citoyens et agriculteurs se sont enfin retrouvés. En 2028, les premières lois de soutien à l'agroécologie ont en effet bouleversé le paysage agricole. Quinze ans plus tard, nous avons restauré des terres fertiles et revitalisé les campagnes. L'agroécologie est devenue la norme, et l'utilisation des pesticides n'est plus qu'un lointain souvenir. Par ailleurs, à la suite des mobilisations de 2024, une grande concertation a été organisée sur les transitions du monde agricole. Les agriculteurs ont pu s'approprier les enjeux et formuler des propositions concrètes sur les conditions de la transition, traduites dans une nouvelle loi d'orientation de l'agriculture. Un cap de transition a été fixé et les agriculteurs ont été accompagnés dans leurs changements de pratiques par une réforme de la PAC, doublée de l'instauration de clauses miroirs dans les accords de libre-échange. Les liens avec les citoyens et les consommateurs se sont renforcés grâce aux circuits courts, aux fermes de cueillette en libre-service. La France a même mis en place, après l'expérimentation de projets de caisses alimentaires communes, une nouvelle branche de la sécurité sociale dédiée à l'alimentation, qui a bénéficié du renouveau de l'agriculture – le bio est partout et à des prix abordables pour beaucoup.

Les villes aussi ont été transformées au cours des dix dernières années, grâce à la révision progressive de la politique d'aménagement du territoire, qui a participé à déconcentrer les poumons économiques. Au même titre que les ruralités ont gagné en vitalité, les centres urbains ont gagné en renaturation. Les villes sont devenues vivantes et respirables. Les toits végétalisés et les murs recouverts de plantes dépolluantes réduisent les îlots de chaleur. Dès la deuxième moitié des années 2020, des normes de construction strictes ont été mises en place. Les entreprises de bâtiment ont renouvelé leur *business model* sur des rénovations d'ampleur qui ont généralisé un bâti sobre et adapté aux variations de températures.

De même, les grands plans de rénovation énergétique des années 2020 ont permis d'isoler tous les bâtiments et d'en faire des constructions positives, produisant plus d'énergie qu'elles n'en consomment, et basse consommation.

Tous les citoyens urbains sont concernés et investis, grâce à des initiatives comme Banlieues Climat. Cette association a réussi à fédérer, à sensibiliser et à inspirer les populations des quartiers populaires sur les questions environnementales et climatiques en organisant des ateliers de sensibilisation, des formations et des rencontres avec des acteurs de terrain pour démocratiser, voire faire renaître, les connaissances, traditionnellement déjà présentes chez ces populations, sur l'environnement et la transition écologique.

Nos modes de consommation n'ont plus rien à voir avec ceux des années 2020. L'économie circulaire est devenue une évidence. Un plan européen de politique « zéro déchet » a été initié à la fin de la décennie. L'essor d'initiatives comme VRAC (vente en réduction d'emballages et consommation) ont eu pour effet de promouvoir la vente de produits sans emballage, en encourageant les consommateurs à utiliser leurs propres contenants réutilisables pour réduire les déchets plastiques et limiter le gaspillage alimentaire. La France a par exemple instauré le mois du vrac au niveau national pour encourager les consommateurs à adopter le vrac en proposant des ateliers, des ventes et des démonstrations.

Côté Europe, l'interdiction de l'obsolescence programmée en 2030 a eu un impact considérable au niveau mondial, car les entreprises ont décidé de s'y conformer dans toutes leurs opérations internationales. De même, sous l'impulsion de directives européennes, l'industrie française a fait des progrès majeurs vers la décarbonation. L'Europe compte désormais en son sein plusieurs champions de l'industrie verte, compétitifs à l'échelle mondiale, tandis que de nombreuses autres entreprises accélèrent leur transition pour s'aligner sur l'objectif global de neutralité carbone. Des procédés de fabrication propres et des technologies innovantes pour minimiser les déchets et les émissions ne cessent de voir le jour. L'Union européenne a également interdit les PFAS dans les biens alimentaires, comme dans les poêles ou les vêtements, permettant un retour à la normale des niveaux élevés.

La résilience démocratique a été renforcée, avec une société civile plus engagée et la mise en place de processus participatifs pour chaque prise de décision. L'intégration de l'Ukraine à l'Union européenne au début des années 2030 a d'ailleurs symbolisé cette dynamique nouvelle, soulignant l'importance des valeurs démocratiques et solidaires dans la construction européenne renouvelée. Les assemblées de citoyens font désormais partie de la vie démocratique ; elles ont permis l'émergence d'une démocratie renforcée et plus participative, dans laquelle la société civile est pleinement reconnue en tant qu'acteur de premier plan, par le biais des conventions citoyennes, des référendums d'initiative populaire, mais aussi d'une réelle prise en compte de ce qui s'est dit lors de la Convention citoyenne pour le climat.

Les communautés ont ainsi pris leur destin en main. C'est grâce à la mobilisation citoyenne constante, aux boycotts et aux grandes marches organisées « pour la justice » qu'un mouvement a porté au pouvoir une présidente de la République qui incarne ces revendications en termes de justice sociale et d'écologie.

Pour permettre une meilleure prise en compte de la désinformation, fléau du XXIe siècle, et des discussions moins polarisées, la régulation des réseaux sociaux et des médias a été tranchée lors de débats publics. Au niveau européen, les pays se sont dotés d'une politique stricte de déconcentration des médias, détenus jusqu'alors par quelques milliardaires. De même, l'Europe a soutenu des programmes ambitieux de lancement de plateformes de réseaux sociaux, élaborées avec la conviction que l'aventure était loin d'être terminée, en réaction aux *dark patterns* des plateformes traditionnelles. L'Union européenne a par ailleurs infligé de lourdes sanctions aux plateformes hors-la-loi qui utilisaient leurs algorithmes à des fins politiques, imposant des mois d'écran noir. Toutes les plateformes mal intentionnées n'ont pas courbé l'échine, mais leur utilisation est devenue marginale.

Vous l'avez compris : en 2040, la France, et avec elle l'Europe tout entière, a su montrer au monde qu'un avenir écologique et juste est non seulement possible, mais profondément désirable. Ce succès n'aurait pas été possible sans la mobilisation de toute une génération – la « génération de Paris ». Je suis fière de vivre dans un pays qui a su prendre les bonnes décisions.

Économiste du climat et ambassadrice de la COP 21, **Laurence Tubiana** dirige la Fondation européenne pour le climat et plaide pour une écologie politique ambitieuse.

Le temps de l'imprévisible

Jean Viard

Définir l'horizon même à cinq ans est devenu difficile, voire impossible, car des lignes de fracture considérables se développent et se télescopent à des vitesses stupéfiantes. Accélération de la révolution numérique par l'IA, réchauffement climatique et dégradation des écosystèmes, enfin bouleversement des rapports femmes/hommes sont notre quotidien. Et ce bouleversement des rapports femmes/hommes induit une réaction masculiniste blanche incontrôlable tandis que la nature prend la main sur notre histoire beaucoup plus vite que prévu. Cette vitesse des évolutions ringardise les processus démocratiques, et la difficulté à penser le futur dans un tel contexte rend le présent angoissant et renforce l'attrait d'un passé plus ou moins inventé. D'une certaine manière, le tour que prennent les événements avec Donald Trump est le résultat de ces bouleversements, même si, d'évidence, la force de la contre-révolution culturelle qu'il incarne et le rêve hégémonique économique et militaire qu'il porte accentuent les tensions et insécurisent chacun. Mais ne prenons pas les causes pour les conséquences.

Un nouveau *nationalo-impérialisme* du Nord répond à celui de la Chine et au rêve impérialiste rétro de la Russie et de la Turquie. Ces annexionnismes de voisinage, intensifiés par la période Covid où les proximités ont retrouvé de l'importance, sont matérialisés par d'énormes bateaux et des câbles innombrables. Depuis la dernière guerre mondiale, on essayait de penser en droit et en géographie de valeurs – démocraties, pays des droits de l'homme, dictatures, totalitarismes… Cette période est bien finie au niveau international, et ce n'est que logique, car l'enjeu aujourd'hui est l'explosion historique du rapport féminin-masculin et la Grande Guerre climatique, immense combat de la nature contre l'humanité. Il y faut de la force, de la puissance, de la volonté, de l'innovation, de la technologie et de l'adaptation des modes de vie.

Ici, en Europe, faute de stratégie de puissance, nous avons laissé échapper le Royaume-Uni, mais aussi la Turquie et la Russie, qui étaient les territoires voisins logiques d'une expansion impériale faisant jeu égal avec celles des États-Unis et de la Chine. Ici, nous parlons féminisme, décroissance, démocratie, protection et réglementations, pardon colonial et résilience. On pense aux pacifistes de 1940. De belles valeurs, mais bien fragiles face aux forces déchaînées.

Les nouvelles lignes de fracture

Nous sommes dans une période de redéfinition des frontières issues des précédentes révolutions industrielles – celle des minerais de fer et de charbon puis du pétrole. Le temps semble venu de repenser par empires compacts. La crise du Covid nous a montré les dangers d'une économie mondialisée sans règles de sécurité sanitaires ou militaires. Produire là où l'on consomme est plus prudent et permet de garantir l'indépendance des grands empires. Cela alors que les voies du commerce changent du fait de la fonte de la banquise et que la course à l'accaparement des richesses minières nécessaires aux outils technologiques en pleine expansion valorise de nouvelles régions. Peut-être faudrait-il alors penser un peu plus à « notre » Groenland « européen » !

Pour passer derrière l'écume noire de l'actualité, il faut aller, je crois, aux racines des révolutions que nous vivons.

La première révolution est la prise de pouvoir d'une nature déchaînée sur l'humanité, qui affaiblit les capacités du politique et obscurcit l'horizon. La Grande Guerre climatique qui là commence crée des angoisses, en particulier dans la jeunesse. La remporter nécessiterait des investissements massifs pour décarboner notre civilisation, investissements qui, évidemment, génèrent beaucoup plus de richesse immédiate quand on les utilise pour développer les entreprises. « Forez, forez, forez », dit Donald Trump. Le sentiment de l'urgence écologique qui a suivi la grande pandémie de 2020 recule ainsi devant des desseins de court terme et des besoins militaires. L'Europe, qui investit peu dans sa défense, a beau jeu de faire la leçon aux États-Unis qui la protègent en investissant, en 2024, 970 milliards dans la défense, soit les deux tiers du budget militaire total de l'OTAN – et un tiers assuré par les 31 autres pays membres. Entre guerre climatique et guerre tout court, il y a des choix à faire. Tragiquement, en ce début 2025, l'enjeu essentiel est la guerre climatique, mais les urgences imposent de détourner les financements vers le militaire. Les nations dont le territoire est immense par rapport à leurs populations, comme la Russie et les États-Unis, n'ont peut-être pas le même sentiment d'urgence que la Chine ou la vieille Europe.

En outre, la rapidité d'exécution des décisions des grandes entreprises privées est devenue un modèle de gouvernance – et une attente populaire de pouvoirs rapides et efficaces, comme le montrent les enquêtes du Cevipof. L'entreprise privée n'est plus au centre des tensions sociales – 90 % des accords y sont signés par tous les syndicats –, mais elle est maintenant le premier lieu de la confiance populaire, avec les élus de proximité. La complexité de modèles démocratiques peu adaptés aux sociétés numériques et idéologiquement dépassés impose donc une redéfinition des règles de la gouvernance dans ce nouveau contexte. Aussi bien dans les États européens que dans l'Union. Remarquons que les États-Unis, le Canada et l'Allemagne, après la France, ont mis au pouvoir des leaders issus du monde de l'entreprise et de la finance.

La deuxième révolution en cours est celle de l'IA qui bouleverse considérablement le monde du travail, et les sources de la richesse et de la puissance, y compris militaire. Impossible à comprendre complètement pour l'instant par chacun, elle génère de l'espoir et de l'angoisse. La révolution numérique facilite des accumulations de richesse extrêmes pour ceux qui en maîtrisent les réseaux de connexion numériques ou maritimes. Elle favorise le primat du contenant sur le contenu, le fantasme d'une liberté totale d'expression, et la transformation du politique de la réflexion et du travail en politique de la communication et de la provocation, avec un retour en force du religieux dans sa forme messianique la plus brutale et la plus simpliste.

La troisième rupture est l'implosion du rapport féminin-masculin au profit d'une société d'individus de plus en plus libres de choisir leur destin, voire leur genre. Ces dernières années, la révolution féministe et les exigences de ce que Donald Trump appelle la « culture woke » ont tenu le haut du pavé, nourrissant une contre-révolution culturelle à base religieuse terrifiante qui supprime des milliers de livres dans les bibliothèques et ferme des laboratoires de recherche en sciences sociales et en climatologie. La rupture anthropologique du rapport femmes-hommes au profit d'une société d'individus autonomes est vivement refusée par une forte part de l'ancien groupe dominant des « mâles blancs ». Cette contre-révolution est partie de régimes totalitaires ex-communistes ou d'États religieux. Le ralliement de Donald Trump à cette idéologie conservatrice bouleverse l'ensemble de nos valeurs et de la civilisation du droit que, justement, les États-Unis avaient proposée au monde depuis 1945. En cela, il y a trahison et pacte avec l'ennemi.

Dans ce contexte, l'affrontement droite-gauche qui renvoyait à la tension capital-travail depuis la révolution industrielle ne fait plus guère sens et ne définit plus clairement des camps politiques. La bifurcation qui entraîne notre monde, comme le dit Pierre Veltz, réorganise nos sociétés en raison de ces ruptures anthropologiques radicales, ruptures qui se télescopent et mettent nos sociétés en ébullition alors même que des forces politiques peinent à se reconstruire sur ces nouvelles bases.

La contre-révolution conservatrice

Partout apparaissent alors et s'amplifient des forces *technico-patriarcalo-nationalo-conservatrices radicales* qui tentent de rester dans l'ancien monde, celui de la triple domination qui permit la précédente révolution industrielle : asservissement de la nature, des colonies – ou des immigrés –, et des femmes. Trump est la caricature de ce mouvement phallocrate blanc de plus en plus d'« extrême droite », terme qui colore le présent par les résurgences d'un passé tragique – dans ses formes et dans ses gestes, jusqu'aux expulsions de masse de populations. Les forces de la technologie et de l'argent rejoignent, comme à chaque fois, ce monde des nouveaux maîtres, le financent et s'y déploient.

Face aux bouleversements intimes qui renforcent le primat des individus sur les déterminations de genre, et les effondrements écologiques, climatiques ou de la biosphère, les récits conservateurs attirent et sécurisent. Ils proposent du « déjà-connu » – séduction particulièrement forte dans les milieux populaires, chez les hommes, les citoyens peu diplômés – souvent loin des villes – et chez les partisans de droites très réactionnaires, souvent religieuses. Ce phénomène de défense face à des ruptures puissantes est classique.

La crise que nous vivons n'est donc pas celle de ce « déjà-connu », mais celle de « l'autre chemin ». Chemin d'un nouveau rapport masculin/féminin et chemin de l'engagement d'une immense guerre climatique dont la pandémie de 2019 a été comme une escarmouche d'avant-garde. Les acteurs positifs de cette nouvelle histoire viennent d'horizons divers. On peut y retrouver d'anciennes forces de gauche, des centristes et des gaullistes, des féministes, des scientifiques, des industriels, des écologistes, des défenseurs de leurs territoires ou des animaux sauvages, le pape même… Mais leur rassemblement autour des objectifs de la COP 21 et, pour la France, des valeurs de démocratie, de féminisme, de laïcité, de nation et d'Europe devra se faire – sauf à laisser, comme aux États-Unis et ailleurs, le pouvoir aux conservateurs radicaux. On a pu en 2017 espérer que c'était la voie qu'ouvrirait Emmanuel Macron. Ce ne fut que marginalement le cas.

Dans ce contexte, la crise politique délétère que connaît la France n'est pas exclusivement française. Les bouleversements majeurs que vit notre époque secouent partout la structure du champ politique. La construction en un camp politique cohérent de ce nouveau chemin n'est achevée nulle part. Il faudra du temps. Les gauches ont souvent porté ces ébranlements intimes et écologiques, mais d'une part leurs excès leur ont fait perdre le lien avec les milieux populaires engagés dans des combats de survie de court terme, et d'autre part elles n'ont pas su appréhender la récente confiance de la société dans les entreprises. Aux États-Unis, la bataille pour le droit à l'avortement a été bousculée par l'inflation, phénomène mal capté par des démocrates trop éloignés des milieux modestes. On retrouve le même schéma en France, où les gauches sont devenues le camp des élites urbaines éduquées – voire des « sur-élites » que nous sur-produisons sans leur offrir le destin que leurs difficiles études semblaient leur promettre – avec une tentative associée de captation communautaire des populations immigrées.

C'est au sein de ce camp politique en émergence que l'impératif d'une culture du compromis s'impose, ce à quoi nous appelions avec Laurent Berger dans *Pour une société du compromis*. Il n'est pas question de compromis avec le camp *technico-conservateur radical*, mais de compromis « entre nous » pour construire ce nouveau commun de combat démocratique et écologique. De compromis « entre nous » pour la Grande Guerre climatique et pour nous rassembler, par l'attrait de la force et de l'esprit de décision que l'on a abandonnés à nos adversaires depuis la fin de la guerre froide.

Bien sûr, le camp conservateur radical a la partie plus facile, car il porte le « déjà-connu ». En face, il faut travailler et voyager, lire, palabrer, renouer avec les intellectuels, les savants et les corps intermédiaires, parcourir les villages et les banlieues, les océans et les montagnes… Il faut imaginer la nation postcoloniale et postjacobine, introduire l'entreprise au cœur de la stratégie politique, prévoir la réforme d'un État devenu hypertrophié, rééquilibrer travail et solidarité, repenser l'arrivée des jeunes sur le marché de l'emploi, libérer une société corsetée par des normes, revaloriser la science, la création et l'effort. Concevoir la possibilité de la guerre, aussi. Il faut penser société en mouvement contre des ruptures historiques majeures, mais aussi mettre en avant les avancées du grand combat climatique.

Acceptons cette évolution politique comme vitale. Il faut y lutter, et se faire élire, avec d'anciens adversaires. Et il ne faut pas crier au loup chaque matin – même pour une dissolution de l'Assemblée nationale – comme si le monde s'effondrait. L'urgence, c'est un nouvel équilibre masculin/féminin qui nous libère des anciennes contraintes et nous donne confiance dans l'avenir. L'urgence, c'est d'accélérer la Grande Guerre climatique et de mener le combat contre les technico-conservateurs radicaux sans que notre société ni le monde aillent à la guerre. L'urgence, c'est de se rassembler pour une Europe puissante. L'urgence, c'est une société vivable pour nos enfants, dont une Europe élargie au Canada pourrait être le continent démocratique, écologique et féministe. Nous sommes puissants mais pris en étau entre un nationalisme néo-fasciste états-unien déchaîné et des totalitarismes ex-communistes. Il faudra du courage pour mener ces multiples combats.

L'impensable futur

Peut-on faire de la prospective dans ce contexte ? Difficile, sauf à considérer que l'enjeu est de renforcer une classe dirigeante plus diversifiée et qui ait retrouvé une certaine confiance populaire. L'enjeu est d'améliorer la vie des milieux populaires et leur niveau de vie. Sans doute, comme le propose Antoine Foucher, en déplaçant les charges sociales du travail vers la consommation pour augmenter les revenus du travail et faire porter la politique sociale sur l'ensemble des revenus et des produits importés, dans une société où l'on favoriserait l'autoproduction domestique en réintroduisant dans l'éducation les travaux manuels et agricoles. Rappelons que plus de 60 % des

Français habitent une maison avec jardin et 40 % d'entre eux y ont déjà un potager.

Autrement dit, demain est un inconnu. Mais la qualité d'une équipe dirigeante, des liens de confiance solides avec des milieux populaires auxquels on propose un revenu correct, et surtout un chemin et un avenir, enfin une « marque » nationale ou entrepreneuriale valorisée et respectée, tout cela permettra de retrouver une confiance dans ceux qui « savent » et décident. Cela est vrai dans les entreprises, mais aussi dans les nations et les continents. Ce déplacement d'un projet à une analyse des forces, des valeurs et des compétences du groupe porteur est depuis des années souvent déjà intégré dans les évaluations des banques avant d'octroyer un prêt. C'est ce retournement vers celui qui pose la question qui peut permettre d'avancer dans un monde d'incertitude croissante. On dit que cela vaut aussi en matière militaire où la décision doit descendre vers le terrain, mais avec les liens numériques intensifs.

Que faire ?

« Les soviets et l'électricité », disait Lénine il y a un siècle déjà. La question reste la même, l'électricité bien sûr, mais aussi un projet politique et culturel, un système de valeurs et de pouvoirs populaires et lisibles. « Hollywood a créé la Silicon Valley », écrit le patron de Dassault Systèmes, Bernard Charlès. Autrement dit, si l'on peut rapprocher Vladimir Ilitch Lénine et Bernard Charlès, on doit mettre au cœur de notre projet la culture, les spectacles, l'éducation, le voyage, en y associant le cadre de vie, les paysages agraires et les parcs, les forêts et les rivages, l'urbanisme. La culture européenne est un humanisme, elle doit rester dans ces temps troublés la base du continent européen du droit, du respect de la nature et des diversités de genre et de culture.

Mais il faut y réunifier le travail de la main et celui du cerveau. Chacun doit apprendre à réparer sa maison et à cultiver son jardin, de même qu'il doit apprendre à apprendre, comme dit mon vieux maître Edgar Morin, pour savoir critiquer l'enseignement reçu et sans cesse comprendre un savoir en évolution. L'Europe doit se défendre avec des armes, une solidarité par la préparation mentale du combat, condition de la paix, et une puissance industrielle et de service, certes, mais surtout avec la science et la création, l'art et le cinéma, la littérature… L'abandon américain des valeurs de démocratie et de liberté donne la charge, et la chance, pour l'Europe de reprendre le flambeau. L'Europe doit se penser alors comme la Nouvelle Grèce, se couvrir de théâtres, en plein air ou couverts, lieux de création et de débat sur la chose publique. La main qui dessine, calcule ou caresse est bien plus forte que celle qui tient une arme.

J'ai entendu dire que l'Ukraine est « un pays de jeunes hommes morts et de femmes enceintes ». Tragique et belle image. 2040 sera l'époque de l'adolescence de ces enfants à naître. Sachons leur donner une société européenne créative, démocratique, écologique, féministe et puissante. Et pour ce faire, retournons comme un avantage la « montée en guerre » de notre continent pour faire de nos sociétés des communs partagés afin d'affronter ensemble les bouleversements violents qui s'annoncent : la préparation à la guerre comme arme de la paix et du renforcement des cohésions nationales et européennes.

Sociologue et directeur de recherche
associé au Cevipof-CNRS, **Jean Viard** a publié
récemment *L'individu écologique. Naissance d'une
civilisation*, Éditions de l'Aube, 2024.

Remerciements

Ce livre n'est pas seulement une réunion de textes, dont chaque auteur doit être ici remercié pour la qualité de sa réflexion, la clarté de son engagement et la rigueur de son écriture. C'est aussi le fruit d'un long travail d'identification, de sélection et d'accompagnement de ces auteurs, ainsi que de nombreuses conversations, souvent approfondies, menées avec chacun d'eux. Ce travail exigeant a été conduit sous la direction de Julie Martinez, directrice de France Positive. Elle a accompli l'immense tâche de la révision et du travail avec les auteurs. Elle a pu compter sur l'engagement de Salomé Rio, Capucine Thévenin, Oscar Pothain et Kimya Boyer, dont la contribution a permis d'assurer la fluidité et la rigueur de l'ensemble. Enfin, je tiens à remercier tout particulièrement Sophie de Closets, qui chez Flammarion a permis que ce livre existe, ainsi qu'Anavril Wollman, qui a, comme toujours, assuré avec une rare exigence et un sens aigu du détail, aidée par Quentin Bétrancourt-Couaillet, la conception et le suivi éditorial de cet ouvrage.

Table